John Carlin
Nelson Mandela

Das Buch

Versöhnung zwischen Schwarzen und Weißen in Südafrika, Überwindung des Hasses – das Vermächtnis des Nelson Mandela. Carlin erzählt das Leben eines Mannes, dem es gelang, sogar seine Folterer auf seine Seite zu bringen. Gefängniswärter, Weggefährten, politischen Gegner: Sie alle waren fasziniert von der Kraft und Ausstrahlung Mandelas. Eine Geschichte, die zeigt, wie Versöhnung gelingt. Im Zentrum steht ein historischer Moment: Die gemeinsame Freude über den Sieg der weißen südafrikanischen Rugby-Mannschaft bei der Weltmeisterschaft von 1995. Autorisiert von Nelson Mandela. Und verfilmt von Clint Eastwood unter dem Titel „Invictus – Unbezwungen".

Der Autor

John Carlin ist preisgekrönter Reporter für „El Pais", preisgekrönter Mitarbeiter des „Observer", der „Sunday Times" sowie des „London Independent". Lange Zeit Auslandkorrespondent in Südafrika.

John Carlin

Nelson Mandela

Eine Geschichte vom Triumph der Menschlichkeit

Aus dem Amerikanischen von Andrea Schleipen

HERDER

FREIBURG · BASEL · WIEN

Herder spektrum Band 5997

Titel der Originalausgabe: Playing the Enemy. Nelson Mandela and the Game that made a Nation. © 2008 by John Carlin
First published in the United States by Penguin Press

MIX
Papier aus verantwortungsvollen Quellen
FSC® C083411

Titel der deutschsprachigen Ausgabe:
Der Sieg des Nelson Mandela. Wie aus Feinden Freunde wurden
© für die deutschsprachige Ausgabe:
Verlag Herder GmbH, Freiburg im Breisgau 2008
ISBN 978-3-451-29859-2

www.herder.de

Umschlagkonzeption: Agentur R·M·E Roland Eschlbeck
Umschlaggestaltung: Verlag Herder
Umschlagmotiv: © eyedea / laif

Satz: Barbara Herrmann, Freiburg
Herstellung: CPI books GmbH, Leck

Printed in Germany

ISBN 978-3-451-05997-1

Für meinen Sohn James Nelson

INHALT

EINLEITUNG

Der erste Mensch, dem ich von meiner Absicht erzählte, dieses Buch zu schreiben, war Nelson Mandela. Wir trafen uns im August 2001 im Wohnzimmer seines Hauses in Johannesburg, zwei Jahre nach dem Ende seiner Amtszeit als Präsident von Südafrika. Nach etwas entspanntem und freundschaftlichem Geplänkel – was er meisterhaft beherrscht – und dem Austausch von Erinnerungen an die kritischen Jahre des politischen Umschwungs in Südafrika, über die ich für eine britische Zeitung berichtet hatte, kam ich zur Sache.

Ich ging in meinen zunächst allgemein gehaltenen Erklärungen davon aus, dass alle Gesellschaften der Welt, bewusst oder unbewusst, nach irgendeiner Art Utopie streben. Politiker nützen die Hoffnung der Menschen aus, die glauben, dass der Himmel auf Erden erreichbar sei. Da dies nicht der Fall ist, ist das Leben der Nationen und des Einzelnen vom ständigen Kampf um die Erfüllung dieses Traums geprägt. Mandelas Traum, der ihm während seiner 27 Jahre dauernden Gefangenschaft Kraft gegeben hatte, war auch jener Martin Luther Kings: dass eines Tages die Menschen in seinem Land nicht nach ihrer Hautfarbe, sondern nach ihrem Charakter beurteilt würden.

Während ich sprach, saß Mandela mit der unergründlichen Miene einer Sphinx da – so wie er es immer tut, wenn ein Gespräch ernst wird und er der Zuhörer ist. Während man weiter vor sich hin redet, ist man sich nie sicher, ob er das Gesagte hört oder ob er in seinen eigenen Gedanken versunken ist. Als ich King zitierte, nickte er, indem er das Kinn mit zusammengepressten Lippen ruckartig senkte.

Ermutigt erklärte ich, dass das von mir geplante Buch eine Geschichte der Befreiung erzählen sollte. Es sollte vor allem um den friedlichen Machtwechsel in Südafrika gehen, um den Wandel von einer weißen Regierung zu einer Mehrheitsregierung, von der Apartheid zur Demokratie. Das Buch würde eine Zeitspanne von zehn Jahren umfassen und mit Mandelas erstem politischen Kontakt mit der Apartheid-Regierung im Jahr 1985 beginnen (auch hier bemerkte ich die Andeutung eines Nickens), einem Zeitpunkt, zu dem er noch im Gefängnis war. Es würde zum Thema machen, dass Unverständnis und Misstrauen – die in engem Zusammenhang mit dem den Menschen angeborenen Stammesdenken stehen – zu gesellschaftlichen Konflikten führen. Ich meinte „Stammesdenken" im weitesten Sinn des Wortes, wie es auf Rasse, Religion, Nationalismus oder Politik angewandt wird. George Orwell sprach von der „gewohnheitsmäßigen Annahme, die voraussetzt, dass menschliche Wesen wie Insekten klassifiziert und Gruppen von Millionen oder zehn Millionen Menschen getrost als ‚gut' oder ‚schlecht' etikettiert werden können". Seit dem Untergang des Nationalsozialismus ist dieses entmenschlichende Verhalten nirgendwo gründlicher institutionalisiert worden als in Südafrika. Mandela selbst hatte die Apartheid als „moralischen Genozid" bezeichnet, ohne Todeslager, als heimtückische Vernichtung der Selbstachtung eines Volkes.

Vor allem aus diesem Grund wurde die Apartheid als weltweit einziges politisches System von allen Ländern – den USA, der UdSSR, Albanien, China, Frankreich, Nordkorea, Spanien, Kuba – auf dem Höhepunkt des Kalten Krieges der Definition der Vereinten Nationen entsprechend als „Verbrechen gegen die Menschlichkeit" bezeichnet. Dennoch ist aus dieser epochalen Ungerechtigkeit auch eine epochale Versöhnung hervorgegangen.

Ich berichtete Mandela, dass ich als Journalist viele Menschen getroffen hätte, die sich im Mittleren Osten, in Lateinamerika, in Afrika und in Asien um Frieden bemühten. Für sie verkörpert Südafrika ein Ideal, das sie anstreben. In der Zeit nach dem Ende des Kalten Krieges, als überall auf der Welt lokale Konflikte entstanden und es diese zu lösen galt, wurde Südafrikas sogenannte „verhandelte Revolution" zu einer Art Lehrbuch dafür, wie man Frieden mit politischen Mitteln erzielen kann. Kein Land hatte sich selbst zuvor so gekonnt und menschenwürdig von der Tyrannei hin zur Demokratie bewegt. Zugegebenermaßen war das, was ich sagte, nichts Neues. Vieles war schon über die praktischen Grundlagen des „südafrikanischen Wunders" geschrieben worden. Was meiner Meinung nach jedoch fehlte, war ein Buch über den menschlichen Faktor, über das Wunderbare des Wunders. Mir schwebte ein positives Buch vor, keine Glorifizierung, ein Buch, das die menschliche Kreatur von ihrer besten Seite zeigt; ein Buch, in dessen Mittelpunkt ein Held aus Fleisch und Blut steht, der die überall auf der Welt geschätzten Eigenschaften Großzügigkeit, Selbstlosigkeit und Mut verkörpert; ein Buch über ein Land, dessen schwarze Mehrheit, die eigentlich nach Rache schreien sollte, Mandelas Beispiel folgte und der Welt eine Lektion in aufgeklärter Vergebung erteilte. Mein Buch sollte von weißen und schwarzen Menschen erzählen, deren Geschichten ein lebendiges Bild der großartigen Vergebungszeremonie Südafrikas ergeben würde. Wenn man in der heutigen

Zeit einen Blick auf die Führer dieser Welt wirft, so muss man feststellen, dass viele von ihnen moralisch gesehen Zwerge waren (auch hier zuckte die Sphinx nicht mit der Wimper); auch deshalb würde mein Buch von Nelson Mandela handeln. Es sollte keine Biografie werden, sondern eine Geschichte, die den Fokus auf den Kern seiner politischen Begabung lenkt, auf sein Talent, Menschen für seine Sache zu gewinnen – indem er an ihre besseren Eigenschaften appellierte und, um mit Abraham Lincolns zu sprechen, „die besseren Engel ihrer Natur zum Vorschein brachte".

Ich wollte keine feierliche Chronologie von Ereignissen, keine präzise Historie des politischen Wandels in Südafrika schreiben. Und ich hatte auch ganz sicher nicht die Absicht, Mandelas eigener monumentaler Autobiografie „Der lange Weg zur Freiheit" Konkurrenz zu machen. Stattdessen wollte ich die Geschichte um ein bestimmtes Sportereignis herum aufbauen. Sport hat viel dazu beigetragen, die Gefühle der Massen zu bewegen und ihre politische Wahrnehmung zu schärfen (wieder ein kurzes und scharfkantiges Nicken). Als Beispiel dafür nannte ich die Olympischen Spiele in Berlin im Jahre 1936, die Hitler dazu benutzte, um für seine Vorstellung von der arischen Überlegenheit zu werben. Der schwarze amerikanische Athlet Jesse Owens durchkreuzte diesen Plan mit seinem vierfachen Goldmedaillengewinn jedoch gründlich. Jackie Robinson war der erste schwarze Mann, der in einer amerikanischen Profiliga Baseball spielte, und setzte damit den notwendigen Bewusstseinswandel in Gang, der zu großen sozialen Veränderungen führte. Ich erwähnte auch den unerwarteten Eishockeysieg Amerikas gegen Russland bei den Olympischen Winterspielen im Jahr 1980, der noch dazu auf heimischem Boden und während des Kalten Krieges stattfand.

Dann erinnerte ich Mandela an die Worte, die er vor wenigen Jahren dem brasilianischen Fußballstar Pelé anlässlich der Preisverleihung für sein Lebenswerk mit auf den Weg gegeben hatte. Damals sagte Mandela – ich las dies aus meinen mitgebrachten Notizen ab: „Sport hat die Kraft, die Welt zu verändern. Er hat, wie nur wenige andere Dinge, die Kraft, Menschen zu inspirieren, die Kraft, sie zu vereinen. Er ist mächtiger als Regierungen, wenn es darum geht, Rassenbarrieren niederzureißen."

Schließlich kam ich zum Punkt. Ich legte Mandela den Kern meiner Geschichte dar und erklärte, warum ich dafür seine Hilfe benötigte. Ich sagte ihm, dass es ein sportliches Ereignis gegeben habe, das alle bereits erwähnten in den Schatten stellte, eines, das alle während unseres Gesprächs angesprochenen Themen vereinte und das auf magische Weise jene von Martin Luther King erträumte „Symphonie der Brüderlichkeit" heraufbeschworen hatte; ein Ereignis, in dem sich alles, wofür Mandela in seinem Leben gekämpft und gelitten hatte, konzentrierte. Bewegt und beunruhigt durch meine unbeholfene Rede sagte ich ihm, ich bezöge mich auf das Endspiel der – plötzlich erleuchtete sein Lächeln den ganzen Raum und in freudigem Erkennen klatschte er in die Hände und beendete den Satz für mich: „... Rugby Weltmeisterschaft von 1995!" Mein eigenes Lächeln bestätigte dies und er fügte hinzu, „Ja. Ja. Absolut! Ich verstehe ganz genau, was für ein Buch Ihnen vorschwebt." Er sagte es mit einer kräftigen Stimme, die nicht wie die eines alten Mannes klang, sondern wie die eines 40 Jahre Jüngeren. „John, Sie haben meinen Segen. Sie haben ihn voll und ganz."

In Hochstimmung schüttelten wir uns die Hände, sagten uns auf Wiedersehen und kamen überein, bald ein weiteres Treffen zu arrangieren. Bei diesem zweiten Gespräch, das ich mit einem Kassettenrekorder aufzeichnete, erzählte er, wie er im Gefängnis auf die Idee von der politischen Kraft des Sports gekommen sei; wie er die Rugby Weltmeisterschaft von 1995 als Instrument für jenes strategische Ziel benutzt habe, das er sich selbst während seiner ersten fünf Jahre als erster demokratisch gewählter Präsident Südafrikas gesetzt hatte: Schwarze und Weiße zu versöhnen, die Voraussetzungen für einen dauerhaften Frieden in einem Land zu schaffen, das kaum fünf Jahre zuvor, als er aus dem Gefängnis entlassen worden war, alle Voraussetzungen für einen blutigen Bürgerkrieg erfüllte. Er erzählte mir, oftmals mit einem leisen Lachen, von den Schwierigkeiten, seine eigenen Leute davon zu überzeugen, das Rugbyteam zu unterstützen. Und er sprach mit Hochachtung und Zuneigung über François Pienaar, den großen blonden Sohn der Apartheid und Kapitän des südafrikanischen Teams der *Springboks*; vom Teammanager, einem weiteren Afrikaner namens Morné du Plessis, den Mandela mit einer altmodischen britischen Wendung als „an excellent chap", als großartigen Kerl, bezeichnete.

An jenem Tag sprachen wir ein paar Stunden miteinander und bald schon willigten auch viele andere Menschen ein, mit mir wegen des Buches zu sprechen, Leute, an die ich wahrscheinlich schwer herangekommen wäre, wenn ich nicht vorher Mandelas Einverständnis erhalten hätte.

Während der sechs bewegten Jahre zwischen 1989 und 1995 hatte ich jede Menge Material für meine Story zusammengetragen; damals hatte ich als Chef des Londoner *Independent* in Südafrika gearbeitet. In den darauffolgenden zehn Jahren war ich immer wieder nach Südafrika zurückgekehrt. Doch erst nach meiner Unterredung mit Mandela begann ich, immer mit der Idee zu diesem Buch im Kopf, mich gezielt mit bestimmten Personen zu treffen. Ich begann mit einem Star des *Springboks*-Teams, Hennie le Roux. Man erwartet nicht unbedingt, dass ein Interview mit einem Rugbyspieler herzliche und bewegende Gefühle hervorruft. Doch genau das passierte mir, als le Roux über Mandela sprach und über die Rolle, die er selbst, ein anständiger, aber politisch unbewanderter Afrikaaner unfreiwillig im Leben seines Landes spielen sollte. Wir verbrachten in dem ansonsten leeren Büro etwa zwei Stunden miteinander, bis zum Einbruch der Dunkelheit, und er musste drei oder vier Mal mitten im Satz innehalten, um die Tränen zurückzuhalten. Das Interview mit le Roux war richtungsweisend für Dutzende von Interviews, die ich für dieses Buch führte. In vielen Fällen gab es immer mindestens einen Augenblick, in dem mir Tränen in die Augen schossen, besonders, wenn ich mit einem der Rugbyspieler sprach. In allen Fällen – ob es sich um Erzbischof Desmond Tutu, um den sehr rechten afrikaanischen Nationalisten, General Constand Viljoen, oder um seinen linken Gegenpart Braam handelte – durchlebten meine Gesprächspartner alle die Zeiten wieder, über die wir in heiterer, manchmal fast euphorischer Atmosphäre sprachen.

Mehr als nur einmal hörte ich von Leuten, das geplante Buch gleiche einer Fabel, einer Parabel oder einem Märchen. Es war merkwürdig, das von Leuten gesagt zu bekommen, die im wirklichen Leben Protagonisten eines politischen Märchens waren, das Wirklichkeit geworden war. Es erfüllte in der Tat zwei Voraussetzungen für ein gutes Märchen: Es enthielt eine gute Story und eine beispielhafte Lehre. Zwei Gedanken schossen mir durch den Kopf, als ich das Material sichtete: Zuerst dachte ich an das politische Talent Mandelas. Letztlich heißt Politik nichts anderes, als Menschen zu überzeugen und sie für die eigene Sache zu gewinnen. Alle Politiker sind professionelle Verführer: Ihr Job ist es, Menschen zu umwerben. Und wenn sie klug sind und ihre Sache gut machen, wenn sie das Talent besitzen, den richtigen Ton zu treffen, sind sie erfolgreich. Lincoln hatte dieses Talent, Roosevelt, Churchill, de Gaulle, Kennedy, Martin Luther King, Bill Clinton und Tony Blair – sie alle hatten das Talent, rhetorisch zu verführen. So wie auch Arafat. Und in diesem Sinne auch Hitler. Sie alle gewannen die Menschen für ihre Sache. Was Mandela vielen von ihnen voraus hatte, worin er einzigartig war, ist sein besonders ehrgeiziges Ziel. Nachdem er seine eigenen Leute für seine Sache gewinnen konnte – was an sich noch keine großartige Leistung ist, denn sie waren ein verzweifelter, aus verschiedenen Glaubensrichtungen, Hautfarben und Volksstämmen zusammengesetzter Haufen – zog er aus und überzeugte den Feind. Wie er das tat, wie er Menschen für sich gewinnen konnte, die vormals seine Inhaftierung guthießen, die ihn tot sehen wollten, die vorhatten, gegen ihn in den Krieg zu ziehen, davon handelt dieses Buch.

Ein zweiter Gedanke war, dass dieses Buch jenseits eines Geschichts- oder sogar Legendenbuchs ein Ratgeber werden könnte, der Antworten auf Fragen wie „Wie sollte man sein Leben leben?“ gibt. Mandela beherrscht mehr als jeder andere lebende (und vielleicht auch tote) Mensch die Kunst, Freundschaften zu schließen und Menschen zu beeinflussen. Ganz gleich ob sie politisch sehr weit rechts oder sehr weit links standen, ob sie Mandela anfänglich fürchteten, hassten oder bewunderten – alle Menschen, die ich interviewte, waren nicht nur völlig hingerissen von ihm, sondern fühlten sich von seinem Beispiel inspiriert und angespornt. Wenn sie von ihm sprachen, schien etwas in ihnen zu leuchten.

Dieses Buch ist der Versuch, etwas von Mandelas Ausstrahlung zu vermitteln.

KAPITEL 1

FRÜHSTÜCK IN HOUGHTON

24. Juni 1995

Er wurde wie immer um 4.30 Uhr wach, stand auf, zog sich an, legte seinen Schlafanzug zusammen und machte sein Bett. Sein ganzes Leben lang war er Revolutionär gewesen und jetzt war er Präsident eines großen Landes – doch nichts konnte Nelson Mandela dazu bewegen, mit den Ritualen zu brechen, die er sich während seiner 27-jährigen Haft im Gefängnis angeeignet hatte.

Er brach sie weder, wenn er bei irgendwem zu Gast war, noch wenn er in einem Luxushotel übernachtete, auch nicht im Buckingham Palace oder im Weißen Haus. Ihm machte der Jetlag nichts aus – ganz gleich ob in Washington, London oder New Delhi: Er wachte stets um 4.30 Uhr auf. Dann machte er sein Bett. Zimmermädchen auf der ganzen Welt reagierten mit Verblüffung, wenn sie feststellten, dass der hohe Staatsbesuch ihnen die Hälfte der Arbeit abgenommen hatte. Das gilt ganz besonders für die Frau, die sich während seines

Besuchs in Shanghai um seine Hotelsuite kümmern sollte. Sie war am Boden zerstört; Mandelas unvorstellbar individualistische Schlafzimmermanieren hatten ihren Ordnungssinn und ihre asiatische Höflichkeit gänzlich erschüttert. Als Mandela auf den Kummer des Zimmermädchens aufmerksam gemacht wurde, lud er sie in sein Zimmer ein, entschuldigte sich und erklärte, dass Bettenmachen für ihn wie Zähneputzen sei: eine Sache, die er einfach nicht unterlassen könne.

Ähnlich hält er es auch mit einem Fitnessprogramm, mit dem er schon vor seinem Gefängnisaufenthalt in den 1940er und 1950er Jahren, in seiner Zeit als Anwalt, Revolutionär und Amateurboxer, begonnen hatte. In jener Zeit lief er vor Sonnenaufgang eine Stunde von seinem kleinen Backsteinhaus in Soweto bis nach Johannesburg und wieder zurück. 1964 kam er ins Gefängnis auf Robben Island vor der Küste von Kapstadt. 18 Jahre verbrachte er dort in einer winzigen Zelle. In Ermangelung einer besseren Alternative lief er auf der Stelle, jeden Morgen eine Stunde lang. 1982 wurde er in ein Gefängnis auf dem Festland verlegt, wo er seine Zelle mit seinem engsten Freund, Walter Sisulu, und drei weiteren Veteranen des südafrikanischen Kampfes gegen die Apartheid teilte. Die Zelle war etwa halb so groß wie ein Tennisplatz, so dass er kurze, enge Runden laufen konnte. Das Problem hierbei war nur, dass die anderen noch im Bett lagen, wenn er mit seinen Marathonläufen begann. Sie beschwerten sich meist bitter darüber, jeden Morgen vom unbarmherzig kraftvollen Auf und Ab ihres 60-jährigen, ansonsten so geschätzten Kameraden aus dem Schlaf gerissen zu werden.

Im Februar 1990, nach seiner Entlassung aus dem Gefängnis, ließ er es, als inzwischen 71-jähriger, etwas geruhsamer angehen. Statt zu rennen, ging er jetzt vor Sonnenaufgang – jedoch forsch, und immer noch eine Stunde lang. Normalerweise fanden diese Spaziergänge in Houghton, Johannesburg, statt, wohin er im April 1992 nach dem Scheitern seiner Ehe mit Winnie, seiner zweiten Frau, gezogen war. Zwei Jahre später wurde er Präsident, und ihm standen zwei prachtvolle Amtssitze zur Verfügung: einer in Pretoria und einer in Kapstadt. Wohler fühlte er sich jedoch in seinem Haus in Houghton, seiner Zufluchtsstätte im wohlhabenden und bis kurz zuvor ausschließlich von Weißen bewohnten Viertel am nördlichen Stadtrand einer der reichsten Metropolen Afrikas. Jemand aus Los Angeles wäre vermutlich von der Ähnlichkeit zwischen Beverly Hills und Houghton beeindruckt. Die Weißen hatten es sich gut gehen lassen während Mandelas langer Abwesenheit im Gefängnis, und er ging davon aus, dass er jetzt auch etwas vom „guten Leben" verdient hätte. Er genoss Houghtons ruhige Vornehmheit, die Leichtigkeit seiner morgendlichen Spaziergänge durch viel Grün, die Schwätzchen mit seinen weißen Nachbarn, deren Geburtstagsfeiern und Treffen er manchmal besuchte. Am Anfang seiner Präsidentschaft kam ein 13-jähriger jüdischer Junge an Mandelas Haus vorbei und übergab dem Polizisten an der Türe eine Einladung zu seiner Bar Mizwa. Die Eltern waren erstaunt, als sie einige Tage später einen Telefonanruf von Mandela persönlich erhielten. Sie waren jedoch noch mehr erstaunt, als er an dem für ihren Sohn so wichtigen Tag hochgewachsen und strahlend vor ihrer Tür stand. Mandela fühlte sich wohl und freundlich aufgenommen in einer Gemeinde, in der er während des größten Teils seines Lebens nur als „Gartenjunge" – so nannte das weiße Südafrika einen solchen Menschen, unabhängig von seinem Alter – hätte wohnen können. Ihm gefiel Houghton und er lebte dort auch während seiner Präsidentschaft. In den offiziellen Villen übernachtete er nur, wenn er dazu verpflichtet war.

An diesem winterlichen Morgen auf der Südhalbkugel erwachte Mandela und stoppte in seiner Routine. Er tat etwas Erstaunliches, Ungewohntes; etwas, was für eine Person, die so eng mit ihren Gewohnheiten verbunden war wie Mandela, fast einem Verstoß gegen die natürliche Ordnung gleichkam, fast so, als würden die Vögel beschließen, an diesem Morgen nicht zu singen: Er machte keinen Spaziergang durch das üppige, grüne Houghton. Stattdessen setzte er sich hin und frühstückte. Er hatte diese Planänderung am Abend zuvor beschlossen, so dass genügend Zeit blieb, seine verblüfften Bodyguards, die *Presidential Protection Unit*, zu informieren, dass sie am nächsten Tag eine Stunde länger zu Hause im Bett bleiben könnten. Statt um fünf Uhr brauchten sie erst um sechs Uhr zu kommen. Sie würden die zusätzliche Ruhe brauchen, da für sie der Tag ein fast ebenso großer Test werden würde, wie für Mandela selbst.

Mandela hatte einen Knoten im Magen. „Sie können sich nicht vorstellen, was ich an diesem Tag durchlebt habe", gestand er. „Ich war so nervös." So etwas von einem Mann mit seiner Vergangenheit zu hören, scheint merkwürdig. Es ging ja weder um den Tag seiner Entlassung im Februar 1990, noch um seine Amtseinführung im Mai 1994 oder den Morgen im Juni 1964, als er in einer Zelle erwachte und nicht wusste, ob der Richter ihn zum Tode oder, wie sich später herausstellte, zu lebenslänglicher Haft verurteilen würde. Dies war der Tag, an dem sein Land, Südafrika, das Endspiel der Rugby-Weltmeisterschaft gegen das beste Rugbyteam der Welt, Neuseeland, bestreiten würde. Seine Landsleute waren ebenso nervös wie er. Denn in einem Land, das historisch von der Krise in die Katastrophe gerutscht war, war die Aussicht auf einen unmittelbar bevorstehenden nationalen Triumph sehr aufregend.

Wenn bis dahin eine Nachricht Schlagzeilen gemacht hatte, handelte sie meist von etwas Schlimmem. Oder es waren Nachrichten, die das Land spalteten. An diesem Morgen fand eine Idee eine bislang unbekannte, einmütige Zustimmung. Alle 43 Millionen Südafrikaner, ob weiß oder schwarz, und jedweder Schattierung teilten dieselbe Hoffnung: die auf den Sieg der *Springboks*.

Oder besser gesagt – fast alle. In jenen letzten Stunden vor dem Spiel gab es zumindest einen, der wollte, dass Südafrika verlor. Sein Name war Justice Bekebeke. Und er kannte keinen Menschen, der seinen Wunsch nach einem Sieg der anderen teilte. Weder seine Freundin (und zukünftige Ehefrau) noch der Rest seiner Familie und auch nicht seine besten Freunde in Paballelo, der schwarzen *Township*, in der er lebte. Jeder, den er kannte, stand auf der Seite Mandelas und „der *Boks*", obwohl von den 15 Spielern, die an jenem Nachmittag das grün-goldene südafrikanische Rugbytrikot tragen würden, alle bis auf einen weiß waren. Und das in einem Land, in dem 90 Prozent der Bevölkerung schwarz oder farbig war. Bekebeke wollte nicht mitmachen. Er blieb stur und weigerte sich, dieser fast schon rauschhaften Stimmung eines Zusammengehörigkeitsgefühls aller Rassen zu erliegen, von der rätselhafterweise selbst Mandela, sein Führer, sein Held, ergriffen worden war.

Dem Anschein nach hatte er Recht und Mandela und alle anderen waren nicht nur im Irrtum, sondern verrückt. Rugby war nicht das Spiel des schwarzen Südafrikas. Weder Bekebeke noch Mandela, noch die große Mehrheit ihrer schwarzen Landsleute waren damit aufgewachsen. Sie verbanden kein besonderes Gefühl damit. Selbst Mandela, der plötzlich ein großer Fan war, hatte es große Mühe gekostet, sich mit den Regeln des Spiels vertraut zu machen. Ebenso wie Bekebeke hatte Mandela früher aus seiner Abneigung gegen Rugby keinen Hehl gemacht. Rugby war ein weißer Sport und insbesondere der Sport der Afrikaaner, der herrschenden weißen Bevölkerungsgruppe – des Herrenvolks der Apartheid. Die *Springboks* galten lange Zeit als Symbol der Unterdrückung durch die Apartheid. Sie wirkten genauso abstoßend wie die alte weiße Nationalhymne oder die weiße Nationalflagge. Natürlich war die Abscheu noch stärker, wenn man wie Bekebeke und Mandela wegen des Kampfes gegen die Apartheid im Gefängnis gewesen war – in Bekebekes Fall waren es sechs seiner 34 Jahre.

General Constand Viljoen hätte Bekebekes Abneigung gegen die *Springboks* teilen können, wenngleich aus völlig anderen Gründen. Er war mittlerweile im Ruhestand, hatte aber in den fünf gewalttätigsten Jahren der Konfrontation zwischen schwarzen Aktivisten und dem Staat das südafrikanische Militär angeführt. Er hatte bei der Verteidigung der Apartheid weit mehr Blut vergossen als Bekebeke bei ihrer Bekämpfung; dennoch kam er für seine Taten nie ins Gefängnis. Dafür hätte er dankbar sein können. Stattdessen verbrachte er einen Teil seines Ruhestands damit, eine Armee gegen die neue, von Schwarzen geführte demokratische Ordnung aufzustellen. An jenem Morgen erwachte er in Kapstadt jedoch im gleichen Zustand der erwartungsvollen Spannung wie Mandela und die Gruppe befreundeter Afrikaaner, mit denen er das Spiel am Nachmittag im Fernsehen anschauen wollte. Er war auf Mandelas Seite.

Niël Barnard, ein Afrikaaner, der zu unterschiedlichen Zeiten sowohl gegen Mandela als auch gegen Viljoen gekämpft hatte, war sogar noch aufgeregter als seine früheren Feinde. Barnard wollte das Spiel zusammen mit seiner Familie zu Hause in Pretoria ansehen, 1.500 Kilometer nördlich von Kapstadt und 40 Autominuten von Johannesburg entfernt. Während des letzten Jahrzehnts der Apartheid war er der Chef des südafrikanischen Nationalen Geheimdienstes gewesen. Er stand wie kein anderer Mensch dem als brutal bekannten Präsidenten P.W. Botha nahe und galt der Linken gleichermaßen wie der Rechten, sowie vielen Menschen außerhalb Südafrikas, als dunkle und dämonische Gestalt. Von Haus aus ein Verteidiger des Staates – gleich welche Gestalt dieser Staat annehmen würde – hatte er Krieg gegen Mandelas *ANC* geführt. Er war der Kopf der Friedensverhandlungen gewesen. Und er hatte das neue politische System verteidigt, das gegen den Willen der politischen Rechten entstanden war, zu der er ursprünglich gehörte. Er hatte den Ruf, erschreckend nüchtern und kaltblütig zu sein. Wenn er sich allerdings gehen ließ, dann richtig – wie es nicht selten beim gehemmten calvinistischen Typ Mensch der Fall ist. Rugby war sein Ventil. Wenn die *Springboks* spielten, vergaß er alle Hemmungen und wurde, wie er selbst sagte, zu einem brüllenden Ochsen. Und nun stand das größte Spiel in der Geschichte des südafrikanischen Rugby bevor und er war höchst aufgeregt.

Bischof Desmond Tutu, über dessen Privatleben Barnard Akten angelegt hatte, war in einem ähnlichen Zustand der Nervosität. Tutu, der für die Welt während Mandelas Haft dessen Rolle übernommen hatte, war möglicherweise der am leichtesten erregbare und mit Sicherheit der fröhlichste Nobelpreisträger aller Zeiten. Während des Spiels hielt er sich in San Francisco auf, wo er Reden hielt und Auszeichnungen entgegennahm. Am Vorabend hatte er eine Bar gefunden, in der er das Spiel im Morgengrauen pazifischer Zeit im Fernsehen verfolgen konnte. In der Nacht gelang es ihm zu schlafen, besessen vom verzweifelten Wunsch, dass die *Springboks* das Spiel entgegen aller Wahrscheinlichkeit gewinnen würden.

Auf niemandem lastete der Druck stärker als auf den Spielern selbst. Gewiss wären sie auch bei einem gewöhnlichen Weltmeisterschaftsendspiel nervös gewesen. Aber nun mussten sie eine zusätzliche Last tragen, die aus dem politischen Erwachen der vergangenen Wochen resultierte. Bestenfalls ein oder zwei Sportler im südafrikanischen Team hatten sich vor der Weltmeisterschaft einmal mit Politik beschäftigt. Rugbyspieler waren so wie die weißen Südafrikaner, die wiederum den meisten Menschen darin ähnlich sind, dass sie kaum an Politik, aber viel an Sport denken. Als Mandela sie einen Monat zuvor aufgesucht hatte, einen Tag vor dem Beginn der Weltmeisterschaft, wurde ihnen jedoch klar, dass sie – im wahrsten Sinne des Wortes – politische Spieler waren. Ein Sieg gegen Neuseeland könnte das unmöglich Scheinende Wirklichkeit werden lassen: Die Einigung eines Landes, das seit Langem der Inbegriff von Rassentrennung war.

François Pienaar, Kapitän der *Springboks*, wachte in einem Luxushotel im nördlichen Johannesburg auf, ganz in der Nähe von Mandelas Wohnhaus. Dort war auch sein Team untergebracht. Er war so konzentriert, dass er kaum bemerkte, wo er war. Als er seinen morgendlichen Lockerungslauf begann, wusste sein Kopf nicht, wohin ihn seine Beine tragen würden. Seine ganze Aufmerksamkeit galt dem Kampf des Nachmittags – Rugby ist wie ein großes Schachspiel, das mit hoher Geschwindigkeit und beträchtlichem Körpereinsatz gespielt wird – das Spiel gegen Neuseeland, dem außerordentlich begabten Team, das alle Rugbyexperten für das beste der Welt und eines der besten Teams aller Zeit hielten. Pienaar wusste, dass Neuseeland neun von zehn Spielen gegen die *Springboks* gewinnen konnte.

Nur eine Person hatte an jenem Tag eine größere Verantwortung zu tragen als die Spieler der *Springboks*: Linga Moonsamy, Mitglied der *Presidential Protection Unit*. Er hatte die Aufgabe, als „Bodyguard Nummer Eins" des *PPU* zu fungieren. In dieser Funktion durfte er nie mehr als einen Schritt weit von Mandela entfernt sein – von dem Moment an, in dem dieser das Haus verließ, bis zu seiner Rückkehr. Moonsamy war ein früherer Guerillakämpfer aus Mandelas *African National Congress*, dem *ANC*. Als Bodyguard waren ihm die physischen Gefahren, die seinem Chef an jenem Tag drohten, deutlich bewusst und als ehemaliger Freiheitskämpfer kannte er auch das politische Risiko.

Die *PPU* versammelte sich wie jeden Morgen vor dem Haus im Kreis um einen Bodyguard, den sogenannten Planungsoffizier. Er besprach mit ihnen die vom Geheimdienst erhaltenen Informationen über mögliche Gefahren, auf die sie besonders achten sollten, vor allem über die Route zum Stadion und die kritischen Punkte auf dem Weg dorthin. Eines der vier Autos der *PPU*-Einheit fuhr los, um die Route zu erkunden, während Moonsamy mit den anderen zurückblieb, die ihre Waffen prüften, den grauen gepanzerten Mercedes des Präsidenten nochmals kontrollierten und sich mit administrativen Dingen beschäftigten. Dafür war jetzt Zeit, denn sie hatten, falls nicht noch etwas Unvorhergesehenes geschah, bis zur Abfahrt noch einige Stunden Zeit. Das gab Moonsamy und seinen Kollegen auch jede Menge Gelegenheit für Fachsimpeleien vor dem Spiel.

Da die Führung der Leibwächter jeden Tag einem anderen Mitglied der *PPU* zufiel, trug Moonsamy an diesem Tag eine besondere Verantwortung. Im Geist war er ganz auf seine Arbeit konzentriert, genauso wie Pienaar. Moonsamy, ein großer, geschmeidiger Mann von 28 Jahren indischer Herkunft, stand am heutigen Tag vor der größten Herausforderung seines Lebens. Er war seit dem Tag, an dem Mandela Präsident geworden war, bei der *PPU* und hatte seither zahlreiche Abenteuer erlebt. Mandela bestand auf öffentliche Auftritte an ungewöhnlichen Orten (wie beispielsweise Bastionen des rechten Flügels des ländlichen Afrikaanertums). Er liebte das spontane Bad in der Menge und den direkten Kontakt zu seinem Volk. Er liebte es auch, unplanmäßige Zwischenstopps einzulegen, wobei er seinen Fahrer etwas unvermittelt anwies, vor einer Buchhandlung zu halten, um einen Roman zu kaufen. Ungeachtet allen Aufsehens schlenderte Mandela dann in den Laden. Als er einmal in New York auf dem Weg zu einem wichtigen Treffen mit seiner Limousine im Verkehr stecken blieb, stieg er aus und ging zum Erstaunen und zur Freude der Passanten zu Fuß die Sixth Avenue entlang. „Aber Mr. President, ich bitte Sie ...!", flehten seine Bodyguards, worauf Mandela ihnen antwortete, „Nein, sehen Sie, Sie machen Ihren Job und ich den meinen."

Die heutige Aufgabe der *PPU* war so wichtig, wie nie zuvor und wahrscheinlich auch nie mehr danach. Mandelas Teilnahme an diesem Nachmittagsspiel glich Moonsamys Meinung nach dem Eindringen Daniels in die Höhle des Löwen. Allerdings würden im *Ellis Park Stadion*, diesem auffälligen Monument der weißen Herrschaft, unweit des vornehmen Houghton gelegen, 62.000 Löwen auf nur einen Daniel warten. 95 Prozent der Zuschauer würden Weiße sein – die meisten davon bierbäuchige Afrikaaner in Safari-Shorts und Freizeithemden. Mandela würde, umgeben von diesen merkwürdigen Gastgebern (Mandela war noch nie zuvor mit einer ähnlich zusammengesetzten Menge konfrontiert worden), auf dem Spielfeld erscheinen, um vor dem Spiel den Spielern die Hände zu schütteln und dann nochmals nach dem Spiel, um den Pokal dem Kapitän der siegreichen Mannschaft zu überreichen.

Die Szene, die Moonsamy sich ausmalte, glich einem surrealen Traum – mit den alten Feinden dicht gefüllte Ränge: bierbäuchige Afrikaaner in khakifarbenen Hemden, und unter ihnen der Mann, der ihnen den größten Teil ihres Lebens als Südafrikas oberster Terrorist dargestellt worden war. Doch die verrückten Bilder, die in seinem Kopf auftauchten und die von Mel Brooks oder Monty Python hätten stammen können, bildeten auch Mandelas wahrhaftes Lebensziel ab, seine Mission, die er mit allen politisch aktiven schwarzen Südafrikaner seiner Generation teilte: Die Apartheid durch etwas zu ersetzen, das der *ANC* eine „nicht-rassische Demokratie" nannte. Doch er musste noch ein weiteres Ziel erreichen, das nicht weniger hochgesteckt war. Er war jetzt Präsident. Ein Jahr zuvor hatten die ersten Wahlen in der südafrikanischen Geschichte stattgefunden, bei der jede Person eine Stimme hatte. „Die verhandelte Revolution", wie einige sie nannten, funktionierte erstaunlich gut. Doch die Arbeit daran war noch nicht abgeschlossen. Mandela musste die Fundamente der neuen Demokratie festigen – damit sie allen gefährlichen Kräften widerstehen konnte, die immer noch im Hintergrund lauerten und die all das, was er erreicht hatte, zunichte machen wollten. Die Geschichte zeigt, dass eine so umfassende Revolution, in der die Macht von einem Tag auf den anderen an eine rivalisierende Gruppe fällt, fast immer zu einer Konterrevolution führt. In Südafrika gab es immer noch zahlreiche schwer bewaffnete, militärisch ausgebildete Extremisten, zahlreiche rechtsextreme Afrikaaner, die sich selbst als „*Bitter-Enders*" bezeichneten – eine Art südafrikanischer Ku Klux Klan, nur besser bewaffnet und organisiert und zahlenmäßig stärker. Moonsamy wusste nur zu gut, dass man mit terroristischen Aktionen der weißen Rechten rechnen musste und dass Mandela nichts so sehr vermeiden wollte wie diesen Terror.

Um das zu erreichen, musste er der weißen Bevölkerung seinen Willen aufdrängen. Die Rugby-Weltmeisterschaft bot ihm die Gelegenheit, endlich auch die Herzen der Weißen zu gewinnen. Das hatte Mandela schon zu Beginn seiner Präsidentschaft erkannt. Er bemühte sich sehr, seine schwarzen Anhänger davon zu überzeugen, ihre durchaus berechtigten Vorurteile aufzugeben und die *Springboks* zu unterstützen. Deshalb wollte er den Afrikaanern im Stadion beweisen, dass ihr Team auch sein Team war, und dass er ihren Triumph und ihre Niederlage teilen würde.

Das Vorhaben barg allerdings mehrere Risiken. Es bestand die Gefahr, dass Extremisten Mandela erschießen oder einen Sprengstoffanschlag verüben könnten. Wahrscheinlicher war aber, dass der Schuss einfach nach hinten losgehen würde: Wenn die *Springboks* hoch verlieren würden, hätte er nichts gewonnen. Noch mehr fürchtete er, dass die Afrikaaner im Stadion die neue Nationalhymne verhöhnen würden, die den schwarzen Südafrikanern so heilig war, oder die verhasste alte Landesfahne schwenken würden. Die Millionen Zuschauer in den schwarzen *Townships* würden sich gedemütigt und provoziert fühlen und auf der Stelle die neuseeländische Mannschaft unterstützen. Der Zusammenhalt wäre zerstört, den Mandela um die *Springboks* herum aufbauen wollte. Und letztlich würde dann auch die Stabilität des Landes bedroht.

Mandela aber ist ein Optimist. Er war überzeugt davon, dass sich alles zum Guten wenden würde. Außerdem glaubte er (ebenso wie eine winzige Minderheit) an den Sieg der *Springboks*. So setzte er sich an diesem kalten, hellen Wintersamstag an den Tisch, auf dem wie üblich ein umfangreiches Frühstück stand. Er aß nacheinander: eine halbe Papaya, dicken Maisbrei mit gemischten Nüssen und Rosinen und heißer Milch, einen grünen Salat sowie – auf einem zusätzlichen Teller – drei Scheiben Bananen, drei Scheiben Kiwi und drei Scheiben Mango. Am Ende goss er sich eine Tasse Kaffee ein, den er mit etwas Honig süßte. An diesem Morgen aß Mandela mit besonderem Genuss. Er hatte sich auf diesen Tag gründlicher, aufmerksamer und weit länger vorbereitet als die Spieler. Er hatte sein ganzes Leben lang auf diese Gelegenheit gewartet. Seine Entscheidung in den 1940er Jahren, dem *ANC* beizutreten, seine hartnäckige Führung der Anti-Apartheid-Bewegung in den 50er Jahren, die Einsamkeit und Routine des Lebens im Gefängnis, das harte Training, dem er sich während der Haft im Glauben unterworfen hatte, dass er eines Tages freikommen und eine wichtige Rolle für die Geschicke des Landes spielen würde – all das und noch viel mehr war die Basis für die Anstrengungen der letzten zehn Jahre gewesen, in denen Mandela seine schwersten Schlachten gefochten und unvorstellbare Siege errungen hatte. Heute nun stand ihm die letzte große Prüfung bevor – und die Aussicht auf eine dauerhafte Belohnung.

Bestünde er die Prüfung, bedeutete dies den Schlusspunkt unter die Herausforderungen der letzten zehn Jahre. Mandelas Leben glich in dieser Phase einer klassischen epischen Reise. Wie Homers Odysseus musste er eine Prüfung nach der anderen bestehen. Dies gelang ihm, weil er klüger und charmanter und nicht, weil er stärker als seine Feinde war. Er hatte diese Eigenschaften nach seiner Inhaftierung 1962 kultiviert, da er erkannt hatte, dass der Weg der rohen Gewalt, den er als Gründer und Anführer des militärischen Arms des *ANC* eingeschlagen hatte, nicht zum Erfolg führen würde. Im Gefängnis kam er zu der Überzeugung, man müsse die Weißen dafür gewinnen, sich auf seine Seite zu stellen und seiner Führung anzuschließen, um die Apartheid wirklich zu beenden.

Im Gefängnis ergriff er auch die erste sich bietende Möglichkeit, diese Strategie umzusetzen. Der Gegner war in diesem Fall Kobie Coetsee, der an diesem Morgen des Rugbyspiels furchtbar aufgeregt war – wie jeder andere. Seine Gedanken kreisten um die Frage, ob er sich das Spiel zu Hause, in einem Vorort von Kapstadt, oder in einer nahe gelegenen Kneipe anschauen sollte. Coetsee und Mandela standen heute auf derselben Seite – was bei ihrer ersten Begegnung ein Jahrzehnt zuvor völlig unvorstellbar gewesen war. Damals hatten sie allen Grund, sich abgrundtief zu hassen. Mandela war der bekannteste politische Gefangene Südafrikas, Coetsee der südafrikanische Justizminister. Die Aufgabe, die Mandela sich in den 23 Jahren als Sträfling gesetzt hatte, war, Coetsee, der den Schlüssel zu seiner Zellentür in der Hand hatte, für sich zu gewinnen.

KAPITEL 2

DER JUSTIZMINISTER

November 1985

1985 war ein hoffnungsvolles Jahr für die Welt, aber nicht für Südafrika. Michail Gorbatschow kam in der Sowjetunion an die Macht, Ronald Reagan wurde für eine zweite Amtszeit vereidigt: Zwei Hauptakteure des Kalten Krieges kamen zu einem ersten Treffen zusammen und setzten damit eines der bedeutendsten politischen Zeichen der letzten 40 Jahre. Die Supermächte waren dazu bereit, über ihren Schatten zu springen und das Prinzip der sicheren gegenseitigen Vernichtung aufzugeben. Südafrika bewegte sich in die entgegengesetzte Richtung. Spannungen zwischen militanten Gegnern der Apartheid und der Polizei entluden sich in den gewalttätigsten Eskalationen rassischer Feindseligkeiten seit dem Anglo-Zulu-Krieg von 1879; damals hatten sich die Rotröcke Königin Viktorias und die Bataillone König Cetshwayos gegenseitig abgeschlachtet. Die im Exil lebende Führung des *ANC* forderte von ihren Anhängern in Südafrika, sich gegen die Regierung zu erheben und sie verfolgte ihre Offensive gegen die Regierung auch an anderen Fronten: Durch die mächtigen Gewerkschaften, internationale Wirtschaftssanktionen, durch diplomatische Isolation. Und durch Rugby. Der *ANC* hatte 20 Jahre lang versucht, weiße männliche Südafrikaner – insbesondere Afrikaaner – vom internationalen Rugby fernzuhalten, der großen Leidenschaft ihres Lebens. 1985 erzielten sie ihren größten Erfolg, indem sie eine geplante Tour der *Springboks* nach Neuseeland verhinderten. Das tat weh. Die noch frische Erinnerung daran ließ die afrikaanische Bereitschaftspolizei mit neuen Kräften auf die Köpfe der schwarzen Opfer einknüppeln.

Ein Bürgerkrieg schien die einzige Perspektive zu sein. Eine landesweite Meinungsumfrage ergab, dass 70 Prozent der schwarzen und 30 Prozent der weißen Bevölkerung dies glaubten. Und wenn Mandelas *ANC* nicht gewinnen würde, dann käme ihr größter Gegner, Präsident P.W. Botha an die Macht, in Südafrika besser bekannt als „P.W." oder weniger kurz als *de groot krokodil*, das große Krokodil. Botha, der Südafrika von 1978 bis 1989 regierte, rief Mitte 1985 den Notstand aus und sandte eine 35.000 Mann starke Einsatztruppe des südafrikanischen Militärs, besser bekannt als *SADF*, in die schwarzen *Townships*. Das war das erste Mal, dass das Militär herbeigerufen wurde, um eine, wie die Regierung glaubte, wachsende organisierte Rebellion niederzuschlagen. Ihr Verdacht wurde bestätigt, als die exilierte Führung des *ANC* daraufhin zu einem „Volksaufstand" aufrief, um das Land „unregierbar" zu machen. Man wollte die Weißen zwingen, aus dem Land in Richtung England, Australien und Amerika zu fliehen. 1985 sahen Fernsehzuschauer auf der ganzen Welt Südafrika als ein Land brennender Barrikaden, wo Steine werfende schwarze Jugendliche sich mit weißen bewaffneten Polizisten Schlachten lieferten, wo sich Panzerfahrzeuge der *SADF* wie spinnenähnliche

Aliens der wütenden, ängstlichen schwarzen Meute näherten. Die Notstandsregelungen gaben den Sicherheitskräften praktisch grenzenlose Befugnisse zur Durchsuchung, Festnahme und Inhaftierung – sowie die beruhigende Sicherheit, dass sie gegen Verdächtige tätlich werden konnten, ohne dafür bestraft zu werden. In den 15 Monaten vor der ersten Novemberwoche jenes Jahres waren 850 Menschen bei den politischen Unruhen getötet und Tausende ohne Anklage verhaftet worden.

In diesem Klima und im selben Jahr lancierte Mandela seine Friedensoffensive. Er war davon überzeugt, dass Verhandlungen der einzige Weg waren, um die Apartheid dauerhaft zu beenden. Und er nahm die Herausforderung im Alleingang an, wie sich allerdings zeigte, mit einem Handicap. Früher im Jahr hatten die Ärzte ein Prostataleiden bei Mandela festgestellt und aus Angst, dass es sich um Krebs handeln könnte, eine sofortige Operation angeordnet. Sie hatten diese Diagnose im Gefängnis *Pollsmoor* gestellt, in das er drei Jahre zuvor, 1982, von Robben Island verlegt worden war. In *Pollsmoor*, das sich auf dem Festland in der Nähe von Kapstadt befand, teilte sich Mandela eine große Zelle mit Walter Sisulu und drei weiteren Gefängnisveteranen, denen er mit seinen morgendlichen Joggingrunden auf die Nerven ging. Die am 4. November 1985 ausgeführte Operation verlief erfolgreich, doch der mittlerweile 67 Jahre alte Mandela musste weiterhin ärztlich beobachtet werden. Auf Anordnung der Ärzte musste er drei weitere Wochen im Krankenhaus bleiben.

In dieser Zeit – es war Mandelas erster Aufenthalt außerhalb des Gefängnisses nach 23 Jahren – begann die zehn Jahre dauernde Anstrengung, das weiße Südafrika für sich zu gewinnen. Durch einen historischen Zufall trafen sich Gorbatschow und Reagan genau im selben Monat. Der amerikanische Präsident versuchte, seinen Charme beim sowjetischen Führer spielen zu lassen und Mandela versuchte, seinen bei Kobie Coetsee einzusetzen, dem Mann mit der widersprüchlichsten Berufsbezeichnung der Welt: Justizminister Südafrikas.

Während das Treffen der Supermächte in Genf vom Rummel der Medien begleitet wurde, fand Mandelas Treffen unter äußerster Geheimhaltung statt. Die Presse erfuhr erst fünf Jahre später davon. Doch selbst wenn die Geschichte durchgesickert wäre, hätte sie kaum jemand geglaubt. Der *ANC* war der Feind und nach P.W. Bothas Auffassung der Vertreter einer von den Sowjets angeregten „totalen Schlacht", gegen den die staatlichen Sicherheitskräfte eine „totale Strategie" in die Wege geleitet hatten. Es schien undenkbar, dass das Botha-Regime mit den „kommunistischen Terroristen" verhandeln würde – erst recht nicht mit ihrem inhaftierten Führer.

Der einzige in der Regierung, der den ersten Kontakt zum Feind aufnehmen konnte, war Coetsee. Sein Geschäftsbereich umfasste außer dem Justizministerium auch den Strafvollzug. Botha hatte Coetsee zu seinem geheimen Abgesandten gewählt. Er war ihm treu ergeben und einer der wenigen Personen seines Kabinetts, dem er eine diskrete Handlungsweise zutraute. Außerdem war er als Minister für Justiz und Gefängniswesen das geeignete Regierungsmitglied für ein solches Treffen. Mandela hatte immer wieder an Coetsee und an die Justizminister vor ihm geschrieben und um ein Treffen gebeten. Er folgte damit einer ziemlich erfolglosen Tradition des *ANC*, der sich seit seiner Gründung im Jahre 1912 bemüht hatte, die weiße Regierung zu Gesprächen zu bewegen. Nun würde es endlich klappen. Es waren die ersten Gespräche zwischen einem schwarzen Politiker und einem führenden Mitglied der weißen Regierung. Botha billigte das Treffen zum Teil wohl auch aus Neugier; der *ANC* hatte 1980 eine Mandela-Befreiungskampagne begonnen. Er war inzwischen zum berühmtesten und gleichzeitig unbekanntesten Gefangenen der Welt geworden. Vor allem aber weil die Lage in den *Townships* so schlimm und der Druck aus dem Ausland so groß geworden war, war Botha dazu bereit, wenigstens einen Zeh in das Meer der Versöhnung zu tauchen. Gleichzeitig war dies der Test, ob eine politische Einigung mit dem schwarzen Südafrika irgendwann möglich war.

Mandela war zwar der Bittsteller, doch interessanterweise war es Coetsee, der sich unwohl fühlte. Er fühlte eine Mischung aus Schuld und Furcht. Schuld, da er Mandela als Abgesandter einer Regierung treffen würde, die sein Volk tötete; Angst, weil er die Akten über Mandela kannte und sich unwohl bei dem Gedanken fühlte, einen offensichtlich so skrupellosen Feind persönlich zu treffen. „Das Bild, das ich mir von ihm gemacht hatte“, sagte er mir, als ich ihn einige Jahre nachdem er die Regierung verlassen hatte in Kapstadt interviewte, „war das eines Führers, der fest entschlossen war, die Macht an sich zu reißen, sobald sich die Gelegenheit bot, ganz gleich wie viele Menschenleben das kosten würde.“ Coetsee konnte aus den Akten auch ersehen, dass Mandela früher ein beeindruckender Schwergewichtsboxer gewesen war, dem es noch zehn Monate zuvor gelungen war, Coetsees verdrießlichen Chef P.W. Botha vor der ganzen Nation zu demütigen. Und dies, nachdem Botha ihm die Freilassung angeboten hatte. Allerdings hatte Botha eine Bedingung daran geknüpft: Mandela sollte versprechen, jenen „bewaffneten Kampf“ aufzugeben, den er in Gang gesetzt hatte, als er 1961 den bewaffneten Flügel des *ANC*, den *Umkhonto we Sizwe* (Speer der Nation), gegründet hatte. Er hätte sich gemäß den Gesetzen der Apartheid „so verhalten müssen, dass er nicht wieder verhaftet wird“. Mandela antwortete mit einer Erklärung, die seine

Tochter Zindzi auf einer Kundgebung in Soweto verlas. Mandela forderte Botha auf, die Gewalt gegen Schwarze einzustellen, und machte sich über die Idee lustig, in die Freiheit entlassen zu werden: Denn solange die Apartheid existiere, würde jede schwarze Person in Sklaverei bleiben. „Ich kann ihnen keinerlei Zusicherung machen zu einer Zeit, in der weder ich noch Sie, noch das Volk frei sind“, hieß es in Mandelas Erklärung. Und weiter: „Ihre und meine Freiheit können nicht unabhängig voneinander existieren.“

Coetsee hatte verständlicherweise Bedenken gegen das Treffen, aber er hatte alle Trümpfe in der Hand. Schließlich war Mandela der Gefangene und Coetsee der Gefängniswärter. Mandela war nach seiner Operation dünn und schwach und trug Klinikkleidung – Bademantel, Pyjama und Pantoffeln –, während Coetsee in seinem dunklen Ministeranzug vor Gesundheit strotzte. Und das Ergebnis des Treffens war für Mandela sehr viel wichtiger als für Coetsee. Für Mandela ging es um Leben und Tod. Für ihn war es eine Gelegenheit, die sich vielleicht nie wieder bieten würde. Für Coetsee war es nur ein Sondierungsgespräch, beinahe ein Akt der Neugierde. In Mandelas Augen war es *die* Chance, die er gesucht hatte, seit er 40 Jahre zuvor in die Politik gegangen war: Er wollte einen ernsthaften Dialog über die Zukunft des schwarzen und des weißen Südafrikas beginnen. Keine spätere Herausforderung verlangte seiner politischen Überredungskunst mehr ab als dieses erste Gespräch. Wenn er versagen würde, wenn es zum Streit zwischen ihm und Coetsee kommen würde oder die Chemie zwischen ihnen nicht stimmte, wäre dies der Anfang und zugleich das Ende von allem.

Doch in dem Moment, als Coetsee Mandelas Krankenhauszimmer betrat, lösten sich auf beiden Seiten alle Befürchtungen in Luft auf. Mandela, ganz vorbildlicher Gastgeber, lächelte über das ganze Gesicht und sorgte dafür, dass Coetsee sich sofort entspannte. Gefangener und Gefängniswärter begannen eine freundliche Unterhaltung. Ein außenstehender Beobachter hätte angenommen, dass sie sich gut kannten, wie ein königlicher Ratgeber seinen Prinzen kennt oder ein Rechtsanwalt seinen wichtigsten Klienten. Dies hatte teilweise mit dem Umstand zu tun, dass Mandela mit 1,84 Metern hochgewachsen ist und Coetsee, ein kleiner, munterer Kerl mit schwarz umrandeter Brille und dem Auftreten eines Kleinstadtadvokaten, von ihm überragt wurde. Mehr jedoch hatte es mit Mandelas Körpersprache zu tun, mit dem Eindruck, den seine Art bei jedem hinterließ, den er traf. Zuerst einmal war da seine auffallend aufrechte Haltung, dann die Art, wie er einem die Hand schüttelt. Er beugt sich nie, er neigt nie seinen Kopf, seine ganze Bewegung liegt in seinen Armen und Schultern. Dazu kommen seine schaufelgroßen Hände, die sich wie ein Baseballhandschuh anfühlen. Seine Wirkung ist ebenso hoheitsvoll, wie sie einschüchternd sein könnte, wenn da nicht die freundliche Ausstrahlung seines Gesichts und sein großes, freudestrahlendes Lächeln wären.

„Er war ein Naturtalent", erzählte mir Coetsee lebhaft. „Ich erkannte es in dem Augenblick, als ich ihn sah. Er war der geborene Führer. Und er war freundlich. Das Krankenhauspersonal mochte ihn ganz offensichtlich und er wurde von ihnen respektiert, obwohl sie wussten, dass er ein Gefangener war. Er hatte seine Umgebung ganz eindeutig im Griff."

Mandela sprach über bestimmte Personen aus der Strafvollzugsbehörde, die sie beide kannten. Coetsee erkundigte sich nach Mandelas Gesundheit. Sie sprachen über eine zufällige Begegnung Coetsees mit Mandelas Frau Winnie Tage zuvor im Flugzeug. Coetsee war über Mandelas Bereitschaft, Afrikaans zu sprechen, und über seine Kenntnis der Geschichte der Afrikaaner verblüfft und erfreut. Alles war sehr vornehm. Doch beide Männer wussten genau, dass die Bedeutung ihres Treffens nicht in den gesprochenen Worten bestand, sondern im Ungesagten. Es war an sich schon ein Signal, dass das Treffen frei von Feindseligkeiten blieb. Es war ein Signal dafür, dass die Zeit gekommen war, die Möglichkeit eines fundamentalen Wandels in den politischen Beziehungen zwischen schwarzen und weißen Südafrikanern auszuloten. Für Coetsee war es der Beginn einer neuen Übung, die „sprechen statt kämpfen" hieß.

Die Abwesenheit von Kameras, die Krankenhausatmosphäre, der Pyjama, die belanglose Freundlichkeit der Unterhaltung; das alles täuschte nicht über die Wahrheit hinweg, dass Mandela einen entscheidenden politischen Sieg erzielt hatte, um den sich der *ANC* 73 Jahre lang vergeblich bemüht hatte.

Wie hatte Mandela das geschafft? Wie alle Menschen, die sehr gut in dem sind, was sie tun – seien es nun Athleten, Maler oder Violinisten – hatte er lange und hart an der Entwicklung seines Talents gearbeitet. Walter Sisulu hatte bereits 1942, als die beiden Männer sich zum ersten Mal trafen, den politischen Führer in ihm erkannt. Sisulu war sechs Jahre älter als Mandela und schon ein erfahrener *ANC*-Organisator in Johannesburg; Mandela, 25, war direkt vom Land dorthin gekommen und ein Bauerntölpel im Vergleich zu dem smarten Großstädter Sisulu. Und trotzdem war ihm der große vor ihm stehende Mann aufgefallen. Der clevere Aktivist in Sisulu sah etwas in ihm, das er brauchen konnte: „Er beeindruckte mich mehr als jeder andere Mensch zuvor", erzählte mir Sisulu, als ich ihn mehr als ein halbes Jahrhundert später interviewte. „Sein Auftreten, seine Wärme … Ich war auf der Suche nach Leuten mit Format, um Positionen in der Führung zu besetzen. Er war für mich ein Geschenk des Himmels."

Mandela hat später oft darüber gewitzelt, dass ihm in seinem Leben viele Komplikationen erspart geblieben wären, wenn er Sisulu nicht getroffen hätte. In Wahrheit legte es Mandela, dessen Xhosa-Name *Rolihlahla* („Unruhe-Stifter") lautete, jedoch darauf an, Komplikationen heraufzubeschwören. Er wollte sein Talent für eindrucksvolle Auftritte zum politischen Nutzen der Friedensbewegung der 1940er und 1950er Jahre einsetzen. Mandela war als sogenannter „Hauptfreiwilliger" der „Trotzkampagne" der erste, der sein „Passbuch", das Identitätsdokument für Schwarze, verbrannte. Das Mitführen dieses Dokuments war eine demütigende, von der Apartheidsregierung eingeführte Maßnahme, um sicherzustellen, dass Schwarze nur zum Arbeiten in weiße Gebiete gelangten. Für die Verbrennung des Dokuments wählte Mandela einen Zeitpunkt und einen Ort, an dem er die größtmögliche öffentliche Wirkung erzielen würde. Auf Fotos sieht man ihn dabei in die Kameras lächeln. Innerhalb weniger Tage folgten Tausende von Schwarzen seinem Beispiel.

In den 1950er Jahren stach er als Präsident des Jugendverbands des *ANC* durch seine außergewöhnlich selbstbewusste Persönlichkeit hervor. Während eines abendlichen Treffens der *ANC*-Führung, bei dem jeder im Smoking erschien, kreuzte er in einem schicken braunen Anzug auf. Er schockierte alle mit einer Rede, in der er prophezeite, er würde der erste schwarze Präsident Südafrikas werden.

Er hatte etwas an sich, das an den dreisten jungen Muhammad Ali erinnerte. Schließlich war auch er ein Boxer, der trainierte, um in Form zu bleiben. Er zeigte diese Form auch gerne. Auf zahlreichen Fotos sieht man ihn in klassischen Boxerposen. Auf Fotos, die ihn im Anzug zeigen, erscheint er wie ein Hollywood-Filmstar. Schon in den 1950er Jahren war er das bekannteste Gesicht des schwarzen Widerstands. Er war immer tadellos gekleidet; der einzige Schwarze, der seine Anzüge beim selben Schneider anfertigen ließ wie der Gold- und Diamantenmagnat Harry Oppenheimer, der reichste Mann Südafrikas.

Als der *ANC* im Jahre 1961, hauptsächlich auf Mandelas Geheiß hin, den bewaffneten Kampf aufnahm, wurde er Chefkommandant der *ANC*-Organisation *Umkhonto we Sizwe* (Speer der Nation). Er legte die Anzüge ab und kleidete sich im Befreier-Look Che Guevaras, eines seiner Helden. Bei seinem letzten öffentlichen Auftritt vor seiner Inhaftierung 1962, erschien er in einem grünen Guerilla-Tarnanzug. Das war auf einer Parteiversammlung in Durban. Er war damals der am meisten gesuchte Mann Südafrikas. Es war für ihn wichtig, auf diese Weise seinen Widerstand und Trotz sich selbst und den Menschen zu zeigen. Den Rat seiner Kameraden, seinen Che Guevara-Bart abzurasieren, mit dem er auf den Fahndungsfotos abgelichtet war, schlug er in den Wind.

Seine Eitelkeit war jedoch auch sein Ruin – zumindest teilweise. Doch er setzte sie auch für gute Zwecke ein. Als er wegen Sabotage angeklagt wurde und im Gefängnis saß, war er entschlossen, bei seinem ersten Erscheinen vor Gericht allen anderen die Schau zu stehlen und das Gericht in eine politische Bühne zu verwandeln. Er betrat den Gerichtssaal mit bedächtiger, gebieterischer Langsamkeit und im aufwändigen Gewand eines afrikanischen Stammesoberhaupts: mit einem Tierfell über der Brust und mit Perlen um Hals und Armen. Als er zu seinem Platz schritt, wurde es still im Saal; selbst dem Richter verschlug es für kurze Zeit die Sprache.

Und dann hielt er eine außergewöhnliche Rede. Er begann mit den Worten: „Ich bin ein schwarzer Mann, der vor dem Gericht des weißen Mannes steht." Die Rede hielt die Nation in Atem und erfüllte genau den beabsichtigten politischen

Zweck. Und sie führte zu einer bedeutenden Entdeckung: Auch das Gefängnis konnte eine politische Bühne sein, sein Auftritt sollte das Urteil verändern. Mandela nutzte die Fähigkeiten, die er sich in den 1950er Jahren als Rechtsanwalt angeeignet hatte, als er schwarze Klienten in weißen Gerichtssälen vertrat. Das Gefängnis war von nun an ein politischer Übungsplatz, ein Ort, an dem er sich auf das große Spiel vorbereitete, das draußen in Freiheit auf ihn wartete. Dort perfektionierte er ganz bewusst sein natürliches Talent, um an die politische Spitze zu gelangen: Er übte seine Rolle an Gefängniswärtern und Mitgefangenen, um sich auf seine Zukunft vorzubereiten.

Der entscheidende Punkt bestand darin, den Feind kennenzulernen. Mandela widmete sich dieser Aufgabe mit derselben Disziplin, mit der er sein körperliches Training absolvierte. Er nutzte zwei Mittel: Bücher – mithilfe derer er die Geschichte der Afrikaaner studiert und sich ihre Sprache angeeignet hatte – und die afrikaanischen Gefängniswärter, einfache Männer, die in der großen weißen Arbeitswelt ziemlich weit unten rangierten.

Fikile Bam, der einige Zeit lang mit Mandela im Gefängnis verbracht hat, erinnert sich lebhaft an den Ernst, mit dem Mandela sich daran machte, die Mentalität der Afrikaaner vom ersten Satz an zu verstehen. „In seinem Geist, so predigte er uns, sei der Afrikaaner ein Afrikaner. Er gehöre zum Land, und wie die Lösung der politischen Probleme auch aussähe, wären die Afrikaaner daran beteiligt."

Damals war es die mehrheitliche Meinung des *ANC*, dass die von den Afrikaanern ausgeübte Macht eine moderne Version des europäischen Kolonialismus darstelle. Dies in Frage zu stellen und zu erklären, dass auch die Afrikaaner das Recht hätten, als Afrikaner zu gelten, kostete einigen Mut. Auch seine neu entdeckte Leidenschaft für die Geschichte der Afrikaaner verbarg er nicht. „Er hatte dieses brennende Interesse für historische afrikaanische Figuren und nicht zuletzt für die afrikaanischen Führer im englisch-burischen Krieg", erzählte Bam. „Er kannte sogar die Namen der burischen Kommandanten."

Im Gefängnis besuchte Mandela jahrelang einen Afrikaanisch-Sprachkurs und er ließ nie eine Gelegenheit aus, seine Sprachkenntnisse zu verbessern. „Er hatte überhaupt keine Skrupel, Leute auf Afrikaans zu begrüßen und seine sprachlichen Fähigkeiten an den Wärtern zu testen", sagte Bam. „Andere Gefangene hatten Zweifel und Hemmungen, aber Nelson nicht. Er wollte die Afrikaaner wirklich kennenlernen. Die Wärter eigneten sich ganz wunderbar für diesen Zweck."

Mandela studierte diese Männer, das sichtbarste und unmittelbarste Gesicht des Feindes und setzte sich ein Ziel: Er wollte sie dazu bringen, ihn würdevoll zu behandeln. Wenn ihm das gelänge, so dachte er, würde es eines Tages in der Welt draußen auch mit allen Weißen gelingen.

Sisulu, der ihn außerhalb des Gefängnisses beobachtet hatte, beobachtete ihn nun im Gefängnis und – wie ein Trainer, der den jungen Boxer entdeckt, aus dem später ein Champion im Schwergewicht wird – war er stolz auf seine Wahl. Sisulu blieb lieber im Schatten Mandelas. Aber Mandela vertraute ein Leben lang auf Sisulus Ratschläge – in privaten ebenso wie in politischen Fragen. Sisulu wusste zum Beispiel am besten, wie man die Herzen der weißen Gefängniswärter erweichen konnte. Der Schlüssel zu allem, so erklärte er später, war „Respekt, ganz normaler Respekt. Das ist alles." Er wollte seine Feinde nicht vernichten. Er wollte sie nicht demütigen. Er wollte es ihnen nicht mit gleicher Münze heimzahlen. Er wollte nur, dass sie ihn mit Respekt behandelten.

Genau das wollten auch die ungebildeten, rauen weißen Männer, die über das Gefängnis herrschten und Mandela war bemüht, ihnen von Anfang an mit Respekt zu begegnen – obwohl sie versuchten, ihm das Leben zur Hölle zu machen. Seine Zelle war kleiner als ein durchschnittliches südafrikanisches Badezimmer, sie maß gerade einmal acht auf sieben Fuß. Es gab ein kleines vergittertes, etwa 30 Quadratzentimeter großes Fenster mit Blick auf einen flachen Innenhof aus Zement, in dem die Gefangenen stundenlang sitzen und Steine klopften mussten. Dies war 18 Jahre lang sein Zuhause. Er schlief auf einer Strohmatratze. Drei abgewetzte Decken bildeten den einzigen Schutz gegen die eisige Kälte während des Winters am Kap. Politische Gefangene hatten weniger Privilegien als normale Kriminelle, die auf der besseren Seite der Insel untergebracht waren. Sie mussten kurze Hosen tragen (lange Hosen gab es nur für indische oder farbige Häftlinge, nicht für Schwarzafrikaner) und das Essen war ebenso knapp wie schlecht: eine Maissuppe mit gelegentlicher Knorpeleinlage. Mandela verlor schnell an Gewicht und durch den Vitaminmangel wurde seine Haut fahl. Dennoch zwang man ihn zu harter Arbeit. Entweder musste er mit der Spitzhacke im Steinbruch der Insel schuften oder Tang sammeln, der als Düngemittel nach Japan exportiert wurde. Zum Waschen bekamen die Gefangenen einen Eimer mit kaltem Atlantik-Meerwasser.

Zwei Monate nach Mandelas Verurteilung bekam sein Rechtsanwalt, George Bizos, die Gelegenheit ihn zu besuchen. Dabei konnte er sehen, wie Mandela unter dem Gefängnisaufenthalt litt: Er war jetzt viel dünner und nur dürftig bekleidet – im kalten, windigen Winter am Kap trug er kurze Hosen und Schuhe ohne Socken. Er wurde von acht Wärtern in schicken Uniformen bewacht, je zwei gingen vor, neben und hinter ihm.

Doch im Augenblick, als Bizos seinen Mandanten sah, war ihm klar, dass er kein typischer Gefangener war. Als er mit seiner Eskorte aus dem Gefängnisbus ausstieg, gab Mandela und nicht die Wärter das Tempo an. Bizos schlängelte sich an den zwei vorderen Wärtern vorbei und umarmte seinen Mandanten zu ihrem Erstaunen. Sie hatten noch nie gesehen, dass ein Weißer einen Schwarzen umarmt. Beide Männer sprachen kurz miteinander, Mandela erkundigte sich nach Bizos' Familie, doch auf einmal brach er ab und sagte: „George, entschuldige bitte, ich habe dich noch nicht meiner Ehrenwache vorgestellt." Mandela stellte Bizos jeden der Wärter mit Namen vor. Die Wärter waren so erstaunt, erinnerte sich Bizos viele Jahre später, „dass sie sich tatsächlich wie eine Ehrengarde benahmen und jeder respektvoll meine Hand schüttelte".

Doch das war nicht immer so. Die Wärter und die befehlshabenden Offiziere wechselten sich ab, einige waren brutal, andere wiederum relativ nachsichtig. Mandela, der von seinen politischen Mitgefangenen vom ersten Tag an als Führer anerkannt worden war, feilte an seiner Kunst, sie zu steuern. Er wollte seine Mitgefangenen davon überzeugen, dass auch die Wärter tief in ihrem Innern verletzliche menschliche Wesen waren und dass es das System war, das viele von ihnen so brutal gemacht hatte. Doch wenn es die Situation erforderte, trat er auch aggressiv für seine Rechte ein. Das einzige Mal, als ein Wärter ihn auf der Insel schlagen wollte, stand Mandela, der Rechtsanwalt und Boxer, seinen Mann und sagte: „Wenn Sie es wagen, Hand an mich zu legen, werde ich Sie vor das höchste Gericht des Landes zerren. Und wenn ich mit Ihnen fertig bin, werden Sie so arm sein wie eine Kirchenmaus." Der Wächter schimpfte und tobte, doch er hielt sich zurück – statt ihn zu schlagen, ging er einfach weg.

Auf der Insel – gleichsam ein kleines Südafrika – widersetzten sich die schwarzen Gefangenen dem weißen Gefängnisregime genauso wie in der Freiheit. Der zivile Ungehorsam war allgemeines Prinzip. Er äußerte sich durch Hungerstreiks, langsames Arbeiten und dem ständigen Kampf um die Menschenwürde. Die Gefängniswächter, die Mandela bei seiner Ankunft auf der Insel kennenlernte, waren es gewohnt, von den Gefangenen mit *Baas*, Chef, angesprochen zu werden. Mandela verstieß gegen dieses ungeschriebene Gesetz.

Die Haftbedingungen in dem Inselreich, das zuvor eine Leprakolonie und Irrenanstalt beherbergte, hingen immer von der Persönlichkeit des befehlshabenden Offiziers ab. Van Varde, ein milder und freundlicher Offizier, wurde 1970 durch Oberst Piet Badenhorst ersetzt – die furchterregendste Gestalt, der Mandela während seiner Jahre hinter Gittern begegnet war. Die neuen Rekruten, die er auf die Insel brachte, waren ebenso brutal. Es entstand eine Schreckensherrschaft, die ein Jahr andauerte. Wenn Badenhorst den Mund öffnete, fluchte er, und für Mandela fand er die gemeinsten Beschimpfungen. Die Wachen folgten seinem Beispiel; sie rempelten die Gefangenen auf dem Weg zum Steinbruch an, untersuchten die Zellen willkürlich und konfiszierten Bücher, die ihnen besonders wichtig waren (unter den Lieblingsbüchern Mandelas und Sisulus waren Shakespeare und die griechischen Klassiker). An einem Tag im Mai 1971 betraten Badenhorsts Gefängniswärter früh am Morgen den Trakt des Gefängnisses, in dem die politischen Häftlinge untergebracht waren. Sie waren angetrunken und befahlen den Gefangenen, sich nackt auszuziehen, während sie die Zellen durchsuchten. Eine Stunde später brach einer der Häftlinge zusammen. Als ein anderer Häftling protestierte, wurde er so schwer zusammengeschlagen, das Blut durch seine Zelle spritzte.

Mandela blieb gelassen; unter seiner Führung wandten die Gefangenen erneut jene Lektionen an, die sie während ihres politischen Kampfes gelernt hatten. Sie suchten außerhalb ihres Inselmikrokosmos nach Hilfe. Sie schmuggelten mithilfe von Gefängnisbesuchern und des Internationalen Roten Kreuzes Nachrichten nach draußen. Hilfe kam unter anderem von Helen Suzman, Südafrikas profiliertester parlamentarischer Politikerin. Sie besuchte die Gefangenen auf der Insel und wurde von ihnen an Mandela verwiesen, ihren einstimmig gewählten Sprecher. Der entscheidende Moment war Ende 1971 gekommen, als drei Richter das Gefängnis besuchten. Die drei trafen sich in Anwesenheit von Badenhorst mit Mandela, der die schlechte Behandlung der Gefangenen anprangerte. Er beschwerte sich über die miserable Verpflegung und die harte Arbeit. Auch von dem Vorfall, als die betrunkenen Wachen in die Zellen eingedrungen waren, berichtete er. Badenhorst erhob mahnend den Zeigefinger und sagte: „Seien Sie vorsichtig, Mandela. Wenn Sie über Dinge reden, die Sie nicht gesehen haben, könnten Sie Schwierigkeiten bekommen. Sie verstehen doch, was ich meine?" Mandela nutzte Badenhorsts Fehler sofort. Ähnlich wie damals vor Gericht, wandte er sich triumphierend an die Richter und sagte: „Meine Herren, Sie sehen selbst, mit welcher Art von Mensch wir es zu tun haben. Wenn er mir vor Ihnen drohen kann, können Sie sich sicher vorstellen, was er tut, wenn Sie nicht hier sind." Einer der Richter wandte sich an die anderen und sagte: „Der Gefangene hat völlig recht."

Mandela hatte die Bestie gebändigt. Nachdem die Richter gegangen waren, verbesserten sich die Haftbedingungen und nach drei Monaten kam die Nachricht, dass Badenhorst versetzt werden sollte. Doch das ist noch nicht das Ende der Geschichte. Der interessanteste Teil sollte noch kommen. Das Zusammentreffen mit Badenhorst prägte Mandelas Haltung gegenüber den afrikaanischen „Unterdrückern" für den Rest seines Lebens.

Ein paar Tage vor Badenhorsts Versetzung besuchte General Steyn Robben Island und bat um eine Unterredung mit Mandela. Badenhorst war ebenfalls anwesend. Am Ende des Gesprächs kam Badenhorst auf Mandela zu und informierte ihn mit ungewohnter Freundlichkeit über seinen bevorstehenden Weggang. Dann sagt er: „Ich wollte euch Leuten nur noch alles Gute wünschen." Ausnahmsweise einmal war es Mandela, dem es fast die Sprache verschlug, aber er riss sich zusammen, dankte ihm und wünschte ihm viel Glück für seine neue Stelle.

Mandela dachte noch lange über den Vorfall nach und überlegte, warum ein herzloser und grausamer Mann ihm am Ende doch noch freundlich begegnet war. Er schob diese Gedanken jedoch erst einmal beiseite. Er wandte alle Strategien an, die er während der sieben Jahre auf Robben Island entwickelt hatte, nutzte jede Hilfe von Leuten wie Helen Suzman und dem Justizsystem, um die Lebensbedingungen im Gefängnis zu verbessern. Gegen Ende der 1970er Jahre hatte sich die Qualität des Essens, der Kleidung und des Bettzeugs im Vergleich zu 1964 verbessert; und auch das Tangsammeln und die Zwangsarbeit im Steinbruch fanden ein Ende. Auch komfortable Neuerungen gab es nun: Die Gefangenen konnten Filme anschauen und Radioprogramme durch ein im ganzen Gefängnis angebrachtes Lautsprechersystem hören. Und sie konnten Sport treiben. Das war das Beste. Sie konnten Tennis spielen und natürlich Fußball, der liebste Zeitvertreib der schwarzen Südafrikaner. Auf Druck der Obrigkeit sollte auch Rugby gespielt werden. Die Anordnung von oben lautete, dass immer abwechselnd eine Woche Fußball, die andere Rugby gespielt werden sollte. Die jüngeren Gefangenen spielten Rugby und hörten sich im Radio die Übertragung der wichtigsten Spiele an. Obwohl sie immer die gegnerische Mannschaft anfeuerten, wenn die *Springboks* spielten, hoffte das Regime wohl auf eine wundersame Kehrtwende. Diese würde erst sehr viel später stattfinden. Davor fand an einem Novembertag im Jahr 1985 die Bekehrung Kobie Coetsees statt.

Mandela wurde am 24. November 1985 entlassen. Botha hatte gemeinsam mit Coetsee veranlasst, dass er nicht in die große Zelle zurückkehren sollte, die er mit vier seiner alten Kameraden geteilt hatte. Er sollte in *Pollsmoor* bleiben und dort eine eigene Zelle in einem ansonsten leeren Trakt des Gefängnisses beziehen. Das war keine Strafe, sondern ein erster Schritt in Richtung Freiheit. Die Idee dahinter war, weitere Kontakte zwischen Mandela und der Regierung so geheim wie möglich zu halten. Mandela war ebenfalls dankbar, dass er nun Raum hatte, um seine Gedanken zu sammeln und seine Strategie zu planen. Coetsee sorgte auch dafür, dass Mandela besser behandelt wurde als je ein Schwarzer in Südafrika vor ihm – noch nie hatte ein *Baas* einen Schwarzen derart verwöhnt. Die Verpflegung wurde besser, er bekam Zeitungen, ein Radio und Zugang zu einer Erfindung, die in Südafrika noch unbekannt war, als er seine Strafe angetreten hatte: einem Fernseher.

Zudem leistete ihm ein Gefängniswärter namens Christo Brand Gesellschaft. Brand war mit Mandela nach *Pollsmoor* verlegt worden und war ihm ganz und gar ergeben. Wie alle Wärter kam Brand aus der ärmeren Schicht der afrikaanischen Gesellschaft. Er war auf einer Farm aufgewachsen, hatte erst im Alter von zehn Jahren Elektrizität kennengelernt und die Schule im Alter von 15 Jahren verlassen. Er war halb so alt wie Mandela und ein umgänglicher Mensch, der in seinem Gefangenen einen väterlichen Freund sah. Mandela verhielt sich dementsprechend. Er schrieb Briefe an Brands Frau, in denen er klagte, dass ihr Ehemann nicht genügend an sich arbeiten würde: Er sei sehr klug und wenn man ihn endlich überreden könnte, sich zu bilden, würde er es wirklich weit im Leben bringen. Brands Sohn Riaan, der 1985 geboren worden war, wurde für Mandela so etwas wie ein Ersatzenkelkind. Brand schmuggelte Riaan nach *Pollsmoor*, als er acht Monate alt war, so dass Mandela ihn auf dem Arm halten konnte. Mandela tat dies mit Tränen in den Augen. In den letzten 23 Jahren hatte er keines seiner sechs Kinder liebkosen können. Als Riaan Brand heranwuchs, versäumte es Mandela niemals, sich nach seinen schulischen Leistungen zu erkundigen und schrieb ihm jedes Mal pünktlich zum Geburtstag.

Die kühleren, höheren Beamten in *Pollsmoor* für sich zu gewinnen war schwieriger. Der diensthabende Offizier im Hochsicherheitstrakt C in *Pollsmoor* war Major van Sittert, ein Mann, der, wie mir Brand erzählte, lieber mit normalen Kriminellen zu tun hatte als mit politischen Gefangenen. „Der Major kam einmal im Monat und inspizierte die Zellen", erinnerte sich Brand. „Er fand die politischen Gefangenen lästig: Sie beschwerten sich und verlangten viel mehr Dinge als die normalen Gefangenen; der Major sprach zudem nicht so gut Englisch und fühlte sich auch deshalb in ihrer Gegenwart unbehaglich." Dazu kam, dass Mandela mittlerweile bekannt war, eine Berühmtheit auf seine Art. Das irritierte van Sittert zusätzlich und er fühlte sich in Mandelas Gegenwart noch unwohler. Mandela dachte intensiv über van Sittert nach. Er hatte bisher andere höhere Offiziere gezähmt, doch der gereizte, unsichere van Sittert würde seine Künste auf eine harte Probe stellen. Mandela sprach mit Brand, um van Sitterts Schwächen herauszufinden. Er erfuhr, dass van Sittert ein leidenschaftlicher Rugby-Fan war. Also begann Mandela, der kein besonderes Interesse an Rugby hatte, sich auf den monatlichen Besuchs des Majors vorzubereiten, indem er eifrig alles über das Spiel lernte. Zum ersten Mal in seinem Leben las er die Rugby-Seite in der Zeitung, schaute sich Sportsendungen im Fernsehen an und prägte sich die aktuellen Nachrichten ein, so dass er mit dem Major über dessen größte Leidenschaft sprechen konnte.

Er verband mit dieser Absicht, noch einen weiteren Weißen für sich zu gewinnen, darüber hinaus noch einen Wunsch, den ihm nur der Major erfüllen konnte. Er wollte damit nicht noch länger warten.

Mandela traf Major van Sittert zum ersten Mal auf dem Flur vor seiner Zelle. Und obwohl Mandela ähnlich nachteilig gekleidet war wie bei seinem Treffen mit Kobie Coetsee (Mandela in Häftlingskluft, van Sittert in Offizierskleidung) erwies er sich erneut als Herr der Lage. Er begrüßte den Major wie ein Staatsoberhaupt einen ausländischen Diplomaten. Als Mandela bemerkte, wie ungern van Sittert Englisch sprach, wandte er sich auf Afrikaans an ihn.

„Mandela war wie immer sehr freundlich“, erinnert sich Brand. „Er begrüßte ihn mit einem breiten Lächeln und begann dann sofort, über Rugby zu sprechen. Nun, ich war sehr überrascht! Da stand er nun und sagte, dass Soundso seine Sache gut machte und Soundso unter seiner Bestform spielen würde und im letzten Spiel wirklich enttäuscht hätte und dass es vielleicht an der Zeit wäre, dem jungen Soundso eine Chance zu geben, da er sehr vielversprechend erscheine und so weiter und so fort.“ Nachdem sich die Verwunderung des Majors gelegt hatte, wurde er ziemlich lebhaft und „stimmte Mandela praktisch in allen Punkten zu ... man konnte sehen, wie die Skepsis des Majors geradezu dahinschmolz“, sagte Brand.

Mandela lockte den Major in eine Falle. Behutsam lotste Mandela ihn zu seiner Zelle und erwähnte dann beiläufig, dass er ein kleines Problem hätte, eines, von dem er sicher sei, dass van Sittert nicht wollte, dass ein Rugbyfan wie Mandela darunter zu leiden hätte. Mandela erzählte ihm, dass er zu Mittag mehr Essen bekomme als abends. Deshalb würde er immer etwas von seinem Mittagessen bis zum Abend aufbewahren. Das Problem war nur, dass das Essen dann kalt war. Doch es gäbe eine Lösung, sagte Mandela. Er hätte von einem Gerät namens Kochplatte gehört, mit dem er sein Problem lösen könnte. „Major", sagte er, „wäre es irgendwie möglich, dass Sie mir helfen, eine Kochplatte zu besorgen?" Zu Brands Verwunderung kapitulierte van Sittert kampflos. „Brand", befahl er, „gehen Sie los und besorgen Sie Mandela eine Kochplatte!"

Er bekam eine Kochplatte – und vieles mehr. Er traf sich erneut heimlich mit Kobie Coetsee, diesmal im Haus des Ministers. Coetsee, der ängstlich bemüht war, Mandela die Hochachtung zukommen zu lassen, die er seines Erachtens verdiente, ordnete an, Mandela den ersten Anzug seit 23 Jahren zu geben und ihn in einer großen Limousine zu chauffieren. Diesmal war der Inhalt ihres Gesprächs deutlich politischer. Coetsee berichtete Botha, dass das Gefängnis Mandela tatsächlich milde gemacht habe und er nicht mehr der unruhestiftende Terrorist von einst sei. Mandela schien bereit zu sein, den Weißen entgegenzukommen.

Mandela erhielt immer mehr Privilegien. Brand und van Sittert waren höchst erstaunt darüber, dass sie Mandela in Kapstadt herumkutschieren sollten. Ein kleiner Kreis von Bothas Vertrauten, die bei den geheimen Gesprächen anwesend waren (Coetsee, Niël Barnard, der Geheimdienstchef und ein zwei andere), befürchtete, dass etwas an die Presse gelangen würde, wenn das ganze Kabinett Bothas darüber Bescheid wüsste. Dennoch hielten sie es für so wichtig, Mandela allmählich an ein Leben außerhalb des Gefängnisses zu gewöhnen, dass sie sogar seine Gefängniswärter autorisierten, ihn auf kleineren Spaziergängen, bei denen er sich unter die ahnungslosen Einwohner mischte, unbeaufsichtigt zu lassen. Einmal nahm Christo Brand ihn mit zu sich nach Hause, um ihn seiner Frau und seinen Kindern vorzustellen. Ein anderes Mal fuhren ihn zwei Gefängnisbeamte in die Stadt Pater Noster, 120 Kilometer nördlich von Kapstadt, am Atlantischen Ozean. Als Mandela ganz allein den unberührten weißen Strand entlang spazierte, tauchte auf einmal ein Bus mit deutschen Touristen auf. Die beiden Gefängnisbeamten gerieten vor Angst, dass man ihn erkennen könnte, in Panik. Sie hätten sich keine Sorgen zu machen brauchen. Die Touristen, die von der wilden Schönheit der Landschaft hingerissen waren, machten Fotos und ignorierten den grauhaarigen Mann in ihrer Nähe. Mandela hätte sich unter die Touristen mischen, in den Bus steigen und um politisches Asyl bitten können. Aber er wollte zu diesem Zeitpunkt, trotz der weltweiten Bewegung für seine Freilassung, noch nicht aus dem Gefängnis hinaus. Er glaubte fest daran, dass er durch die Gespräche aus dem Gefängnis heraus mehr erreichen könne.

KAPITEL 3

GESETZE DER APARTHEID

Im November 1985 war Justice Bekebeke einer von Millionen junger wütender Schwarzer. Er war groß und klapperdürr und sah aus wie eine afrikanische Schnitzfigur. Er hatte eine höfliche Art und eine tiefe, beruhigende Stimme. Wenn er sprach, strahlte er trotz seiner 24 Jahre eine hart erkämpfte Weisheit aus.

Bekebeke lebte in Paballelo, einer baumlosen *Township* – 800 Kilometer nördlich von Mandelas Gefängnis in Kapstadt und 800 Kilometer westlich von Johannesburg – am Rande der Kalahariwüste, am Ende der Welt. In Südafrika gab es zu dieser Zeit neben einer schwarzen *Township* immer auch eine weiße Siedlung. Obwohl in den *Townships* mehr Menschen lebten, waren nur die weißen Städte auf den Karten verzeichnet. Die *Townships* bildeten die schwarzen Schatten der Städte. Paballelo war der schwarze Schatten von Upington. Upington war die überdeutliche Karikatur einer Apartheidsstadt. In einer Großstadt wie Johannesburg hätte ein unaufmerksamer Besucher vielleicht die krasseren rassistischen Unterschiede übersehen, aber in Upington traten sie einem überdeutlich entgegen – es gab *Slegs Blankes*-Schilder („Nur für Weiße“) an öffentlichen Toiletten, in Bars, an Trinkwasserbrunnen, Kinos, Schwimmbädern, Parks, Bushaltestellen und am Bahnhof.

Dieser gesetzlich vorgeschriebene Unsinn, erzwungen durch den *Separate Amenities Act* von 1953, erzeugte einige finstere Komödien. Sollte eine schwarze Frau, die das weiße Baby ihrer „gnädigen Frau“ ausfuhr, im „Nur für Weiße“ bestimmten Zugabteil oder in einem „für Nicht-Weiße“ reisen? Brach ein japanischer Tourist, der eine „Nur für Weiße“ bestimmte Toilette benutzte, das Gesetz? Was sollte ein Busfahrer tun, wenn er einen braunhäutigen Passagier anwies, aus einem „Nur für Weiße“ bestimmten Bus auszusteigen, dieser aber behauptete, dass er nur sonnengebräunt sei?

Diese Feinheiten wurden von liberal denkenderen Weißen in Kapstadt oder Johannesburg oft ignoriert. Tief im afrikaanischen Herzland, in Orten wie Upington, wurden sie mit calvinistischer Strenge befolgt. In Paballelo war alles ärmer, schmutziger und enger als in Upington, aber weniger erdrückend. In Paballelo konnte man den geringfügigeren Beschränkungen der Apartheid entgehen. Man konnte essen, einkaufen oder sich hinsetzten, wo man wollte. Von Upington nach Paballelo fuhr man eineinhalb Kilometer weit in Richtung Westen auf der Straße nach Namibia, bis man zu einem öffentlichen Schlachthof kam. Dort bog man links ab und stand dann vor einem rostigen Straßenschild mit der Aufschrift „Willkommen in Paballelo“. Der Kontrast zwischen beiden Orten war, wie immer, wenn man in Südafrika von der Welt der Weißen in die der Schwarzen kam, gigantisch. Es schien, als befände man sich in einem anderen Jahrhundert; als käme man vom vorstädtischen Connecticut direkt nach Burkina Faso. Der eine Ort war knochentrocken, ein enges Labyrinth aus

Wellblechhütten auf ebenem Buschland; der andere eine menschengemachte Oase aus Trauerweiden, grünen Golfplätzen, hübsch gepflegten Rosengärten und riesigen Wohnhäusern, deren Besitzer schamlos die Ressourcen des nahe gelegenen Orange River anzapften. Upington wäre fast schon elegant gewesen, wenn es nicht so unnatürlich gewirkt hätte, die Pflanzen inmitten der gnadenlosen Hitze und der tristen Wüste nicht den Beigeschmack von Talmi-Schmuck gehabt hätten, wenn es nicht ein Ort gewesen wäre, an dem es für Weiße Routine war, Schwarze mit „Kaffer" anzusprechen, dem verletzendsten, beschämendsten Namen – dem südafrikanischen Äquivalent für Neger.

Drei Kindheitserinnerungen beeindruckten den Jungen, der später einmal Justice Bekebeke werden sollte, nachhaltig. Die erste stammte aus seiner frühen Kindheit, als er mit seiner Familie Kapstadt besuchte. Als er über den Atlantik blickte, bemerkte er ein Stück Land, das nicht weit vor der Küste lag. Sein Vater, der kaum lesen und schreiben konnte, aber wusste, wo er politisch stand, erzählte ihm, dass an diesem Ort „unsere Gefangenen" festgehalten würden. Der Punkt am Horizont war Robben Island. Justice bat seinen Vater um eine Münze für ein Fernrohr. Er wollte versuchen, einen Blick auf seine Führer zu werfen. Doch die Insel lag elf Kilometer weit entfernt und es gelang ihm nicht. Er sah jedoch die Umrisse der Gebäude, in denen sich die Gefängniszellen befanden. Das reichte, um sich vorzustellen, er wäre tatsächlich auf der Insel gewesen. Wieder zu Hause, behauptete er, er wäre wirklich dort gewesen. Er beeindruckte seine Schulkameraden derart, dass er plötzlich der Anführer seiner Freunde war, die sich seiner politischen Führung bereitwillig unterordneten.

Durch diese Erfahrung und durch den Einfluss seines Vaters fühlte sich Justice von klein auf eher mit Mandelas *ANC* verbunden als mit der Partei seines Konkurrenten, dem radikalen *Pan Africanist Congress*. Der *PAC* war eine offen nach Rache schreiende Partei, zu deren Slogans „Ein Siedler, eine Kugel“ und „Werft die Weißen ins Meer“ zählten und die in den 1960er Jahren fast zur beherrschenden Kraft in der schwarzen Politik wurde. Die *PAC* war die Hamas Südafrikas.

Man stelle sich Yassir Arafat vor, der die Hamas überzeugt, sich seiner Führung zu beugen und das palästinensische Volk unter dem Banner seiner *Fatah*-Partei zu vereinen – dann bekommt man ein Gefühl für das, was Mandela bei seiner Wählerschaft erreichte, die in viele unterschiedliche Stämme gespalten war. Im schwarzen Südafrika gab es Zulus, Xhosas, Sothos und sechs weitere Stämme; alle mit verschiedenen Sprachen und oftmals seit langem miteinander verfeindet. Mandela, von dem jeder wusste, dass er ein Xhosa aus königlichem Hause war, konnte letztlich über 90 Prozent aller schwarzen Südafrikaner für sich gewinnen.

Bekebekes zweite prägende Erinnerung erlebte er als Zehnjähriger. Sie handelt von einem Streit zwischen einem schwarzen Südafrikaner und einem weißen Polizisten. Der Streit wurde immer hitziger, bis der Polizist schließlich seine Pistole zog und den Schwarzen erschoss. Sterbend am Boden liegend, stürzte dieser sich mit letzter Kraft auf den Polizisten und erstach ihn mit einem Messer. Justice kannte den Schwarzen nicht, doch die Geschichte hatte für ihn die Eindringlichkeit einer Parabel. „Ich bewunderte diesen Mann“, verkündete er, als er sich an diese Erfahrung erinnerte. „Ich bewunderte ihn, weil er sich gegen den weißen Polizisten gewehrt hatte, weil er zurückgeschlagen hatte.“

Diese Erinnerung weist voraus auf die Herausforderung, mit der Mandela konfrontiert wurde, als er sein Volk dazu bringen wollte, ein durch Verhandlung geschaffenes Ende der

Apartheid zu akzeptieren. Justices dritte prägende Kindheitserinnerung zeigt auf, wie schwer es war, sie dazu zu bewegen, die *Springboks* zu unterstützen. Diese Erinnerung handelt von einem Rugby-Spiel im Jahr 1970 in Upington und ereignete sich ebenfalls, als Bekebeke zehn Jahre alt war.

Wie die meisten schwarzen Kinder hatte auch Bekebeke wenig Interesse an diesem Spiel. Es war der brutale, fremde Zeitvertreib eines ebenso brutalen, fremden Volkes. Doch diesmal trieben ihn seine Neugier und die Aussicht auf Schadenfreude über eine Niederlage seiner weißen Nachbarn ins örtliche Rugby-Stadion. Ein neuseeländisches Rugby-Team tourte durch Südafrika und war nach Upington gekommen, um gegen das große Provinzteam *North West Cape* zu spielen. Das Stadion war klein und fasste nur 9.000 Zuschauer. Es gab nur wenig Platz für ein paar hundert Schwarze, dort wo die Sonne am stärksten hinbrannte. Doch Justice ging in der Überzeugung, dass das lokale Team, der Stolz der Afrikaaner, eine tüchtige Tracht Prügel einstecken würde, trotzdem hin.

Die Afrikaaner waren größtenteils holländischer Abstammung und sprachen eine Sprache, die die meisten Holländer verstehen können. Sie machten 65 Prozent der fünf Millionen Weißen in Südafrika aus. Die anderen 35 Prozent sprachen zu Hause Englisch und waren meist auch englischer Abstammung (es gab aber auch zahlreiche Portugiesen, Griechen und litauische Juden). Diese Gruppe dominierte in der Geschäftswelt – in den Gold-, Diamanten- und Platinminen Südafrikas. Doch was die politische Macht betraf, waren die Afrikaaner die absoluten Herrscher. Sie regierten den Staat (jedes Kabinettsmitglied, jeder Militärgeneral, jeder führende Geheimdienstbeamte war Afrikaaner), sie besaßen das Land und bewirtschafteten es. Die Verbindung zwischen Afrikaanern und Land schien so untrennbar, dass das Wort *Boer* („Farmer“) praktisch ein Synonym für Afrikaaner war. Angesichts der Tatsache, dass den 50.000 weißen Farmern zwölf Mal so viel Acker- und Weideland gehörte wie den 14 Millionen auf dem Land lebenden Schwarzen, ist das wenig überraschend.

Als Besitzer von Land und Gewehren waren die Afrikaaner die Schutzherren des weißen Südafrikas. Oder wie es P.W. Botha einmal ausdrückte: „Die Sicherheit und das Glück aller Minoritäten hängt von den Afrikaanern ab. Ob sie nun Englisch, Deutsch, Portugiesisch, Italienisch oder gar Jiddisch sprechen, macht keinen Unterschied."

Botha drückte sich zwar umständlich aus, er hatte aber Recht. Die Afrikaaner waren die Herrscher und Bewahrer der Apartheid. Deshalb jubelte an diesem Tag der junge Justice den Neuseeländern wie verrückt zu, einer ausschließlich weißen Mannschaft, die sich – zur Verwirrung und Freude des jungen Justice – die *All Blacks* nannte (der Name bezieht sich auf ihre schwarzen Trikots). Es gab viel zu jubeln. Unter der Führung eines glatzköpfigen Spielers namens Sid Going überrollten die Gäste *North West Cape* mit 26:3 Punkten. Justice, in Kindheitserinnerungen schwelgend, rieb seine Hände vor Freude über die Art, wie die Neuseeländer die Upington-Buren – diese vollgefressenen Riesen, die ihn, seine Familie und seine Freunde tagtäglich demütigten, die immer darauf bestanden, von Schwarzen mit *Baas* angeredet zu werden – an diesem Tag „ermordeten". Seit diesem Tag war Justice ein Rugby-Fan, wenngleich auch nur auf die beschränkte, streng rachsüchtige Weise, wie Millionen andere Südafrikaner es waren. Er genoss das Spiel nur, wenn der fremde Gegner gut genug war, um die Buren zu schlagen.

Justice wurde ein politisch interessierter Jugendlicher; und er verstand, wie wichtig den Afrikaanern das Rugby war. Ihre Rugbybegeisterung war, neben der Kirche, das einzig annährend Spirituelle in ihrem Leben. Sie hatten ihr alttestamentarisches Christentum, die Holländisch Reformierte Kirche, und sie hatten ihre säkulare Religion: Rugby. Das Spiel bedeutete den Afrikaanern so viel wie den Brasilianern der Fußball oder den Menschen aus Wisconsin Football – Rugbys schultergepolsterter nächster Verwandter. Und je rechtsgerichteter die Einstellung der Afrikaaner, umso fundamentaler war ihr Glaube an Gott und umso fanatischer war ihre Bindung an das Spiel. Sie fürchteten Gott, aber sie liebten Rugby, besonders wenn die *Springboks* spielten.

Die südafrikanische Nationalmannschaft hatte sich im Lauf des 20. Jahrhunderts den Ruf als das Team mit den härtesten Spielern der Welt erkämpft. Die meisten Spieler waren Afrikaaner. Ab und zu verirrte sich allerdings ein ungewöhnlich kräftiger, widerstandsfähiger oder schneller „Englishman" (so die höfliche Bezeichnung der Afrikaaner) in die Nationalmannschaft. Die meisten Spieler aber waren burischer Abstammung – grobknochige Männer mit schwieligen Händen. Sie lernten schon als Kinder das Spiel, wenn sie barfuß auf harten, trockenen Plätzen übten, auf denen man bei jedem Sturz blutete.

Die *Boks* können als Metapher für die harte Brutalität der Apartheid gelten. Deshalb hassten die Schwarzen deren auffallend grünes Trikot, ebenso wie die Bereitschaftspolizei, die blau-weiß-orangene Nationalflagge und die Nationalhymne (*Die Stem*, „der Ruf") – deren Text die weiße Eroberung der afrikanischen Südspitze pries.

Solche Demütigungen waren noch lebhaft in Justices Erinnerung an jenem verhängnisvollen November 1985. Mandela traf sich mit Kobie Coetsee, nach Justices Meinung einem Feind. Für Justice war das unfassbar. Er selbst war noch weit weniger zu Kompromissen bereit als je zuvor. In ihm brodelte vielmehr die Entrüstung eines Mannes, der spürte, dass ihm die Welt offen gestanden hätte, wenn er als Weißer geboren worden wäre, und der wusste, dass er seine natürlichen Talente niemals würde voll entwickeln können, weil er als Schwarzer geboren worden war. Er war immer ein besonders guter Schüler gewesen, der im Alter von 15 Jahren seinen Freunden und seinen Eltern (seine Mutter hatte nie lesen gelernt) weit voraus war. Doch für schwarze Kinder über 15 Jahre war von den Behörden in Upington, denen Paballelo unterstellt war, keine schulische Ausbildung mehr vorgesehen. Sie hielten sich an den Geist und die Vorschriften des Chefarchitekten der Apartheid, Hendrick Verwoerd, der 1953 als „Minister für Eingeborenenfragen" einen Lehrplan entwickelt hatte, der nach seinen eigenen Worten auf „die Natur und Bedürfnisse der Schwarzen" zugeschnitten war. Verwoerd, der es später bis zum Ministerpräsidenten brachte, wollte mit seinem *Bantu Education Act* die Schwarzen von einer Ausbildung abhalten, die ihnen eine Position oberhalb ihrer als naturgemäß geltenden Stellung ermöglicht hätte. Ziel war es, die versteckte Arbeitsteilung des Apartheidssystems aufrecht zu halten. Justices Vater, der entschlossen dazu war, alles in seiner Macht stehende zu tun, um das System zu umgehen, sandte ihn weit weg ans östliche Kap in eine methodistische Schule namens *Healdtown*, die auch schon Mandela besucht hatte.

Justice pendelte die nächsten zehn Jahre zwischen Upington und Eastern Cape, 1.000 Kilometer quer durch das Land, auf der oft frustrierenden Suche nach Bildung, die ihm dabei helfen könnte, seinen Traum, Arzt zu werden, zu verwirklichen. Diesem Ziel näherte er sich gerade, als Ende 1985 die Katastrophe eintrat. Er verliebte sich in ein Mädchen und sie wurde schwanger. Er war 25 Jahre alt, doch die christliche Bildungsanstalt hielt solch ein Verhalten für untragbar. Er wurde von der Schule ausgeschlossen und kehrte in der ersten Novemberwoche völlig enttäuscht nach Paballelo zurück.

Justice kam zurück, als sich die erste ernste Episode der „schwarze Unruhen" – wie sie von den Apartheidsbehörden genannt wurden – in der *Township* ereignete. Es gab landesweit Ausschreitungen, doch für ein rückständiges Dorf wie Paballelo, in dem der politische Widerstand bislang nur im Untergrund gebrodelt hatte, war es ein neuartiges Phänomen. Am Sonntag, dem 10. November, nur wenige Wochen nach Justice' Rückkehr, brachen die Unruhen in seiner *Township* aus. Die „schwarzen Unruhen" folgten jener furchtbaren Choreografie, die die Zuschauer auf der ganzen Welt – abgesehen von Südafrika, denn hier herrschte strenge Zensur – schon aus den Fernsehnachrichten kannten. Eine Gruppe Schwarzer versammelte sich auf einer Freifläche, um gegen die soziale Ungerechtigkeit zu protestieren. Die örtliche Polizei hatte schon eine Weile befürchtet, dass ihre bislang so zahmen Schwarzen („unsere Schwarzen" war ein Ausdruck, den sie verwendeten, ohne die geringste Ahnung von den rebellischen Gedanken in ihren Köpfen zu haben) dem gewalttätigen Beispiel ihrer aufständischen Cousins in Johannesburg und Kapstadt folgen würden. Sie folgten dem Beispiel ihrer kampferprobten städtischen Kollegen und feuerten Tränengas in die kleine Gruppe von Demonstranten. Justice war an jenem Tag gar nicht anwesend, doch es gab genügend wütende junge Schwarze, die als Reaktion auf das Tränengas Steine auf die Polizisten warfen, die sich wiederum auf die Menge stürzten, ihnen nachjagten, Hunde auf sie hetzten, und auf jeden, den sie erwischten, mit ihren Schlagstöcken einprügelten.

Die Polizei vermochte den Aufruhr nicht zu stoppen: Randalierer brannten die Häuser und Fahrzeuge jener nieder, die sie als Kollaborateure des Unrechtsregimes betrachteten. Darunter waren schwarze Stadträte, die von der Regierung dafür bezahlt wurden, dass sie den Anschein von demokratischer Seriosität erzeugten. Die Polizei eröffnete das Feuer und tötete eine schwangere Schwarze. Später sollte sie behaupten, die Frau hätte sie mit Steinen beworfen. Tatsächlich war diese nur aus dem Haus gegangen, um etwas Brot zu kaufen.

Die Revolution hatte nun Upington erreicht. Während der nächsten beiden Tage lieferten sich die Einwohner Paballelos Schlachten mit der Polizei – dieses Mal war Justice ganz vorne mit dabei.

Am Dienstagnachmittag traf polizeiliche Verstärkung aus Kimberley ein, der nächstgelegenen Stadt, 300 Kilometer entfernt. An der Spitze stand Hauptmann van Dyk, der mit den Protestierenden verhandeln wollte. Am Abend trafen sich Justice und andere junge Anführer aus der Region mit ihm in der *Township*. Sie fanden keine Lösung, entschieden aber, sich tags darauf noch einmal zu treffen und zwar auf dem staubigen, lokalen Fußballplatz in Anwesenheit der ganzen Gemeinde. Kapitän van Dyk stimmte der Idee zu, dass die Einwohner Paballelos ihre Beschwerden, die überhaupt erst zu all dem Ärger geführt hätten, öffentlich darlegen sollten. Wenn es gelingen würde, eine zufriedenstellende Lösung zu finden, wie die Anklagen auf politischer Ebene verhandelt werden konnten, dann würden sich die Gemüter vielleicht abkühlen und man könnte die sich abzeichnende gewaltsame Konfrontation doch noch abwenden. Van Dyks vernünftige Haltung ermutigte Justice und die anderen Führer. Van Dyk unterschied sich von den ungehobelten Polizisten in Upington, an die sie sich längst gewöhnt hatten.

Am nächsten Morgen, dem 13. November, kamen Tausende auf den Fußballplatz. Und wieder entsprach die Choreografie einem altbekannten Muster, dessen Ablauf sich bei unzähligen anderen Protestversammlungen wiederholen würde. Eine friedliche Menge von Schwarzen versammelte sich in der Mitte des Spielfeldes; sie wurde von einer Phalanx aus Bereitschaftspolizisten in grau-blauen Uniformen und einer Kolonne gelber Panzerfahrzeuge mit riesigen Rädern, die *casspirs* genannt wurden, umringt und beobachtet. Die Veranstaltung begann wie immer mit der offiziellen Hymne der schwarzen Befreiungsbewegung, *Nkosi Sikelele iAfrika*. Die Hymne wurde auf Xhosa, der Sprache Mandelas, gesungen:

„Gott segne Afrika
Möge sein Ruhm steigen
Erhöre unser Bitten
Gott segne uns
Uns deine Kinder
Komm Geist
Komm Heiliger Geist
Gott, wir bitten dich, unsere Nation zu schützen
Schreite ein und beende alle Konflikte
Beschütze uns
Beschütze unsere Nation
Lass es so sein
Für immer und ewig."

Sie war großherzig, demütig, traurig, trotzig. Durch ihre Wiederholung entwickelte sie die Kraft einer Ozeanwelle. Für schwarze Südafrikaner und jene, die mit ihrer Sache sympathisierten, war sie ein Aufruf zum Mut. Für die Apartheidsbehörden und insbesondere für die jungen weißen Polizisten, gegen die die Hymne gerichtet war, war sie der bedrohliche Ausdruck des riesigen schwarzen Meers, das sich zu erheben und sie zu verschlingen drohte.

Nach *Nkosi Sikelele* kam ein christliches Gebet. Während Tausende zu ihrem Gott beteten, die Köpfe gesenkt und noch bevor irgendjemand überhaupt angefangen hatte, die vorliegende politische Angelegenheiten anzuschneiden, entriss Hauptmann Botha (nicht verwandt mit P.W. Botha), ein lokaler Polizeibeamter aus Uptington, Hauptmann van Dyk das Kommando.

Zur Bestürzung van Dyks hob Botha ein Megafon an seine Lippen und gab mit einem Schrei, der allen Veteranen des schwarzen Protestes in Südafrika vertraut war, bekannt, dass die Menge „zehn Minuten Zeit hat, um sich aufzulösen". Das einzig Ungewöhnliche an der Warnung war, dass sie so früh kam, noch vor Ende der Gebete. Hauptmann van Dyk hätte vielleicht ähnlich gehandelt, er hätte jedoch den religiösen Anstand bewahrt und wenigstens nach einer friedlichen Lösung gesucht.

Hauptmann Botha wartete nicht ab, bis zehn Minuten verstrichen waren. Nach knapp zwei Minuten befahl er seinen Truppen, das Feuer mit Tränengas und Gummigeschossen zu eröffnen und die Hunde von der Leine zu lassen. Einige der jüngeren Schwarzen warfen mit Steinen, doch die meisten Menschen rannten weg, die Stimmen der Frauen wurden vom lauten Motorengeheul der sie verfolgenden Casspirs übertönt. Die meisten Wege des steinigen Geländes waren von Polizisten versperrt, die mit Gewehren, Knüppeln oder knallenden *sjamboks*, dicken Lederpeitschen, bewaffnet waren. Justice entdeckte eine Lücke und führte eine Gruppe von etwa 150 Menschen – Männer und Frauen, Junge und Alte – die *Pilane Street* hinunter; so konnten sie die weißen Polizisten hinter sich lassen.

Plötzlich drangen Schüsse aus einem der kleinen grauen Backsteinhäuser der Straße. Ein Kind fiel schwer verletzt zu

Boden. Dann stürmte ein Mann mit einem Gewehr über seinem Kopf aus dem Haus. Der Mann, der die Schüsse abgegeben hatte, rannte direkt in die Wut, die Angst und das Chaos hinein. Er hieß Lucas Sethwala. Er war ein Beispiel für eine Eigentümlichkeit der Apartheid: Er war ein schwarzer Polizist. Er und die anderen „Kollaborateure" waren am Sonntag die Zielscheiben der Krawalle gewesen. Auf einmal tauchten in Justices Kopf die Bilder auf, die ihn geprägt hatten, Robben Island, das Leiden „unserer Führer", die flüchtige Freude darüber, dass die *All Blacks* das Upingtoner Rugbyteam plattgemacht hatten, der *Separate Amenities Act*, der *Group Areas Act*, die Schulzeit, die mit 15 zu Ende war, der Held, der den weißen Polizisten erstochen hatte ... all diese Erinnerungen zerrissen seine Seele und trieben ihn gleichzeitig an. In dem Moment, als er sich aus der Menge löste und dem Polizisten Lucas Sethwala nachjagte, rasend vor Wut, war sein einziges Ziel Rache.

„Ich hatte keine Zeit innezuhalten und nachzudenken. Ich habe keine rationale Entscheidung getroffen. Es war die pure Emotion", erinnerte sich Justice.

Die Tatsache, dass Sethwala immer noch eine Pistole in der Hand hatte und Justice unbewaffnet war, dass Sethwala sich umdrehte, als er die Straße hinunterlief, und auf Justice feuerte, zeigt, wie irrational Justices Reaktion war. Doch die Schüsse verfehlten ihr Ziel und Justice holte Sethwala ein, entwendete seine Pistole und schlug auf seinen Kopf ein. Er schlug nur zweimal, doch das war genug. Sethwala bewegte sich nicht mehr – er war tot. Justice stand auf und rannte davon, doch die Menge hinter ihm, die die Schläge mit einem Schrei quittiert hatte, tat etwas, das südafrikanische Menschenmengen zu oft in solchen Situationen machen: Sie trat auf Sethwalas leblosen Körper ein und jemand ging los, um einen Benzinkanister zu holen. Justice sah all das nicht; man erzählte es ihm später. Etwa hundert Menschen versammelten sich um den toten Körper und johlten vor Freude. Endlich ein Sieg, oder etwas, das sich im Augenblick des Wahnsinns in Paballelo so anfühlte. Endlich Rache gegen den Unterdrücker. Sie übergossen den Körper mit Benzin, entzündeten ein Streichholz und setzten ihn in Flammen.

Justice floh über die Grenze nach Windhoek, die Hauptstadt Namibias. Damals war Namibia noch nicht unabhängig und gehörte zu Südafrika. Sechs Tage später, am 19. November, wurde er verhaftet und zurück nach Upington gebracht, wo er und 25 andere ins Gefängnis gesperrt und des Mordes angeklagt wurden. Das *Common Purpose* Gesetz, ein Gesetz zum Schutz des Allgemeinwohls, gestattete nicht nur die Verfolgung der Person, die direkt für die Tat verantwortlich war, sondern auch all derer, die vielleicht selbst den Wunsch hatten, die Tat zu begehen; also von all denjenigen, die eine Tat moralisch unterstützten. Diese Auslegung erlaubte es der Polizei, zwei, fünf, zehn oder auch 62 Personen zu verhaften. Die Behörden entschieden sich zur Festnahme von 26 Personen und klagten sie des Mordes an. Unter den Angeklagten befand sich ein älteres Ehepaar; Eltern von elf Kindern. Das Paar war weder vorbestraft noch kriminell. Die polizeilichen Ermittler machten sich nicht die Mühe, zwischen dem Schuldmaß des alten Paares und dem Bekebekes zu unterscheiden. Sie wussten nicht einmal, dass Bekebeke derjenige war, der die entscheidenden Schläge ausgeführt hatte. Sie fanden es auch in dem darauffolgenden langen Gerichtsverfahren nicht heraus. Im Fall eines Schuldspruchs würde „die Upingtoner 26" dieselbe Strafe erwarten, auf die sich Mandela vorbereitet hatte, als er vor 21 Jahren in Pretoria auf der Anklagebank saß: Tod durch Erhängen.

KAPITEL 4

DIE JAGD AUF DAS KROKODIL

1986–1989

Kobie Coetsee erlag Mandelas Charme schneller, als er oder Mandela es erwartet hatten. Doch Mandela bezweifelte, dass sein nächstes Ziel auch so leicht zu erreichen wäre. Wollte er sein höchstes Ziel erreichen – ein persönliches Treffen mit Botha –, so musste er den Mann für sich gewinnen, der den Zugang zum Präsidenten bestimmte: Den kaltblütigen Chef des *National Intelligence Service*, Niël Barnard. Barnard, der an der *Georgetown University* in Washington internationale Politik studiert hatte, hatte sich in seinen Zwanzigern den Ruf eines Wunderknaben erworben. Botha hörte erstmals von ihm, als Barnard Dozent für politische Wissenschaften an der Universität des Oranjefreistaats war. Botha stellte den Dreißigjährigen ohne zu zögern als Leiter seines *National Intelligence Service* an. Das war am 1. Juni 1980. Barnard blieb bis zum 31. Januar 1992 in dieser Funktion und diente Botha fast zehn Jahre, seinem Nachfolger F.W. de Klerk zwei Jahre lang.

Niemand im Apartheids-Staatsapparat wusste besser über die südafrikanische Politik Bescheid als Barnard, der überall seine Informanten hatte, einige auch im *ANC*. Er war klug und diskret, ein Staatsbeamter mit stark ausgeprägtem Pflichtgefühl. Während der zwölf Jahre, in denen er Chef des verschwiegenen Geheimdienstes war – einer Organisation, die die *CIA* und Englands *MI6* zu schätzen, aber nicht zu lieben lernten – blieb sein Gesicht in der Öffentlichkeit so unbekannt, wie das Mandelas während seiner Zeit im Gefängnis. Es gab keinen Menschen, dem Botha mehr vertraute.

Barnard war groß, elegant, dunkelhaarig und ausgesprochen humorlos. Ein afrikaanischer Mr. Spock, der mit monotoner Stimme sprach und mit so wenig markanten Gesichtszügen, dass man ihn wahrscheinlich schon einen Tag nach einer Begegnung nicht wiedererkennen würde. Er besaß einen hellwachen Geist und erinnerte sich noch Jahre später sehr genau an die politische Stimmung und die Kämpfe innerhalb der Regierung in den 1980er Jahren.

„Einige Leute, besonders im Militär, aber auch bei der Polizei, waren fest davon überzeugt, dass wir es auf die eine oder andere Art ausfechten müssen", sagte er. „Wir vom *NIS* glaubten, dass das der falsche Weg sei, die Dinge anzugehen. Unserer Ansicht nach war eine politische Klärung die einzige Lösung für die Probleme dieses Landes." Diese Botschaft war dem südafrikanischen Regierungsapparat wahrhaftig schwer zu verkaufen. Barnard machte sich darüber keine Illusionen. „Wichtig war, dass P.W. Botha, der mehr oder weniger mit den Einrichtungen der Sicherheit geboren und aufgewachsen war, fest daran glaubte, dass wir auf die eine oder andere Art, wie soll ich sagen … die südafrikanische Situation stabilisieren müssten, um danach zu versuchen, zu einer Art politischen Lösung zu kommen." Eines Tages, im Mai 1988, rief Botha Barnard in sein Büro und verkündete ihm: „Dr. Barnard, wir wollen, dass Sie sich mit Mr. Mandela treffen. Machen Sie sich mit dem Mann vertraut, den Sie seit einiger Zeit unterstützt haben. Ist es möglich, mit diesem Mandela eine friedliche Einigung mit dem *ANC* zu erreichen? Versuchen Sie, seine Einstellung zum Kommunismus herauszufinden … und dann versuchen Sie herauszufinden, ob er und der *ANC* an einer friedlichen Einigung interessiert sind."

Barnards erstes Treffen mit Mandela fand im Büro des befehlshabenden Offiziers von *Pollsmoor* statt. Barnard erinnert sich: „Als Mr. Mandela hereinkam, bemerkte ich sofort seine Präsenz und Persönlichkeit, obwohl er in Overvall und Stiefeln gekommen war". Die beiden Männer setzten sich. Beide schienen instinktiv den wahren Grund des Treffens zu verstehen. Es ging darum, Vertrauen aufzubauen und eine Beziehung zu entwickeln, die die möglicherweise folgenden politischen Verhandlungen stützen konnte. Nach kurzer höflicher Konversation – Mandela fragte ihn, aus welcher Gegend Südafrikas er käme und Barnard erkundigte sich nach Mandelas Gesundheit – vereinbarten sie ein erneutes Treffen.

Vor dem Treffen ordnete Barnard jedoch an, genau wie *Coetsee* zweieinhalb Jahre vor ihm, Mandela neu einzukleiden, und zwar so, wie es für einen Mann seines Formats angemessen war. Barnard erklärte mir später: „Über die Zukunft des Landes in Overall und Stiefeln zu sprechen, war eindeutig inakzeptabel. Wir trafen eine Abmachung mit Willie Willemse, dem Verantwortlichen für das Gefängniswesen. Bei jeder weiteren Unterredung sollte Mandela so gekleidet werden, wie es seiner Würde und seinem Stolz entsprach."

Das war nicht nur eine Frage der Kleidung, sondern auch des Ortes. „Mr. Mandela musste für zukünftige Treffen auf einer Stufe mit uns stehen, als Gleichberichtigter, so viel war mir klar. Ich erinnere mich, wie ich zu Willie Willemse sagte, dass wir so ein Treffen nicht mehr in einem Gefängnisgebäude stattfinden lassen könnten. Das wäre keine gleichberechtigte Situation.“ Von da an trafen sich Barnard und Mandela nicht mehr in Willemses Büro, sondern in seinem Haus in *Pollsmoor*.

Beim zweiten Treffen zum Abendessen bei Willemse erschien Mandela im Jackett. „Er war ein wundervoller Gast“, erinnert sich Barnard herzlich (immer wenn er über Mandela sprach, schien er seine natürliche Reserviertheit zu vergessen). Für dieses Treffen kochte Willemses Frau ein gutes Essen, dazu gab es Wein und die beiden Männer sprachen stundenlang darüber, wie man die Apartheid friedlich beenden könnte. Coetsee kam seinerseits zu der Erkenntnis, dass es unangemessen und für die Zukunft wenig hilfreich war, Mandela weiterhin im Gefängnis zu lassen. Nicht dass er in *Pollsmoor* schlecht behandelt wurde. Im Vergleich zu dem, was er in den ersten zehn Jahren auf Robben Island erleiden musste, war seine Einzelzelle in *Pollsmoor* ein gemütliches Zuhause. Sein nächstes Heim aber war luxuriös.

Je schlechter das Botha-Regime die Schwarzen auf der Straße behandelte, umso besser behandelte es Mandela. Er hätte protestieren können. Er hätte seine Wut bei Barnard auslassen, Forderungen stellen oder drohen können, die Geheimgespräche abzubrechen. Doch das tat er nicht. Er spielte das Spiel mit, weil er wusste, dass er praktisch keine Macht hatte, in die augenblicklichen Geschehnisse einzugreifen. Dass aber sein Potential, das zukünftige Gesicht Afrikas mitzugestalten, riesig war. Deshalb erhob Mandela keine Einwände, als General Willie Willemse, der führende Mann des südafrikanischen Gefängniswesens, ihn im Dezember 1988 informierte, man wolle ihn aus seiner großen einsamen Gefängniszelle in *Polls-*

moor in ein Haus bringen, das sich auf dem Gelände des Victor-Verster-Gefängnisses in der hübschen Stadt Paarl, im Herzen des Kap-Weinlandes befand.

Er tauschte seine Zelle gegen ein geräumiges Zuhause ein. Hier stand er unter der Überwachung, oder eher unter der Betreuung eines zweiten Christo Brand – Jack Swart war ein weiterer afrikaanischer Gefängniswächter, der ihm ergeben war. Er war schon mit ihm zusammen in *Pollsmoor* und auf Robben Island gewesen. Swarts Aufgabe war es, für Mandela zu kochen und den Diener zu spielen, seinen Gästen die Türe zu öffnen, ihm bei der Organisation seiner Termine behilflich zu sein und das Haus sauber und ordentlich zu halten. Die Küche war geräumig und vollständig ausgestattet, unter anderem mit technischen Geräten, die man in der Zeit, als Mandela ins Gefängnis kam, noch nicht kannte. Mandela bekam die Erlaubnis, Besuche von anderen, noch inhaftierten politischen Gefangenen zu empfangen. Unter ihnen war Tokyo Sexwale, ein *Umkhonto we Sizwe* (Unruhestifter), der 13 Jahre wegen Terrorismus auf Robben Island verbracht hatte. Sexwale gehörte zu einer kleinen Gruppe junger wilder *ANC*-Mitglieder, die Mandela auf der Insel näher kennengelernt hatten. Sie hatten nicht nur seine politischen Reden gehört, sondern auch mit ihm zusammen die Freizeit verbracht und Spiele wie *Chutes and Ladders* oder *Monopoly* gespielt. Sexwale lachte, als er sich daran erinnerte, wie er Mandela in Victor Verster besucht hatte. „Wir sahen einen Fernseher im Haus. Das war schon schlimm genug. Aber dann entdeckten wir noch einen, nein, zwei Fernseher! Das war der sichere Beweis, so dachten wir, dass er sich an den Feind verkauft hatte!"

Mandela versicherte seinen verblüfften Gästen mit einem breiten Grinsen im Gesicht, dass dies kein Fernseher sei. Er erklärte ihnen, dass man mit diesem Gerät Wasser kochen könne. Er nahm eine Tasse Wasser und führte es ihnen triumphierend vor. Er stellte sie in das Gerät und drückte ein paar Knöpfe. Ein paar Augenblicke später holte er die Tasse kochenden Wassers aus der Mikrowelle – ein Gerät, das seine Besucher noch nie zuvor gesehen hatten.

In ständiger Begleitung von Jack Swart bewirtete Mandela in seinem neuen Zuhause so unterschiedliche Gäste wie Barnard, Sexwale und George Bizos. Bevor die Gäste eintrafen, sprach Swart mit Mandela über die Etikette, beispielsweise darüber, welcher Wein zuerst serviert werden sollte. Das Gemüse kam zum Teil aus Mandelas eigenem Garten, in dem es einen Swimmingpool gab, und von dem aus man eine großartige Aussicht auf die schroffen Berge der Weingegend am Kap hatte. Das Paradies wäre für Mandela nicht perfekt gewesen, hätte es keinen Fitnessraum mit Trainingsfahrrad und Gewichten gegeben. Hier trainierte er jeden Morgen vor Sonnenaufgang.

Barnard erklärte, man hatte Mandela nach dem 26 Jahre dauernden Winterschlaf den Übergang in eine schöne neue Welt mit Mikrowellen und PCs erleichtern wollen: „Wir bemühten uns, eine Atmosphäre zu schaffen, in der Mr. Mandela sich in einer möglichst normalen Umgebung aufhalten und leben könnte“, sagte Barnard. Der tiefere Zweck sei gewesen, ihn auf die Regierung und auf seine Rolle auf der Weltbühne vorzubereiten: „Ich habe ihm oft gesagt ‚Mr. Mandela, ein Land zu regieren ist harte Arbeit. Bei allem Respekt, es bedeutet nicht, in einem Hotelzimmer in London zu sitzen, dabei *Castle*-Bier aus Südafrika zu trinken und über das Regieren zu reden.‘“ Barnards spitzte Bemerkung zielte auf die im Exil befindlichen Führer des *ANC*.

Auf Barnard lastete auch die schwierige Aufgabe, Botha auf ein Treffen mit Mandela vorzubereiten. Das anfängliche Drängen auf ein Treffen kam von Mandela selbst. Er begann, ungeduldig zu werden. Er wollte diese Gespräche, um den Weg für Verhandlungen zwischen dem *ANC*, der Regierung und allen anderen Parteien zu ebnen, die an einer friedlichen Beendigung der Apartheid interessiert waren. Im Jahr 1989, nachdem sich Gefangener und Spion über sechs Monate lang getroffen hatten, war Mandelas Geduld am Ende: „Es ist gut, Diskussionen über grundlegende Themen mit Ihnen im Vorfeld abzuklären", sagte er zu Barnard, „doch Sie wissen selbst, dass Sie kein Politiker sind. Sie haben weder die Befugnis noch die Macht. Ich muss so schnell wie möglich persönlich mit Mr. Botha sprechen."

Im März desselben Jahres brachte Barnard seinem Chef einen Brief von Mandela. Mandela erläuterte darin seine Auffassung, dass dauerhafter Friede in Südafrika nur durch Verhandlungen zu erreichen sei. Mandela sagte, dass die schwarze Mehrheit jedoch nicht die Absicht hätte, Bedingungen einer Kapitulation zu akzeptieren: „Mehrheitsregierung und innerer Frieden", schrieb er, „sind die zwei Seiten derselben Münze und das weiße Südafrika muss akzeptieren, dass es in diesem Land niemals Frieden und Stabilität geben wird, wenn dieses Prinzip nicht vollständig angewandt wird."

Wichtiger als dieser Brief war vielleicht, dass Mandela Barnard bereits von seiner These überzeugt hatte. Barnard würde seinen Chef überzeugen – selbst wenn es der Brief nicht tat.

„Ja", sagte Barnard, und Zuneigung schlich sich in die kalte Monotonie seiner Stimme, „der alte Mann gehört zu jenen seltenen Individuen, die einen faszinieren. Er hat dieses merkwürdige Charisma. Am Ende will man ihm zuhören." Barnard räusperte sich: „Unserer Meinung nach, aus der Perspektive des Geheimdienstes, gab es nie den leisesten Zweifel. Wir wussten, das ist unser Mann – wenn man mit ihm keine Verhandlungslösung finden kann, dann mit niemandem."

So lautete seine Argumentation gegenüber Botha. Doch er nutzte dem Präsidenten gegenüber noch andere Argumente. Die Welt verändert sich schnell. Die *Solidarnosc* war in Polen an die Macht gekommen, die Demonstrationen auf dem Tiananmen-Platz forderten Reformen, die sowjetische Armee beendete nach neun Jahren die Besetzung Afghanistans, die Berliner Mauer bröckelte. Die Apartheid gehörte, wie der Kommunismus, in ein anderes Zeitalter.

Barnards Argumente beeinflussten Botha, doch er hätte möglicherweise in seiner mentalen Festung verharrt, wenn nicht das Schicksal eingegriffen hätte. Ein Schlaganfall im Januar 1989 zwang ihn zum Handeln. Die Mitglieder seines Kabinetts achteten ihn mehr, als dass sie ihn mochten, und einige fürchteten ihn sogar. Seine Feinde in der eigenen Partei, der *National Party*, witterten endlich ihre Chance und bereiteten seinen Abschuss vor. Barnard war einer der wenigen, die wirklich Sympathie für Botha empfanden. Er merkte, dass Bothas Tage als Präsident gezählt waren und er schnell handeln musste: „Ich erinnere mich, wie ich ihm sagte, dass nun der richtige Zeitpunkt dafür wäre, Mr. Mandela zu treffen – so bald wie möglich. Wenn nicht, würden wir uns vielleicht eine der wichtigsten historischen Gelegenheiten entgehen lassen. Ich äußerte Mr. Botha gegenüber folgende Meinung: ‚Mr. President, wenn Sie Mandela treffen und das die Grundlage der künftigen Entwicklung unseres Landes ist, wird die Geschichte Sie immer als den Mann anerkennen, der diesen notwendigen Prozess ins Rollen brachte. Meiner bescheidenen Meinung nach ist das eine Situation, in der Sie nur gewinnen können.‘“

Es war eine höfliche Art, Botha zu vermitteln, dass dies für ihn vielleicht die letzte Gelegenheit war, nicht als großes, Angst erregendes Reptil in die Geschichte einzugehen. Botha verstand die Botschaft und stimmte einem Treffen mit Mandela zu. Eine bedeutende Begegnung stand bevor. Man vermag sich kaum zwei unterschiedlichere Menschen vorzustellen.

Barnard überbrachte Mandela die freudige Botschaft, dass Botha einem Treffen mit ihm zugestimmt hätte: „Ich warnte ihn, ‚das ist ein Treffen, in dem das Eis zwischen Ihnen gebrochen werden soll. Es geht nicht um grundlegende Themen. Machen Sie sich ein Bild von diesem Mann. Sprechen Sie mit ihm über die einfachen Dinge des Lebens. Und klammern Sie die Angelegenheit mit Walter Sisulu aus ... wenn Sie erneut über die Entlassung Walter Sisulus sprechen, wird Botha nein dazu sagen. Ich kenne ihn. Und wenn er nein sagt, heißt das nein, ... lassen Sie diesen Punkt außen vor. Desweiteren sollten Sie besser keine anderen schwierigen Themen ansprechen, das ist nicht der Zweck des ersten Treffens'".

Mandela hörte höflich zu, er hatte jedoch nicht die Absicht, die Anweisungen dieses intelligenten, dreisten, etwas merkwürdigen jungen Mannes, 30 Jahre jünger als er selbst, zu befolgen. Die beiden hatten oft über die mögliche Entlassung Sisulus gesprochen, der seit 25 Jahren im Gefängnis saß. Und wenn Mandela es für angebracht hielt, würde er die Angelegenheit mit Botha besprechen. Barnards Angebot, ihm für die Gelegenheit eine besondere Garderobe zukommen zu lassen, lehnte er jedoch nicht ab. Freundlicherweise ließ der *NIS* für Mandela einen Schneider kommen, der Maß für einen Anzug nahm. Als der Anzug geliefert wurde, betrachtete sich Mandela im Spiegel und war zufrieden mit dem, was er sah. Dies war das bedeutendste Treffen seines Lebens und er wollte unbedingt die richtige Stimmung aufkommen lassen. Wie ein Schauspieler, der bald auf die Bühne muss, las er seine Notizen, an denen er seit mehreren Tagen arbeitete, immer wieder durch, probte die Sätze, wuchs in die Rolle hinein. Er traf seinen obersten Gefängniswärter im Gewand eines Gleichgestellten. Zwei Oberhäupter, die zwei stolze Völker repräsentierten.

Am Morgen des 5. Juli 1989 holte General Willemse Mandela von Victor Verster ab, um ihn auf der 45-minütigen Fahrt von Paarl nach Kapstadt zur herrschaftlichen Präsidentenresidenz zu begleiten. Es wird auch *Tuynhuys* genannt – ein Denkmal der weißen Kolonialherrschaft aus dem 18. Jahrhunderts. Kurz bevor sie ins Auto stiegen, übernahm Willemse einen Moment lang Jack Swarts Rolle als Butler, lehnte sich nach vorne und half Mandela beim Binden seiner Krawatte. Mandela, der vor seiner Inhaftierung ein richtiger Dandy gewesen war, hatte nicht mehr den richtigen Dreh raus.

Etwa eine Stunde später, als Mandela aus dem Auto gestiegen war und gerade in Bothas Büro gehen wollte, tat der wartende Barnard etwas Außergewöhnliches. Er wollte, dass sein Schützling einen guten Eindruck machte, wie eine künftige Braut, die ihrem Vater ihren Auserwählten vorstellt. Und er kniete sich vor Mandela nieder und band ihm die Schuhe zu.

Mandela stand lächelnd an der Schwelle zur Höhle des Krokodils. Er wusste, wenn er den richtigen Ton treffen würde und Barnard Botha richtig instruiert hatte, konnte er den Triumph erzielen, auf den er ein Viertel Jahrhundert lang hingearbeitet hatte. Er wusste, dass Bothas Zustimmung zu diesem Treffen das Eingeständnis war, dass die Dinge nicht so weitergehen konnten. Er spürte, dass Botha vorläufig und die Lage sondierend die weiße Flagge hisste. Ein weniger klarsichtiger Revolutionsführer als Mandela hätte sich vielleicht darüber den Kopf zerbrochen, ob es angemessen war, sich mit dem gewalttätigsten Herrscher, den Südafrika seit der Einsetzung der Apartheid im Jahre 1948 je gehabt hatte, an einen Verhandlungstisch zu setzen. Mandela wusste – anders als die Justice Bekebekes draußen an der Front –, dass die Gewalt, die Botha in den letzten vier Jahren gegen die schwarze Bevölkerung verübt hatte, Schwäche und Verzweiflung signalisierte. Da die Illusion von Legitimität verschwunden war, konnte die Apartheid nur noch mit einem Mittel aufrechterhalten werden: mit Waffengewalt. Wenn Mandela etwas im Gefängnis gelernt hatte, war es strategisch zu denken und die Dinge in ihrem größeren Zusammenhang zu betrachten. Und das bedeutete, sich nicht von den Gräueltaten der Gegenwart ablenken zu lassen, sondern immer das langfristige Ziel im Auge zu behalten. Und noch etwas hatte er in all den Jahren herausgefunden, in denen er sich mit den Afrikaanern, ihrer Sprache und Kultur befasst hatte: Die Afrikaaner waren nicht nur brutal, sondern auch Überlebenskünstler. Von Europa nach Afrika gekommen, hatten sie Afrika zu ihrer Heimat gemacht. Um darin erfolgreich zu sein, mussten sie nicht nur widerstandsfähig, sondern auch pragmatisch sein. Es gab zwei P.W. Bothas, den mitleidslosen Tyrannen und den Mann, der die Afrikaaner in einer gefeierten Rede einst darauf hinwies, dass es nur zwei Möglichkeiten gebe: „Sich anzupassen oder zu sterben".

Barnard klopfte an die Türe des Präsidenten, öffnete sie und betrat den eleganten Salon, der im Versailler Stil gehalten war und wie eine Vision von einer besseren Welt wirkte. Mandela erinnerte sich später in seiner Autobiografie „Der lange Weg zur Freiheit" an diesen Moment: „P.W. Botha kam vom anderen Ende seines prachtvollen Büros auf mich zu, er hatte seine Hand ausgestreckt und lächelte breit. Er hat mich eigentlich vom ersten Moment an völlig entwaffnet". Kobie Coetsee, der zusammen mit Barnard die Unterredung beobachtete und mit Erstaunen sah, wie Botha Mandela eine Tasse Tee eingoss, dachte, dass beide Seiten die Waffen streckten. Mandela hatte das schroffe, alte Krokodil beruhigt und es mit seinem offenen

Lächeln, seiner würdevollen Haltung und dadurch, dass er auf Afrikaans sprach, überzeugt. „Ich würde fast meinen, dass fast schon Erleichterung aufkam, als sie sich zum ersten Mal sahen", erinnert sich Coetsee.

Coetsees Erinnerung zufolge brachte Botha Mandela uneingeschränkten Respekt entgegen. Mandela war ebenfalls die Höflichkeit in Person, doch er übertraf Botha in der Raffinesse seiner Gesprächsführung. Mandela näherte sich Botha an, indem er eine Analogie zwischen dem gegenwärtigen Befreiungskampf der Schwarzen und dem Kampf der Afrikaaner vor fast einhundert Jahren herstellte: Damals hatten sie im Anglo-Burischen-Krieg versucht, die Imperialherrschaft der Briten zu beenden. Botha, dessen Vater und Großvater im britischen Krieg gekämpft hatten, blieb nicht unberührt von Mandelas Kenntnissen der Geschichte seines Volkes.

Als er glaubte, den Präsidenten zugänglich gemacht zu haben, lenkte Mandela – entgegen den Anweisungen Barnards – das Gespräch auf die Freilassung seines Freundes Sisulu. Mandela argumentierte, dass die Freilassung des gesundheitlich angeschlagenen Sisulu aus politischen und persönlichen Gründen äußerst wichtig war: „Merkwürdigerweise hörte Mr. Botha zu", erinnert sich Barnard ein Jahrzehnt später, „und sagte, ‚Dr. Barnard, Sie sind mit den Problemen, die wir haben, vertraut. Ich denke, dass Sie Mr. Mandela darüber informiert haben, doch ich meine, dass wir ihm helfen sollten. Ich denke, dass es getan werden muss. Sie werden dafür sorgen.' Ich sagte, ‚In Ordnung, Mr. President'."

Das Verhältnis zwischen beiden Männern war jedoch nicht ohne Spannungen. „Es gab Augenblicke tiefer Aufrichtigkeit", erinnert sich Coetsee, „und beide Parteien beharrten auf ihrer Position." Coetsees Erinnerung zufolge musste sich Mandela auf die Lippen beißen, als Botha begann, einen rassistischen

Ton anzuschlagen, der allen bekannt war, die gezwungen waren, die Rhetorik afrikaanischer Politiker über „Standards und Normen, Zivilisation und die Heilige Schrift" zu ertragen. Damit wollte sie die Leistungen der weißen Kultur von einer unbedarften Barbarei der Schwarzen abheben. Botha war vermutlich nicht darüber erfreut, von Mandela erneut zu hören, dass die Kommunistische Partei eine langjährige Verbündete war und „er nicht bereit sei, einen Partner, der den *ANC* so lange Zeit im Kampf begleitet hatte, fallenzulassen."

Aber die beiden Männer verabschiedeten sich so liebenswürdig, wie sie sich begrüßt hatten. Die von Coetsee wahrgenommene Stimmung hatte ihre Wirkung gezeigt: Botha bestätigte den Eindruck Barnards, dass Mandela ein Mann mit starken Überzeugungen war und diese auch ohne Scheu aussprach: „Mandela war sehr ehrlich, manchmal fast schon verletzend aufrichtig", sagte Barnard. „Afrikaaner mögen das." Botha betrachtete den Führer des schwarzen Südafrikas und meinte, in ihm eine idealisierte Version seiner selbst zu erkennen. Mandela hatte das „Krokodil" für sich gewonnen, als er Bothas Eitelkeit und Stolz als Afrikaaner angesprochen hatte. „Mandela", sagte Barnard, „wusste seine Macht raffiniert einzusetzen. Es ist so, als ob man altes mit neuem Geld vergleicht. Er wusste seine Macht zu gebrauchen, ohne dabei seine Feinde zu demütigen."

Eine offizielle Stellungnahme nach dem Treffen gab Mandelas Sieg in nichtssagenden Worten wieder. Die beiden Männer hätten „ihre Unterstützung für friedliche Entwicklungen in Südafrika zugesagt". Mit anderen Worten, Botha hatte sich für den Plan entschieden, den Mandela 27 Jahre lang im Gefängnis geschmiedet hatte: Frieden durch Dialog. Die Vorbereitungen zu Verhandlungen zwischen dem *ANC* und der Regierung, die jetzt vom obersten afrikaanischen Chef abgesegnet waren, würden bald fortgesetzt werden. Dazu kam die erfreuliche Aussicht, dass offenbar Bewegung in die Freilassung Walter Sisulus und einem halben Dutzend weiterer Gefangener gekommen war. Die Entlassung fand drei Monate später statt; zu einem Zeitpunkt, als Botha schon nicht mehr im Amt war und durch F.W. de Klerk vertreten wurde.

Mandela und Botha verließen die Besprechung in *Tuynhuys* mit einem besseren Gefühl für sich und die Welt. Insbesondere Mandela hatte das Gefühl eines stillen Triumphes. In seiner Autobiografie schreibt er: „Mr. Botha hatte lange über die Notwendigkeit gesprochen, den Rubikon zu überqueren, doch er hatte es, bis zu jenem Morgen in *Tuynhuys*, selbst nie getan. Ich dachte, nun gibt es kein Zurück mehr."

Es war das Ende von Mandelas politischer Arbeit hinter Gittern. Er hatte seine engsten Gefängniswärter, darunter Christo Brand und Jack Swart, überzeugt; die Gefängnisleiter, Oberst Aucamps und Major van Sitterts; Kobie Coetsee, Niël Barnard und allen Widrigkeiten zum Trotz auch das große Krokodil. Der nächste Schritt bestand darin, das Gefängnis zu verlassen, um die breite Masse zu verzaubern und mit seiner Charmeoffensive das ganze weiße Südafrika zu umarmen.

KAPITEL 5

ANDERE PLANETEN

Die Welt, in der Mandela 1989 lebte, war zeitlich und moralisch weit entfernt vom harten Leben Südafrikas; insbesondere von dem des schwarzen Südafrikas. Während Mandela sich für einen Abend bei Ehepaar Willemse in Schale warf, an seinem Mikrowellenherd hantierte, mit seinem Butler über Wein diskutierte, in seinem Swimmingpool planschte und den Blick aus seinem Garten genoss, schlichen sich die mächtigsten Männer des Landes – eben jene, mit denen er zusammensaß und vornehm Tee trank – durch die Hintertür hinein, legten ihr Vampirkostüm an und ließen ihre Wut an dem Volk aus, für dessen Befreiung Mandela seine Freiheit geopfert hatte.

Die Bereitschaftspolizei prügelte nicht mehr in den *Townships*, Polizei und Todesschwadronen der Armee – deren Aufbau Botha begrüßt hatte – töteten die politischen Aktivisten, die der Staat als besonders gefährlich einstufte. Kobie Coetsee war noch immer Chef eines Justizsystems, das mehr Leute zum Tode verurteilte als Saudi Arabien und die Vereinigten Staaten zusammen. Die Justiz fällte ein ungerechtes Urteil nach dem anderen. Im April 1989 wurden zwei weiße Farmer, die einen schwarzen Farmangestellten zu Tode geprügelt hatten, zu einer Geldstrafe von 1.200 Rand (damals etwa 500 Dollar) verurteilt, und zu einer sechsmonatigen Haftstrafe mit fünf Jahren Bewährung. Am selben Tag sprach ein anderes Gericht drei Polizisten schuldig, einen schwarzen Mann zu Tode geprügelt zu haben. Nur einer der Polizisten wurde zu 12 Jahren Gefängnis verurteilt; er war als einziger schwarz.

Und nun stand die Tat zur Verhandlung, mit der es Coetsees beste Männer in einem Gerichtssaal von Upington zu tun hatten. Von den 26 Menschen, die des Mordes an Lucas Sethwala angeklagt worden waren, des Mannes, der in die Menge gefeuert hatte, wurden 25 schuldig gesprochen. Mitte des Jahres 1989 musste nur noch darüber entschieden werden, ob die 25, die alle seit Ende 1985 im Gefängnis saßen, die Todesstrafe erhalten sollten.

Paballelo nahm am Verlauf des Prozesses leidenschaftlichen Anteil. Doch für die weiße Bevölkerung von Upington hätte sich all das auch in Indonesien abspielen können, so gering war ihr Interesse daran. Außer den diensthabenden Polizisten ließ sich kein Bewohner Upingtons während des dreieinhalb Jahre dauernden Prozesses im Gerichtssaal blicken. Das Drama findet nur statt, wenn das Publikum Mitleid mit dem Helden empfindet. Für Upington war Paballelo wie eine kaum sichtbare Parallelwelt, bewohnt von einer außerirdischen Spezies – eine Welt, aus der man sich am besten heraushält.

Es wäre unfair, Upington als ein Zentrum des weißen Rassismus darzustellen. Der dort laufende Prozess und seine Begleitumstände hätten überall in Südafrika stattfinden können. Das in der Wüste errichtete Upington zeigte zwar deutlich, was Apartheid, was Rassentrennung bedeutet. Doch die weißen Bürger waren weder besonders rassistisch, noch unterschieden sie sich wesentlich von den meisten ihrer blasshäutigen Landsleute. Und diejenigen, die sie in der restlichen Welt verspotteten und anprangerten, sollten sich fragen, ob sie, wenn sie in die Apartheid Südafrikas hineingeboren worden wären, ein anderes Verhalten gezeigt hätten. Die Menschen aus Upington folgten derselben Alltagsroutine wie die meisten anderen privilegierten Menschen der westlichen Welt, in den USA, in Kanada oder Australien. Ihr Leben kreiste um Haus und Arbeit, darum, ein schönes und angenehmes Leben zu führen. Politik kam in diesem Leben kaum vor. Der Unterschied bestand darin, dass sie zufälligerweise Seite an Seite mit einigen der ärmsten und am schlechtesten behandelten Menschen der Welt lebten und ihr Glück – weiße Südafrikaner genossen damals einen der wahrscheinlich höchsten Lebensstandards der Welt und ganz bestimmt die beste Lebensqualität – braute das Unglück ihrer schwarzen Nachbarn zusammen.

Betrachten wir eine Familie aus den unteren Klassen des weißen Südafrikas, beispielsweise die Familie von François Pienaar, dem Kapitän der *Springboks* in der Rubgy-Weltmeisterschaft von 1995. Pienaars Vater war Arbeiter in der Stahlindustrie. Die Familie war, gemessen an den Standards des weißen Südafrika, nicht besonders wohlhabend. Das Leben bedeutete für sie finanziellen Kampf. Pienaar schämte sich für das ramponierte alte Auto der Familie und für die Geschenke, die er zu Weihnachten erhielt. Sie waren weniger vorzeigbar wie die der anderen Jungs. Doch das Haus der Familie Pienaar war groß genug, um zwei im Haus wohnende schwarze Dienstmädchen zu beherbergen, die François und seine drei jüngeren Brüder mit *klein baas* („kleiner Boss") anredeten. Diese Beziehung zwischen einem sechsjährigen weißen Jungen und den Dienstmädchen, die seine Mutter oder Großmutter hätten sein können, galt seit langem in weißen Haushalten als normal. P.W. Botha berichtete einst in einem Interview mit der *New York Times* über sein Verhältnis zu Schwarzen: „Mein Vater lehrte mich, streng zu ihnen zu sein", sagte Botha, „aber gerecht".

Pienaar wuchs in der Industriestadt Vereeniging auf, die südlich von Johannesburg und 800 Kilometer östlich von Upington liegt. Vereeniging hatte dieselbe Beziehung zu seiner nächstgelegenen *Township*, Sharpeville, wie es das weiße Upington zu Paballelo hatte. Sharpeville nahm in den Köpfen der Familie Pienaar kaum mehr Platz ein als Selma in Alabama. Doch Vereeniging lastete schwer auf den Einwohnern von Sharpeville; schwerer, als die meisten anderen weißen Städte auf ihren angeschlossenen *Townships*. Von Vereeniging aus hatte der Tod in Sharpeville Einzug gehalten. Diese *Township* hatte die schlimmste Gräueltat der Apartheidsära erlebt; 1960 eröffnete die Polizei das Feuer auf unbewaffnete, fliehende schwarze Demonstranten und tötete 69 von ihnen.

Die Weißen wurden in Vereeniging wahrscheinlich mehr gehasst als irgendwo anders in Südafrika. Sharpeville war die *Township* mit den meisten Anhängern des *PAC* – denjenigen, die „ein Siedler, eine Kugel" propagierten. Pienaar hatte in seiner Jugend jedoch keine Ahnung davon, dass die Schwarzen ihn als Todfeind betrachteten, er wusste weder von der Existenz von Sharpeville noch von seiner Geschichte. Schwarze nahm er nur ganz am Rande wahr: „Wir waren eine typische, nicht sehr politische afrikaanische Arbeiterfamilie, in der niemals über Politik gesprochen wurde und die der Propaganda jener Tage hundertprozentig glaubte."

Dies galt praktisch für jeden, der in Pienaars Welt aufwuchs. Sie hielten das privilegierte Leben der Weißen für selbstverständlich und gerecht. Sie kamen gar nicht auf die Idee, daran zu zweifeln. Weiße besaßen die größeren Häuser, bessere Autos, bessere Schulen und bessere Sporteinrichtungen. Ebenso normal war es für Pienaar, dass schon seine Vorfahren das Recht dazu gehabt hatten, sich in einer Warteschlange vor Schwarze zu stellen. Für Pienaar und die große Mehrheit seiner Schicht war es undenkbar, dass sich die Weißen diese Vorrechte auf zweifelhafte Weise angeeignet hatten und dass sie ihnen eines Tages auch wieder entrissen werden könnten. In Pienaars Jugend wäre die Vorstellung, dass sich Schwarze zu einer Bewegung organisieren könnten, die man als „Feind" bezeichnen würde, sehr weit hergeholt gewesen. Für den Rugby spielenden François waren „die Engländer" der Feind. Sie spielten zwar auch Rugby, jedoch nie so gut wie die Afrikaaner, die von den Englisch sprechenden Weißen „Niederländer" genannt wurden. Der junge Pienaar war sehr stolz, dass sein Team während seiner gesamten Schulzeit kein einziges Mal gegen eine Schule verloren hatte, in der hauptsächlich Englisch gesprochen wurde.

Die Kluft zwischen der Rugby-Leidenschaft der Familie Pienaar und ihrem Desinteresse an Politik trat auf der Neuseeland-Tour der *Springboks* im Jahre 1981 zutage. Neuseeland, das für gewöhnlich als eines der politisch friedlichsten Länder der Welt galt, war während der Tour einem Bürgerkrieg nahe, so stark war das Gefühl zwischen der einen Hälfte der Einwohner, die die religiöse Hingabe der Afrikaaner für dieses Spiel teilte, und der anderen Hälfte, die Südafrikas enormes „Verbrechen gegen die Menschlichkeit" anprangerte. Nie zuvor war die neuseeländische Bevölkerung stärker polarisiert gewesen. Die Tour dauerte acht stürmische Wochen. Überall, wo die *Springboks* auftauchten, wurden sie von wütenden Demonstranten, behelmter Bereitschaftspolizei, Soldaten und Stacheldraht empfangen. Die Stadien waren immer voll, doch in den Straßen davor drängten sich Demonstranten. Das letzte

Spiel in Auckland wurde von einem tief fliegenden Kleinflugzeug unterbrochen, das Mehlbomben auf das Spielfeld abwarf. Zusammen mit den Bildern von Polizisten, die auf Demonstranten in Clownskostümen einschlugen, waren das tolle Bilder fürs Fernsehen. Die Familie Pienaar sah sie. Doch für die Familie waren diese Bilder einfach nur verstörend.

Arnold Stofile bezeichnete Rugby als „das Opium der Buren". Stofile ist eine bemerkenswerte Persönlichkeit. Aufgewachsen auf einer Farm, trat er in den frühen 1960er Jahren einer Frontorganisation des *ANC* bei, wurde Theologiedozent an der *For Hare University* (an der Mandela studierte), wurde zum presbyterianischen Pastor geweiht und spielte Rugby; ein Phänomen, das bei schwarzen Männern aus seiner Heimatprovinz Eastern Cape nicht so ungewöhnlich war wie im restlichen Südafrika. Doch seine persönliche Leidenschaft für Rugby verstellte ihm nicht den Blick auf die gesamtpolitische Situation. Stofile wurde einer der militantesten Organisatoren des internationalen Sportboykotts: „Wir haben Sport immer als Apartheid im Trainingsanzug definiert", erzählt mir Stofile. „Rugby war ein sehr wichtiges Element in der Außenpolitik dieses Landes, in der Sportikonen tatsächlich Botschafter Südafrikas waren. Sie waren ein Kernelemente in dem Vorhaben, Apartheid weniger inakzeptabel zu machen. Und in der Innenpolitik war Sport die Barriere zwischen weißen und schwarzen Kindern und wurde deshalb von der Regierung stark gefördert. Großunternehmen erhielten steuerliche Vergünstigungen, wenn sie den Sport unterstützten. Somit war der Sport das Opium, das die Weißen in glücklicher Unwissenheit hielt; das Opium, das das weiße Südafrika betäubte."

Stofiles Mission, der er fast 20 Jahre seines Lebens opferte, bestand darin, dem weißen Südafrika seine Glücksdroge und der Regierung ihre „Botschafter" vorzuenthalten: „Ein Arbeiterstreik oder selbst eine Bombe traf nur eine kleine Gruppe", erklärte er. „Doch ein Sportboykott wirkte sich auf alle aus, auf jeden weißen Mann und auf jeden Haushalt in einem sportverrückten Land, dessen wesentlicher Stolz als Nation gegenüber dem Rest der Welt seine sportlichen Erfolge waren."

Niël Barnard, einer der Adressaten von Stofiles Aktionen, stimmte dem vollkommen zu: „Die vom *ANC* betriebene Politik der internationalen Isolation im Bereich des Sports, besonders des Rugbys, traf uns Afrikaaner sehr. Psychologisch bedeutete dies einen harten Schlag, denn Rugby bildete das Terrain, auf das wir als kleine Nation stolz sein konnten. Uns daran zu hindern, Rugby gegen ausländische Mannschaften zu spielen, erwies sich als erfolgreiches politisches Druckmittel."

Stofile landete seinen spektakulärsten Sieg 1985, dem Jahr, in dem sich die Ereignisse in Südafrika verdichteten. Stofile verließ illegal das Land und gelangte mithilfe eines ehemaligen Angehörigen der *All Blacks*, der als Hochkommissar seines Landes in Simbabwe tätig war, nach Neuseeland. Dort setzte er sich entschieden für eine Kampagne ein, die die geplante Tour der *All Blacks* in Südafrika stoppen sollte.

Neuseeland war gespalten und wütend darüber, dass das Rugbyspiel, der Stolz und die Leidenschaft des Landes, bedroht waren. Eltern erlaubten ihren Kindern nicht mehr, in der Schule Rugby zu spielen und drohten ihnen, dass sie nie wieder spielen dürften – so hoch schaukelten sich die Emotionen der Gegner. Stofile erinnert sich mit Genuss daran, wie er eine Propagandaoffensive gestartet hatte, die eine große Menschenmenge ansprach und im Radio und Fernsehen übertragen wurde. Sie hob jenseits abstrakter Ideen von schwarz und weiß die nationale Sache hervor und gab ihr ein Gesicht und einen Namen.

Als Stofile in Neuseeland ankam, lag die Zahl der Befürworter des Sportboykotts bei 40 Prozent, drei Wochen später waren es schon 75 Prozent. Die neuseeländische Rugby-Kommission entschied sich dennoch für die Reise. Daraufhin schritten die Spieler selbst ein und brachten die Sache vor Gericht. Stofiles Auftritt als Zeuge vor Gericht erwies sich als ausschlaggebend. Der untersetzte Kerl, der Rugby genauso liebte wie der durchschnittliche Neuseeländer, vertrat die Meinung, dass hier etwas Höheres auf dem Spiel stände. Dann fuhr er fort und berichtete wortgewandt und aus erster Hand von den schlimmen Demütigungen, denen die Schwarzen ausgesetzt waren. Er betonte besonders den *Separate Amenities Act* und die Auswirkungen, die er auf den Alltag der Schwarzen hatte. Er schloss seine Rede, indem er an das Verantwortungsgefühl des Gerichts appellierte: Ein Land wie Neuseeland, mit einer bewundernswerten demokratischen Tradition, sollte sich schämen, gemeinsame Sache mit einem Regime zu machen, das die Frechheit besaß, die *Springboks*-Mannschaft, deren Mitglieder sich aus nur 15 Prozent der Bevölkerung zusammensetzten, als „Südafrika" zu bezeichnen. „Ich war Zeuge Nummer zwei", sagte Stofile und musste bei der Erinnerung daran grinsen, „und am Ende meiner Rede war der Fall gewonnen. Die Tour wurde abgesagt. Es war ein großer Sieg."

Bei seiner Heimkehr wurde Stofile verhaftet und zu zwölf Jahren Gefängnis verurteilt. Das schwarze Südafrika feierte seine Leistung so, wie es vier Jahre zuvor die Szenen „weißer Unruhen" auf der anderen Seite des Erdballs gefeiert hatte. Jene Unruhen, die die Familie Pienaar so verstört hatten.

Für den kleinen Pienaar war Rugby nur ein Spiel. Neben Prügeleien war es sein wichtigster Zeitvertreib. Sein Leben wurde schon sehr früh stark von Gewalt geprägt, doch ihr lag kein politischer oder krimineller Hintergrund zugrunde wie das in den unfeinen *Townships* der Fall war. Es war eine Gewalt um der Gewalt willen. Als Pienaar sieben Jahre alt war, hängten ihn die Mitglieder einer rivalisierenden Gang an einem Baum auf. Wäre nicht zufällig ein Erwachsener vorbei gekommen, wäre er gestorben. So blieben nur tiefe Striemen an seinem Hals zurück. Später, auf der Universität, etwa zur selben Zeit, als Bekebeke Sethwala tötete, tat Pienaar fast dasselbe. Zumindest befürchtete er, dass er den Fremden umgebracht hatte, den er zufällig spät nachts vor einer Bar in Johannesburg getroffen hatte. Sie waren beide betrunken. Während eines Handgemenges schlug er den Mann zu Boden, dessen Kopf mit einem schrecklichen Krachen auf dem Gehsteig aufschlug. Auf dem Rugbyfeld brach er sich unzählige Rippen und schlug sich mehr Zähne aus, als er zählen konnte.

Aus der Perspektive des schwarzen Südafrikas, wo die Menschen in ihrer Freizeit zum Vergnügen Fußball spielen und tanzen, schien Rugby ein rätselhaft brutaler Sport, bei dem Spieler vom Spielfeld getragen werden wie Soldaten aus einer Schlacht; in dem die ständig alkoholisierten Zuschauer – in ihren burischen Buschuniformen aus khakifarbenen Shorts, Hemden, dicken Socken und Stiefeln – mit wilder Begeisterung ihre traditionellen *boerewors* (Schweinewürste) verschlangen und mit ihrem Lieblingsgetränk, Brandy mit Cola, nachspülten. Und die Jungs nahmen sich ein Beispiel an ihren Vätern. Ihr Leben schien ein einziger brutaler Kampf nach dem anderen zu sein. Ein Kampf, in dem Kinder, wenn sie nicht gerade ihre kleinen Freunde an Bäumen aufhängen, sich gegenseitig mit Stühlen die Köpfe einschlagen.

Der Tod durch den Strang war ein Thema, das den Afrikaaner J.J. Basson am Morgen des 24. Mai 1989 sehr beschäftigte.

Richter Basson hatte das rekordverdächtige Urteil im Upington-Fall erlassen. Und nun hörte er sich seit fast sechs Monaten die Argumente der Verteidigung an. Allen voran die von Anton Lubowski, der versuchte, mildernde Umstände geltend zu machen, und so die Todesstrafe für Justice Bekebeke und die 24 anderen als Mörder verurteilten Menschen abzuwenden.

Lubowski war ein großer, gutaussehender, 37-jähriger Mann, der in Kapstadt aufgewachsen war. Er verfügte über das Aussehen und den Namen eines polnischen Grafen. Als Aktivist, der tief in den politischen Kampf gegen die Apartheid verwickelt war, gehörte er zu den wenigen Weißen (schätzungsweise weniger als ein Prozent der Bevölkerung), die Südafrika nicht nur so sahen, wie der Rest der Welt, sondern auch dementsprechend handelten. Diese Minderheit ging Risiken ein und hatte die bewusste Entscheidung getroffen, gegen den Strom der konventionellen und erbitterten *volks*-Weisheit zu schwimmen. Lubowski war Teil der wenigen, die ihr Land wirklich kannten, die Zeit in den schwarzen *Townships* verbracht hatten, Kontakte geknüpft, Pläne geschmiedet und sich die Mühe gemacht hatten, ein paar Brocken der Sprache der Schwarzen zu lernen.

Mit Lubowski konnten sich die Gerichtsreporter in jenen ersten Monaten des Jahres 1989 anfreunden. Justice Bekebeke war ein Gesicht am anderen Ende eines überfüllten Gerichtssaals. Doch Jahre später war es Bekebeke, mit dem ich über jene Zeit sprach. „Anton war einer von uns", sagte er mit feierlich und mit schmerzerfüllter Stimme. „Er und wir waren eins. Wir nannten ihn ‚Nummer 26', als ob er der 26. Angeklagte wäre. Er war viel mehr als nur unser Rechtsanwalt." Im Upingtoner Gerichtsgebäude gab es ein besonderes Sprechzimmer, in dem sich die Rechtsanwälte mit ihren Klienten trafen. „Er wollte uns jedoch nicht dort treffen. Er wollte uns in unserer Umgebung treffen. Und so kam er in unsere Zellen, um mit uns zu sprechen. Er sagte, er würde sich hier wohler fühlen. Er war unser Kamerad. Wir haben vergessen, dass er weiß war, dass er ein Afrikaaner war."

Lubowski ging in ihre Zellen, sang Protestlieder mit ihnen und schloss sich ihren Widerstandstänzen an. Er erhob sich für sie; beeindruckend groß in seiner fließenden Gerichtsrobe in der Wüstenhitze des Gerichtsaals, in dem die Fenster, in Erwartung einer flüchtigen Brise, weit offen standen. Er konfrontierte Basson, indem er entweder mit gedämpfter Stimme juristische Zusammenhänge erklärte, oder ihn – wenn das nichts half – anschrie. Mandela wäre eher als Lubowski bereit gewesen, Basson zu vergeben und seine Herzlosigkeit als Folge der Welt zu betrachten, in der er aufgewachsen war. Doch Mandela wusste auch, dass Lubwoski eine Vision jener besseren Welt anbot, die er schaffen wollte und dass es in hohem Maße den Lubowskis Südafrikas zu verdanken war, dass er seine schwarzen Landsleute davon überzeugen konnte, dass eine Person nicht zwingend schlecht ist, nur weil sie weiß ist.

Am 24. Mai sollte Basson sein Urteil verkünden. Lubowski gestand mir beim Frühstück, er hoffe darauf, dass ein Hauch von gutmütigem Paternalismus Bassons kaltes Herz durchdringen würde. Das sei das Beste, worauf man überhaupt hoffen könne. Lubowski hatte am meisten Hoffnung für das über sechzigjährige Paar, Evelina de Bruin und ihren Mann Gideon Madlongolwana. „Ich denke, dass selbst Basson nicht so verrückt sein kann, sie zu hängen", sagte Lubowki. Zwei ihrer elf Kinder gingen noch zur Schule. Evelina war eine mollige hinkende Hausangestellte. Gideon hatte der südafrikanischen Eisenbahn 36 Jahre lang treu gedient. Keiner von beiden war vorbestraft. Lubowski nahm deshalb an, dass sie freigesprochen würden. Der Angeklagte, für den er überhaupt keine

Hoffnung sah, war der inzwischen 28-jährige Justice Bekebeke, das eloquenteste und militanteste Mitglied der Gruppe.

Wenn man ihn herausgreifen und den Rest verschonen würde, läge darin eine kalte Logik. „Ich war der wahre Schuldige", sagte Justice. „Gegen Ende der Entscheidungsphase kam Anton in unsere Zellen und klärte uns über unsere Chancen auf. Ich sagte den Leuten, dass ich um der Gruppe willen die Wahrheit gestehen wollte. Sie ließen mich kaum aussprechen. Sie stürzten sich alle auf mich. Sie waren wütend. Sie sagten, ‚Wir würden uns eher alle selbst töten, als sie dich töten zu lassen.' Sie wollten nicht, dass ich vor diesem weißen Richter gestand. Es war eine Frage der Würde und der Solidarität. Mir war sofort klar, dass weitere Diskussionen keinen Sinn hätten. Anton war zugegen und sagte: ‚OK, Leute, ich habe das nicht gehört. Diese Unterhaltung hat niemals stattgefunden ...'"

Wie sich herausstellte, erbrachten Justices Mitangeklagte ein riesiges Opfer, denn Richter Basson übertraf Lubowskis schlimmste Befürchtungen. Er verkündete, dass nur 11 der Angeklagten Strafminderung bekämen und dass sowohl Justice Bekebeke als auch Evelina de Bruin und Gideon Madlongolwana unter die 14 Personen fielen, deren Verhalten keine Nachsicht zuließe. Schmerzensschreie, Staunen und Wut erfüllten den Gerichtssaal, als die Angeklagten und ihre Angehörigen ihre Gesichter in Verzweiflung und Unglauben umklammerten, denn dies entsprach nicht dem, was sie ihren Anwälten zufolge hätten erwarten können. Evelina de Bruin lehnte sich an ihren Ehemann und weinte. Basson verschob gelassen die Verkündigung des Urteils auf den nächsten Tag. Doch die Emotionen, die er im Gerichtssaal ausgelöst hatte, drangen auf die Straße. 40 oder 50 Frauen, Jugendliche und alte Männer versammelten sich vor der gleichen Anzahl schwer bewaffneter Polizisten. Sie weinten und fingen an, jene Art

Protestlieder zu singen, die man überall in Südafrika auf Beerdingungen, Demonstrationen oder bei politischen Gerichtsverfahren hört.

Ein Teenager löste sich aus der Menge und begann einen *ToiToi*, ein Kriegstanz, der den wütenden Widerstand gegen die Apartheid symbolisierte. Er zischte „*Zaaa!! Za-Zaaa! Zaaa! Za-Zaaa! Zaaa! Za-Zaaa!*" und stampfte dabei so fest mit den Füßen, dass seine Knie das Kinn berührten, drehte sich im Kreis wie in Trance, schlug wild mit den Armen um sich und ballte seine Fäuste bis das Weiße hervortrat. Er war unbewaffnet, die Polizisten jedoch hatten Schusswaffen, zähnefletschende Hunde und eine Videokamera, die direkt auf den Jungen gerichtet war.

Die Frauen sahen ihn an und schüttelten ihre Köpfe. Sie hatten Angst um ihn. Und sie hatten Recht. In dieser Nacht lief die Polizei Amok. Warum, war nur schwer zu sagen. Vielleicht lag es daran, dass die Mütter der Verurteilten das sittsame, untadelige weiße Upingtoner Stadtzentrum aus dem Gleichgewicht gebracht hatten, indem sie hier weinten und Trauer-Gesänge anstimmten. Vielleicht weil die schwarzen Frauen vor dem Gerichtsgebäude an einem Tag des Jammers in einem Augenblick kurzer Erleichterung in Lachen ausgebrochen waren und heftig geklatscht hatten, als ein Polizeiauto aus Versehen in die Seite eines vorbeifahrenden Toyota fuhr. Vielleicht war es einfach nur deshalb, weil Upington seinen Rachedurst noch nicht gestillt hatte, weil es noch immer über schwarze Unruhen empört war, die die angenehme Sicherheit des Apartheidslebens gestört hatten.

Aus welchem Grund auch immer, an jenem Donnerstag stürmten bei Einbruch der Dunkelheit Mannschaften der Bereitschaftspolizei am öffentlichen Schlachthaus am Stadtrand vorbei, bogen links nach Paballelo ab und fielen über jeden her, der ihnen begegnete. Mindestens zwanzig Personen wurden brutal verprügelt. Einige wurden bewusstlos geschlagen. Auf einigen wurde mit Füßen herumgetrampelt. Manche wurden in den Unterleib getreten, bis sie bluteten. Von den zwanzig Personen, die ins Krankenhaus mussten, waren fünf unter dreizehn Jahre und vier gerade fünfzehn Jahre alt.

Am letzten Tag des Upingtoner Gerichtsverfahrens war es unerträglich heiß. Dennoch war Richter J. J. Basson in seine rote Robe gehüllt – als wäre es Winter oder als spielte er in einem Stück von Shakespeare („Magistratsmäntel und Pelz-Röcke verbergen alles", sagt König Lear). Auch seine Miene war eisig. Er würde heute Todesurteile fällen. Geistesabwesend, wie ein Bürokrat, der es am Ende eines langen Tages eilig hat, nach Hause zu kommen, forderte er jeden der Anklagten auf, vor dem Gericht noch eine kurze Ansprache zu halten, so wie es das Gesetz erlaubte. Justice Bekebeke war von den vierzehn gebeten worden, an ihrer Stelle zu sprechen. Er hatte geplant, etwas aufzuschreiben, doch am Ende hatte er es einfach nicht über sich gebracht. Und so sprach er einfach aus dem Herzen.

„In einem Land wie Südafrika", begann er, und wandte sich an Basson, „stellt sich mir die Frage, wie hier wirklich Gerechtigkeit geübt werden kann. Ich habe keine Antwort darauf gefunden. Dennoch, Euer Ehren, möchte ich darum bitten, dass wir unseren Rassenhass vergessen. Zeigt uns eine Gerechtigkeit, die für alle Menschheit gilt. Wir wollen, dass alle Rassen in Harmonie miteinander leben. Ist das möglich im Namen des Herrn? Ist das möglich in so einem Land? … Ich wünschte, Gott würde Ihnen noch viele Jahre schenken, damit Sie mich eines Tages sehen könnten, einen schwarzen Mann, der durch die Straßen eines freien Südafrikas läuft … Und, Euer Ehren, möge Gott Sie segnen, Euer Ehren."

Bei diesen Worten murmelte ein alter Mann, der in der hinteren Ecke des Gerichtssaals stand, „Amen". Er war tadellos, in einen dreiteiligen Anzug mit Krawatte gekleidet und stand aufrecht, gestützt auf einen Holzstock mit Elfenbeinknauf. Es war der Vater einer der Angeklagten und – etwa so alt wie Mandela – ein Bild vornehmen Alters. Als Richter Basson seine Urteile verlas, setzte er sich langsam hin, sein Körper schien einzufallen, sein Kopf lag in seinen Händen und hing fast schon zwischen seinen Beinen. Das Urteil lautete „Tod durch den Strang" für Justice Bekebeke und die dreizehn anderen. Basson verkündete das Urteil mit monotoner Stimme, bevor er das Gericht zum letzten Mal verließ. Die Gefangenen gingen hinunter in ihre unter dem Gerichtssaal gelegenen Zellen, wo Lubowski zu ihnen stieß. Er war am Boden zerstört. „Wir waren diejenigen, die ihn trösteten", erinnerte sich Bekebeke.

Die Upingtoner Vierzehn, wie man sie bald nannte, wurden in einen großen gelben Polizeiwagen verfrachtet und nach *Pretoria Central* gefahren, dem Hochsicherheitsgefängnis, damals in Südafrika besser bekannt als Todestrakt. Braune Finger umklammerten das Metallgitter des Fahrzeugs. Unter der Führung von Bekebeke sangen die zum Tode Verurteilten Nkosi Sikelele, die einzige Geste des Widerstands, die ihnen geblieben war.

Sie erreichten den Todestrakt am folgenden Nachmittag, einem Samstag. Am Montag bei Tagesanbruch wurde eine weibliche Gefangene gehängt. Während des restlichen Jahres 1989 fanden wöchentlich Hinrichtungen statt. Seit 1985 hatte Südafrika 600 legale Exekutionen durchführen lassen. Ein Gefangener bekam eine Woche vor seinem Tod Bescheid und wurde dann in eine Zelle verlegt, die *the pot* (der Topf) genannt wurde und zwei Zellen von Justice Bekebekes Daueurunterkunft entfernt lag. Am Tag vor der Hinrichtung hörte er die zum Tode Verurteilten die ganze Nacht lang weinen. Er hörte, wie die Zelle bei Tagesanbruch von den Gefängniswärtern geöffnet wurde, er hörte die Gebete, die gesprochen wurden, er hörte, wie der weinende Gefangene die Treppe zum Galgen hinaufgeführt wurde. Wenn das Weinen aufhörte, wusste er, dass der Gefangene tot war. „Das Grauen des Ganzen“, sagte Justice, „wurde noch durch das Wissen verstärkt, dass du in der darauffolgenden Woche der Nächste sein konntest.“

Doch er war es nicht. Es war Anton Lubowski. Die Upingtoner Vierzehn mussten im Todestrakt viel Leid ertragen, doch nichts traf sie so heftig wie eine Radionachricht am 13. September 1989. Lubowski war am Abend zuvor, vor seinem Haus in Windhoek, Namibia, erschossen worden (zwei Monate nachdem Mandela mit Botha in *Tuynhuys* Tee getrunken hatte). Justice vergaß diesen Augenblick nie. „An jenem Morgen hatten sich sechs von uns aus Upington in meiner Zelle versammelt. Unsere erste Reaktion war Ungläubigkeit. Doch nach einiger Zeit drang die Wahrheit in unser Bewusstsein und wir waren am Boden zerstört, zugrunde gerichtet – untröstlich. Wir wussten, wer es getan hatte. Natürlich wussten wir es. Es war der Staat.“

KAPITEL 6

AJATOLLAH MANDELA

1990

Nach Jahren im Exil trat der Patriarch wieder vor sein Volk und versprach ihm die Freiheit. Er stellte die Verkörperung revolutionärer Tugend dar und überall, wo er hinkam, wurde er von riesigen, jubelnden Menschenmengen begrüßt. „Ich werde der Regierung ins Gesicht schlagen“, rief er am Tag seiner Rückkehr aus dem langen Exil, und nach zehn Tagen, am 11. Februar 1979, war der Staat zusammengebrochen und seine Miliz kontrollierte die Straßen. Unter stürmischem Beifall erklärte sich Ajatollah Khomeini zum Oberhaupt einer neuen revolutionären Regierung.

Genau elf Jahre später, am 11. Februar 1990, beendete Nelson Mandela sein Exil und verließ das Gefängnis. Die zufällige Übereinstimmung der Daten war der südafrikanischen Regierung nicht entgangen. Sie befürchtete, dass sie mit der Entlassung Mandelas und der Erlaubnis, den *ANC* nach 30 Jahre währendem Verbot wieder legal operieren zu lassen, etwas entfesseln würden, was sie in Momenten der Panik „den Ajatollah-Faktor" nannten. Niël Barnard war weniger besorgt. Doch selbst er hegte in irgendeiner Ecke seines skeptischen Herzens Zweifel, ob Mandela ihn nicht aufs Kreuz gelegt hatte. Der Albtraum des Staates war, so Barnards, dass sich Mandela nach seiner Entlassung aus Kapstadt auf einen langen Marsch in Richtung Norden, in das politische Herzland von Johannesburg und Soweto begeben würde: „Dann würde eine Dynamik in Gang gesetzt werden, er würde durch das Land ziehen und nach Johannesburg gehen und es wäre fast so wie beim Ajatollah – eine überwältigende Dynamik ... Hunderttausende von Menschen, die randalieren, schießen und töten würden. Wir hofften, dass es uns möglich wäre, die ersten 24, 48, 72 Stunden ohne einen größeren Volksaufstand, ohne eine Revolution zu erleben."

Im Iran hatte ein Präzedenzfall die Regierung zum Aufgeben gezwungen, im Fall des neuen Präsidenten F. W. de Klerk war es eine jüngere außenpolitische Begebenheit, die ihn nötigte, die von P.W. Botha begonnene Arbeit voranzutreiben. Der Fall der Berliner Mauer nur zwei Monate zuvor entzog dem Kommunismus in Osteuropa und auch in Südafrika den Boden. War die Apartheid früher eine Schande gewesen, so gehörte sie jetzt in die Mülltonne der Geschichte. De Klerk konnte sich glücklich schätzen, dass sein Vorgänger, weltweit als Tyrann verschrien, so weise gewesen war, den Weg für Mandelas Freilassung und die Verhandlungen über ein demokratisches Südafrika zu ebnen.

Im Februar 1990 dachte de Klerk weniger an seinen persönlichen Erfolg als an die Gefahr, die mit Mandelas Freilassung zusammenhing. Dass Mandelas Freilassung hinausgezögert wurde, zehrte nicht nur an seinen Nerven, sondern auch an denen Barnards und anderer höherer Regierungsbeamten.

Eine Reihe von Fernsehkameras waren am Eingang des Victor-Verster-Gefängnisses postiert. Das Ereignis wurde von genauso vielen Menschen verfolgt wie die Rugby-Weltmeisterschaft fünfeinhalb Jahre später. Doch der angekündigte Zeitpunkt seines Erscheinens war schon zwei Stunden überfällig und noch immer war nichts passiert.

Als Mandela schließlich auftauchte und im hellen Nachmittagslicht entschlossen aus dem Haupttor des Victor-Verster-Gefängnisses schritt, lächelte er triumphierend, glücklich wie ein Soldat, der aus dem Krieg nach Hause zurückkehrt. Seine Frau Winnie sah weniger vergnügt aus. Ihr Mann hatte ihr gehörig die Meinung gesagt, da sie, durch einen Frisörbesuch aufgehalten, zu spät aus Johannesburg angekommen war. Diese Verspätung hatte die Spannungen auf dem *Parade*, dem großen offenen Platz in Kapstadt, erhöht. Hier sollte Mandela seine erste Rede zur Nation halten. Eine riesige Menge war unter der heißen Sonne zusammengekommen, viele davon schwarze Jugendliche, die nur wenig Grund hatten, den Heerscharen weißer Polizisten, die nach einem Ajatollah Ausschau hielten, wohlwollend gegenüberzustehen. Ein Handgemenge brach los, Tränengas wurde abgefeuert, Steine flogen. Es war kein Blutbad, aber es reichte, um die Menschen in alle Richtungen auseinander zu treiben.

Mandela und sein Gefolge, die sich mittlerweile in einem Autokonvoi befanden, erreichte die Meldung, dass sie besser abwarten sollten, bis die Dinge sich beruhigt hätten. Es war nicht gerade der vielversprechendste Anfang, um Mandelas langjährige Absicht, das Land zu befrieden, öffentlich zu verkünden. Doch das Gefängnis hatte Mandela Geduld gelehrt. Seine Sicherheitskräfte teilten ihm mit, dass es am klügsten sei, den Konvoi zu stoppen. Sie beschlossen, am Stadtrand zu parken, in dem vornehmen, politisch liberalen weißen Vorort

Rondebosch. Dort lebte der junge Arzt Desmond Woolf mit seiner Frau und den kleinen Zwillingen Daniel and Simon.

Die Woolfs schauten sich gerade zusammen mit Dr. Woolfs Mutter die Ereignisse des Tages im Fernsehen an. Dr. Woolf und seine Frau gehörten zu jenem kleinen, politisch sensiblen Teil der weißen Gesellschaft, der für die Freilassung Mandelas eintrat. Sie begrüßten seine Freilassung außerordentlich und überlegten, ob sie zum *Parade* gehen und sich den Massen anschließen sollten. Es war jedoch fraglich, ob Mandela es schaffen würde. Den Fernsehberichten zufolge wusste niemand, wo er war.

Plötzlich hörten sie ein Klopfen an der Tür. Ein Freund Vanessa Woolfs erzählte ihnen, dass Mandela vor ihrem Haus in einem Auto sitze. „Ach, rede doch keinen Unsinn!“, sagte Dr. Woolf. „Nein“, sagte der Freund, „Er ist genau hier. Kommt mit nach draußen, schnell!“

Das Paar ging mit seinen zwei Kindern und Dr. Woolfs Mutter nach draußen. Tatsächlich stand ein Konvoi aus fünf geparkten Autos direkt vor ihrem Haus: „Und – da war er“, wie Dr. Woolf noch häufig in seinem Leben erzählen sollte. „Er saß im mittleren Auto. Wir standen da und starrten ihn erstaunt an. Wir konnten es einfach nicht fassen. Ich meine: Da war er nun. Die Aufmerksamkeit der ganzen Welt war auf ihn gerichtet und da stand er nun vor unserem Haus, wo er doch eigentlich ganz woanders sein sollte. Und wir standen da und schauten und er kurbelte das Fenster runter, winkte uns zu sich und sagte, ‚Bitte, kommen Sie doch rüber.‘“

Dann stellten sie sich vor und begrüßten sich. Dr. Woolf hatte Simon auf dem Arm, der damals kaum ein Jahr alt war, und Mandela streckte seine Hand aus und berührte die Hand des Kindes, bevor er den Vater fragte, ob er ihn einmal halten und ihn durch das offene Fenster ins Auto nehmen könne: „Er ließ das Kind eine Weile auf seinen Knien reiten und fragte dann, wie er heiße. Er wollte wissen, warum wir ihn Simon genannt hätten und ob der Name eine besondere Bedeutung hätte. Er schien sich sehr darüber zu freuen, ein Kind auf dem Arm halten zu dürfen." Vanessa Woolf stellte sich vor und tauschte Simon gegen Daniel aus. Dann kam Dr. Woolfs Mutter, um guten Tag zu sagen – eine unbeschwerte Sonntagnachmittagsszene.

Ein anderer Weißer, Morné du Plessis, hatte sich zuvor ebenfalls die Frage gestellt, ob er zum *Parade* gehen sollte, und sich schließlich dafür entschieden. Er war der bekannteste Weiße in Rondebosch. Insbesondere für die Afrikaaner war er so etwas wie ein Gott.

Du Plessis war früher der Kapitän der *Springboks* gewesen, genau wie vor ihm sein Vater. Felix du Plessis hatte das südafrikanische Rugbyteam 1949 zu vier gefeierten Siegen gegen Neuseeland geführt. Das war ein Jahr nach dem ersten Wahlsieg der *National Party*, die Partei, die die Apartheid für die nächsten 40 Jahre festschrieb. Der 1949 geborene Morné brach den Rekord seines Vaters: Er hatte den *All Blacks* nicht nur eine ähnliche Niederlage eingebracht, sondern konnte bei seinem Rücktritt im Jahr 1980 auf einen internationalen Rekord von achtzehn Siegen in 22 Spielen zurückblicken. Mit ihm als Kapitän gewann Südafrika dreizehn Spiele und verlor zwei. Als Nationalspieler war er innerhalb von neun Jahren zu einem afrikaanischen Nationalhelden geworden. Als solcher symbolisierte er wie kein zweiter Spieler der *Springboks* die Rassenunterdrückung. Im Gegensatz zu einigen seiner Mannschaftskollegen hatte er dafür Verständnis. Er vergaß nie, wie die wenigen Schwarzen im Stadion bei den wichtigsten Spielen – 1974 gegen die *British Lions* und 1976 gegen die neuseeländischen *All Blacks* – „fanatisch die andere Seite unterstützten".

Deshalb war es nicht verwunderlich (du Plessis war wahrscheinlich der Größte unter den Zuschauern, die sich am *Parade* versammelt hatten), dass ein schwarzer, anscheinend angetrunkener Mann, du Plessis an diesem Nachmittig beschimpfte, er solle weggehen, er habe hier nichts verloren. „Doch es war nicht sein bedrohliches Benehmen, das mir in Erinnerung blieb", erzählt mir du Plessis, „sondern die Tatsache, dass sofort ein anderer schwarzer Mann ihn ermahnte. Dann stimmten noch andere ein. Sie waren wütend, weil er mich so behandelt hatte, und führten den Mann weg." Es waren arme Leute, die Xhosa, die Sprache Mandelas, sprachen. Aber du Plessis verstand, dass sie genug politische Erfahrung hatten, um zu wissen, wie wichtig es war, möglichst viele Weiße zum Mitfeiern einzuladen.

Du Plessis war gekommen, weil er die historische Bedeutung dieses Moments erkannte und ihn miterleben wollte. Der tiefere Grund seines Kommens ging allerdings weiter zurück. Sein Vater hatte seinen Weg und seine politische Überzeugung geprägt. Felix du Plessis war der Kapitän der *Springboks*, als die *National Party* den ersten Höhepunkt ihrer Macht erreicht hatte, doch er war immer Befürworter der milderen, liberaleren – oder zumindest weniger radikal rassistischen – *United Party*, die die Nationalen 1948 nach vierzehn Jahren der ununterbrochenen Herrschaft besiegt hatten. Mornés Mutter war eine englischsprachige weiße Südafrikanerin und weit entschiedener gegen die Nationalen als ihr Mann. Das bedeutete jedoch nicht, dass sie für eine Mehrheitsregierung war oder für etwas ähnlich Drastisches. Die *United Party* war gegen die Apartheid, weil sie sie für zu grob rassistisch hielt. Die weiße Vorherrschaft an sich stellte sie jedoch nie grundsätzlich in Frage.

Auch ihr Sohn, der wie François Pienaar in Vereenging geboren war, tat dies nicht. Der Zufall wollte es, dass sie nicht nur beide Kapitäne der *Springboks* wurden. Du Plessis wurde auch, genau fünf Jahre nach Mandelas Entlassung, Manager von Pienaars Weltmeistermannschaft. Die Gemeinsamkeit endete bei der relativen politischen Aufgeklärtheit der Familie du Plessis, wenngleich Politik im Leben des jungen Morné faktisch ebenso bedeutungslos war wie in dem des jungen Pienaar. Beide waren vom Traum besessen, große Rugbyspieler zu werden.

1970 lernte du Plessis jedoch einen Mann kennen, der die schwache Glut der Rebellion in ihm entfachen sollte, die seine Eltern ihm vorgelebt hatten. Sein Name war Frederik van Zyl Slabbert. Er war Soziologie-Dozent an der *Stellenbosch University*, an der du Plessis studierte. Slabbert war ein fortschrittlicher Denker und ein brillanter Wissenschaftler. Dem Establishment der Afrikaaner aber war er ein Dorn im Auge. Gleichzeitig war er ein außergewöhnlicher Rugbyspieler. Rugbyspieler zu sein und den Slogan „ein Mensch, eine Stimme" zu befürworteten, war ebenso aufregend wie ungewöhnlich. Es war für einen jungen Afrikaaner also tatsächlich möglich, jemanden zu bewundern, der die Apartheid ganz offensichtlich ablehnte.

Slabbert hatte die politische Haltung von du Plessi ausgelöst. Richtigen Auftrieb gab ihm aber erst sein Debüt für die *Springboks* 1971 während einer Tournee in Australien. Die Tour war in sportlicher Hinsicht ein großer Erfolg. Südafrika gewann drei Spiele gegen Australien. Du Plessis wurde in der Heimat als Held gefeiert. Er war der neue Stern am Rugbyhimmel. Die Freude des jungen Morné und seiner Mitspieler wurde jedoch von der feindseligen Begrüßung großer Teile der australischen Bevölkerung getrübt. Die *Sprinkboks* wurden nicht nur überall mit Gegenständen beworfen – zur Freude von Arnold Stofiles, der wieder in Südafrika war –, sondern sie mussten auch in Flugzeugen der Luftwaffe reisen, weil die

Gewerkschaften sich weigerten, in Flugzeugen und Zügen zu arbeiten, in denen die Südafrikaner reisten.

„Es war überwältigend, solch intensive Gefühle bei Menschen zu sehen, die so weit weg waren", erzählte mir du Plessis. „Die Bilder von diesen wütenden australischen Gesichtern, die uns offensichtlich hassten, habe ich nie vergessen."

Etwas rührte sich in du Plessis. Es war das Gefühl, dass, wie er es ausdrückte, „etwas ernsthaft nicht stimmte" in seinem Land. Ein beklommenes Gefühl war eine Sache; sich durch Politik von der Rugby-Karriere abhalten zu lassen, eine andere. Du Plessis leistete niemals Widerstand, obwohl das während seiner neun Jahre als Star der *Springboks* einen sensationellen Effekt gehabt hätte. Öffentlich über seine Bedenken sprach er nicht. Auch nicht, dass er Anhänger der *Progressive Federal Party* war, in die Slabbert eingetreten und als Mitglied des Parlaments für Rondebosch Mitte der 1970er Jahre rasch zum Führer aufgestiegen war. Die *Progs*, die damals über etwa 15 Prozent der weißen Stimmen verfügten, besaßen die Geistesgröße, sich zu schämen, wenn sie ins Ausland fuhren und sich dort als weiße Südafrikaner ausweisen mussten. Sie waren zwar in der engstirnigen kleinen Welt Südafrikas Freidenker, doch im Grunde konservativ. Die australischen Demonstranten hätten mit ihnen nichts zu tun haben wollen und unterstützten Mandelas *ANC*, der zwar einige der Führer der *Progs* mochte, offiziell aber gegen die Beteiligung der *PFP* an einem System war, das den Schwarzen das Wahlrecht verweigerte. Die *PFP* repräsentierte eine typische vornehme, englischsprachige Wählerschaft: Immer bereit, das grobe Vorgehen der Buren gegen die Schwarzen zu tadeln, würde man doch niemals einen Fuß in eine *Township* setzen. Dennoch kam der *PFP* der Verdienst zu, in Südafrika eine legale öffentliche Stimme gegen die Apartheid zu sein. Sie war eine Brücke, die den Übergang zu den bevorstehenden Veränderungen erleichterte. Slabbert selbst wurde später kritischer Mittelsmann bei ersten Kontakten zwischen der Regierung und dem *ANC*. Das war 1987, kurz nach den ersten heimlichen Begegnungen im Gefängnis zwischen Mandela und Kobie Coetsee.

Morné du Plessis, wenngleich tapfer auf dem Rugbyfeld, ging kein Risiko ein. Jedenfalls nicht bis zu jenem Nachmittag am 11. Februar 1990 auf dem *Parade* in Kapstadt. Er war genau wie Joel Stransky in der Hoffnung gekommen, Mandelas Entlassung würde ein Land heilen, von dem er instinktiv spürte, dass es krank war. Stransky, ein Rugbyspieler, der zu diesem Zeitpunkt 22 Jahre alt war und bei der Weltmeisterschaft von 1995 noch eine bedeutende Rolle spielen würde, sah sich Mandelas Freilassung in einem Café in Frankreich an. Das war zwar nicht so beeindruckend, wie es ein persönliches Erscheinen auf dem *Parade* gewesen wäre, es zeigte aber mehr Interesse, als die meisten seiner zukünftigen *Springbok*-Kameraden aufbrachten. Ihre Haltung wurde von einem der Giganten der Mannschaft, Kobus Wiese, zusammengefasst. Nach seiner Reaktion auf Mandelas Freilassung befragt, sagte er: „Um ehrlich zu sein, habe ich dem nicht viel Aufmerksamkeit geschenkt". Doch Stransky war „absolut aufgeregt".

Stranskys Leben wurde vom Sport dominiert. Das hielt ihn aber nicht davon ab, zwei flüchtige Momente des politischen Erwachens mitzuerleben. Ähnlich wie du Plessis merkte er, dass die Dinge in Südafrika „erschreckend falsch" liefen. Der erste Hinweis darauf folgte auf ein Ereignis, von dem er kaum etwas mitbekommen hatte: Ein Aufstand von Schulkindern in Soweto im Jahre 1976, die nicht älter als er waren und der die allgemeine schwarze Bevölkerung so ermutigte, dass sich die Dinge in Südafrika für immer veränderten. Stranskys Eltern fürchteten daraufhin, dass die Schule ihrer Kinder abgebrannt werden würde. „Ich erinnere mich an meinen Vater, der während der Aufstände und Unruhen nachts zu unserer Schule gehen und Wache stehen musste. Ich bin nicht sicher, ob ich wirklich wusste, was vor sich ging, weil die Erwachsenen nicht darüber redeten. Dennoch war mir von diesem Moment an klar, dass die Dinge in diesem Land falsch liefen."

Den zweiten großen Hinweis erhielt Stransky während der von Aufständen begleiteten *Springbok*-Tour in Neuseeland. Da war er vierzehn Jahre alt. Seine geistige Eigenständigkeit erlaubte es ihm, mit einem Gedanken zu spielen, auf den Pienaar und die Familien der meisten junger Männer, mit denen er später gemeinsam das grüne Trikot der *Springboks* tragen würde, nicht gekommen wären: Es musste doch einen guten Grund dafür geben, dass halb Neuseeland wütend auf seine Landsleute war.

Stransky verkörperte also genau die Wirkung, die Arnold Stofile, seine *ANC* Kameraden und Anti-Rugby-Aktivisten beabsichtigten. Indem man ihnen die Glücksdroge Rugby entzog, riss man sie aus ihrer Abgestumpftheit. Damit waren die Voraussetzungen für einen politischen Wandel geschaffen. Stranskys Aufregung über die Entlassung Mandelas war die perfekte Resonanz.

Stransky glaubte, dass Mandelas Freilassung einen positiven Einfluss auf seine Rugbykarriere haben würde. Er war 22 und bereits einer der besten Rugbyspieler des Landes, als er in jenem französischen Café darauf wartete, Mandela zu Gesicht zu bekommen. Bereits in der Schule war er ein landesweit bekannter Spieler, und mit zwanzig Jahren wurde er Schlüsselspieler für die *Provinz Natal*, einem der vier größten Teams Südafrikas. Da er nicht der große, starke Knochenbrechertyp war, musste er sich durch besonderen Mut hervortun und belastbar genug sein, um im Laufe eines Spiels ein paar Dutzend

Mal Schläge von Rivalen, die so groß wie Pienaar waren, einstecken zu können. Doch Stransky besetzte die einzige Position in einer Rugbymannschaft, bei der weder unnatürliche Schnelligkeit noch unnatürliche Größe gefragt waren. Die Position des Halbspielers. Es ist der Spieler, der das Spiel diktiert und in dem sich außerordentlicher Verstand und Ballfertigkeit verbinden. Außerdem war er für Schüsse, Kicks, zuständig – traumhaft.

Stransky war ehrgeizig. Deshalb hatte er sich am Ende der Rugby-Saison im Oktober 1989 entschieden, Vereinsrugby in Frankreich zu spielen. Das Spiel wurde nicht annähernd so irrwitzig leidenschaftlich wie in Südafrika gespielt. Ihm ging es aber darum, während des südafrikanischen Sommers fit zu bleiben und wieder voll einsatzfähig zu sein, wenn die Spielsaison im April 1990 wieder beginnen würde. Die Rechnung ging auf. In jenem Jahr wurde sein Team Landesmeister. Mandelas Entlassung würde ihm, genau wie er es sich erhofft hatte, entgegenkommen. Für Stransky bedeutete ein freier Mandela vor allem die Aussicht darauf, dass die *Springboks* bald wieder internationales Rugby spielen würden. Als er in jenem französischen Café saß, hatte er den Traum, „dass ich eines Tages Rugby für mein Land spielen würde".

Mandela wurde um etwa drei Uhr nachmittags am *Parade* erwartet. Mit fünf Stunden Verspätung traf er schließlich bei Einbruch der Dunkelheit auf dem Platz ein. Die Menge begrüßte ihn mit lautem Jubelgeschrei. Seine Rede allerdings erzeugte – ebenso wie die Verspätung – eine gewisse Enttäuschung, da sie nicht den Erwartungen entsprach und nicht mitreißend war.

Am nächsten Morgen erwachte Mandela zum ersten Mal nach 27 Jahren und sechs Monaten als freier Mann. An diesem Morgen fand eine Pressekonferenz für die Weltpresse statt.

Über 150 namhafte Journalisten waren anwesend, viele davon Fernsehnachrichtensprecher: Peter Jennings, Dan Rather, Tom Brokaw und ihre Berufsgenossen weltweit. Als Mandela ins Gefängnis kam, gab es in Südafrika noch kein Fernsehen. Er selbst war nur einmal zuvor vor einer Kamera erschienen. Das war 1961, ein Jahr vor seiner Verhaftung; damals hatte ihn ein englischer Reporter interviewt. 1990 waren Politiker längst dazu übergegangen, das medienwirksame Auftreten vor Kameras zu trainieren. Und hier stand nun Mandela, der ebenso berühmt wie bar jeder Erfahrung im Zeitalter der Massenmedien war. Er war bereit, sich einer Situation zu stellen, vor der sich Politiker überall auf der Welt fürchten – einer Pressekonferenz, in der alle Mittel erlaubt sind. Er hatte keine Ahnung, was die Journalisten ihn fragen würden. In Mandelas Fall war das Potential für eine Katastrophe besonders groß. Die seit zehn Jahre laufende globale Kampagne um seine Person und seine Freilassung erzeugte riesige Erwartungen. Die meisten Journalisten dachten, dass er zwangsläufig enttäuschen müsste. Jene uncharismatische Ansprache am Abend zuvor hatte die allgemeinen Bedenken bestätigt. Immerhin war er 71 Jahre alt und hatte 27 Jahre in einem zeitverzerrenden Winterschlaf im Gefängnis verbracht, unter, wie wir annahmen, außerordentlich trostlosen Bedingungen. Wie gut könnte er sein? Wie scharfsinnig?

Die Pressekonferenz fand am frühen Morgen im Garten der offiziellen Residenz des Oberhaupts der anglikanischen Kirche Südafrikas, Erzbischof Desmond Tutu, in Kapstadt statt. Nobelpreisträger Tutu war damals das weltweit bekannteste Gesicht des Widerstands gegen die Apartheid. Die Villa mit Giebeldach im kapholländischen Baustil stand auf jenen steilen, dicht bewachsenen Gebirgsausläufern des Tafelbergs, des Monolithen, auf den Mandela aus seinem Garten blickte.

Da Mandela üblicherweise um 4 Uhr morgens aufstand, ging alles immer früh los: Wir mussten um 6.30 Uhr da sein. Als Mandela aus dem Haus trat, seine Frau Winnie an der Seite, lag immer noch Tau auf den Blättern. Mandela und seine Frau lächelten und winkten, während sie die Steinstufen hinunter zum Rasen gingen, wo die Presse wartete. Tutu, der vor Freude tanzte und glücklich darüber war, nicht länger den Part der prominentesten Anti-Apartheid-Persönlichkeit spielen zu müssen, ging voran. Er war ihm so zu Diensten wie ein Höfling am Hochzeitstag seines Königs. Mandela erschrak für einen kurzen Moment, als er an seinem Tisch anhielt und auf eine ganze Artillerie von Pelzzylindern blickte, die vor ihm aufgestellt waren. Daraufhin setzte er sich. Einer seiner Helfer flüsterte ihm etwas ins Ohr, auf das Mandela mit einem Nicken und einem „Oh, ich verstehe" antwortete. Die pelzigen Objekte waren die Fernsehmikrofone.

Von diesem Moment an lief alles glatt. Alles, was er sagte, jede seiner Gesten war perfekt. Er besänftigte seine eigenen Anhänger und die anderen Führer des *ANC*, indem er seine Zusage zum bewaffneten Kampf und zur uralten *ANC*-Politik der Verstaatlichung der reichen Bodenschätze des Landes (die bald darauf aufgegeben wurde) wiederholte. Er äußerte die Absicht, eine starke Führung zu zeigen, indem er den kühnen Schritt wagte und den Präsidenten F.W. de Klerk als „einen integren Mann" bezeichnete. De Klerk hatte der Apartheidsregierung 20 Jahre gedient und war durch die jüngste „allgemeine" Wahl, bei der wie üblich nur Weiße wahlberechtigt waren, an die Macht gekommen. Mandela ließ keine Gelegenheit aus, dem weißen Südafrika einladend die Hand auszustrecken.

In seiner Antwort auf die Frage, ob er nach siebenundzwanzigeinhalb Jahren Gefangenschaft Bitterkeit verspüre, brachte er eine tief empfundene Anerkennung für seine freundlicheren

Gefängniswärter (Christo Brand, Jack Swart, Willem Willemse) zum Ausdruck. Ein flüchtiger, aber beeindruckender Hinweis auf die Bedeutung der Gefängniszeit für die Entwicklung seiner politischen Strategie blitzte auf, als er sagte: „Trotz der harten Zeit im Gefängnis hatten wir auch die Gelegenheit, über Pläne nachzudenken ... und im Gefängnis gab es auch Männer, die sehr gut waren, in dem Sinne, dass sie unseren Standpunkt verstanden und alles taten, um uns so glücklich wie möglich zu machen. Das", fügte Mandela mit Nachdruck hinzu, „hat jede Bitterkeit, die ein Mann haben könnte, ausgemerzt".

Auf die Frage, was ihn am meisten bei seiner Rückkehr in die Welt überrascht hätte, antwortete er, er sei „absolut überrascht" von der Anzahl der weißen Menschen gewesen, die am Tag zuvor auf der Straße gewesen waren, um ihn zu begrüßen. Am wichtigsten aber war Mandelas Aussage, dass der Weg zu einer Verhandlungslösung in einer einfach klingenden Formel liege: Die Ängste der Weißen müssten mit den Zielen der Schwarzen in Einklang gebracht werden. „Dem *ANC* ist sehr daran gelegen, die Frage anzusprechen, welche Bedenken die Weißen hinsichtlich der Forderung ‚eine Person, eine Stimme' haben", sagte er. „Die Weißen bestehen auf Garantien, um sicher zu gehen, dass die Umsetzung dieser Forderung nicht zu einer Beherrschung der Weißen durch die Schwarzen führt. Wir verstehen ihre Gefühle, und der *ANC* ist bemüht, sich dieses Problemes anzunehmen. Das Ziel ist es, eine Lösung zu finden, die den Schwarzen und Weißen dieses Landes entgegenkommt."

Diese schon so oft im privaten Gespräch gehörten Worte in der Öffentlichkeit zu hören, entlockten Niël Barnard und F.W. de Klerk Seufzer der Erleichterung. Das war nicht die Sprache des Aufstands. Das war kein Ajatollah, der Worte wie Fausthiebe verteilte. Als die Pressekonferenz nach 45 Minuten endete, hatten sich alle anfänglichen Bedenken aufgelöst. Mandela hatte das, was als sein erstes öffentliches „Verhör" angekündigt worden war, in das sanfte Outdoor-Äquivalent eines gemütlichen Schwätzchens vor dem Kamin verwandelt. Er hatte vielleicht die Herzen einiger weißer Südafrikaner berührt. François Pienaar, der noch weit davon entfernt war, ein politisch engagierter Mensch zu sein, war überrascht, dass der Anblick Mandelas im Fernsehen ihn so sehr berührte. „Ich kann mich an kein anderes Gefühl erinnern als an Traurigkeit", sagte er mir. „Ich war traurig darüber, dass er so lange im Gefängnis gesessen hatte, und obwohl sein Gesicht vor Stolz glühte, war ich traurig, dass er so viel Zeit verloren hatte."

Andere weiße Fernsehzuschauer waren jedoch weniger mitfühlend. Einige ließ es völlig kalt, viele bissen wütend die Zähne zusammen. Ein beträchtlicher Teil der Rechten war der Ansicht, dass es ein Fehler des weißen Establishments gewesen sei, Mandela nicht zu hängen. Vor allem weil er während seiner Haft die schwarzen Revolutionäre inspiriert und beeinflusst hatte. Diese Menschen sahen sich Mandelas Freilassung im Fernsehen an und fühlten nichts als Bitterkeit und Verachtung für de Klerk und seine Regierung. Sie sahen in ihnen Landesverräter, die das weiße Südafrika verkauften und den schlimmsten Terroristen freigelassen hatten.

Eine ganz andere Wirkung erzeugte Mandela bei den Journalisten, die an jenem Morgen des 12. Februar 1990 vor ihm auf Erzbischof Tutus Rasen standen. Mandela hatte nur 45 Minuten gebraucht, um die Medien der Welt in seinen Bann zu schlagen. Wir Journalisten haben das damals nicht richtig realisiert, da wir alle wie benommen waren. Doch wir sollten erkennen, dass Mandela ein kluger Stratege war; einer, der es versteht, die Gefühle der Massen zu manipulieren. Seine Begabung für politisches Theater war so ausgereift wie die Bill Clintons oder Ronald Reagans. Auf jener Nachrichtenkonferenz landete Mandela einen Coup, um den ihn die mächtigsten Männer der Welt beneidet hätten. Am Ende der Sitzung taten die schätzungsweise 150 Journalisten etwas, was sie noch nie zuvor getant hatten. Der Mensch in uns allen siegte über den Journalisten, und wir ertappten uns dabei, wie wir in spontanen Applaus ausbrachen.

Die Afrikaans-Presse auf seine Seite zu ziehen, war dagegen nicht ganz so leicht. Die Weißen im Allgemeinen und die Afrikaaner im Besondern waren verunsichert durch Mandelas Freilassung. Sie hatten Angst vor den Konsequenzen und nahmen nur die beunruhigenden Dinge wahr, die er gesagt hatte. Mandela war untrennbar mit der Politik des Nationalismus verbunden. Die Kommunistische Partei blieb ein loyaler Freund des *ANC* – während sie seine Wertschätzung für seine Gefängniswächter oder seinen Wunsch nach einer für alle akzeptablen Übereinkunft überhörten. Eine ähnliche Herausforderung war es, seine eigenen Leute bei der Stange zu halten. In der Führungsriege hatte es einige Beschwerden wegen Mandelas einsamer Entscheidung gegeben, geheime Gespräche mit der Regierung zu führen. Und für die Massen war Mandela zwar ein mächtiger Mythos; als Führer aus Fleisch und Blut war er jedoch eine noch unbekannte Größe.

Um sich beiden Herausforderungen zu stellen, flog Mandela am Morgen der Pressekonferenz ins zwei Stunden entfernte Johannesburg. Von dort flog er weiter nach Soweto. Dort besuchte ihn am Nachmittag Arrie Rossouw in jenem kleinen Einfamilienhaus, das Mandela zurückgelassen hatte, als er ins Gefängnis kam. Es war eines dieser eintönigen, kleinen Schachtelhäuser, deren unzählige identische Reihen jede

Township in Südafrika säumen. Es glich dem Haus, in dem Justice Bekebeke gelebt hatte, bevor er ins Gefängnis gekommen war.

Arrie Rossouw war der politische Chefreporter von *Beeld*, der Zeitung des afrikaanischen Establishments. Er war einer von fünf afrikaanischen Journalisten, die in dem kleinen verblichenen roten Backsteinhaus zu einem Interview mit dem Mann eingeladen worden waren, den sie ihren Lesern jahrzehntelang als die Inkarnation der *swart gevaar* (die schwarze Gefahr), dargestellt hatten. Rossouw hatte mehr Niveau als der durchschnittliche Weiße. Er hatte Kotakt zu Exilmitgliedern des *ANC* gehabt und war sich der Notwendigkeit bewusst, dass das weiße Südafrika eine Vereinbarung mit dem schwarzen Südafrika treffen musste. Ferner war ihm hinlänglich bekannt, wie der Rest der Welt die Apartheid bewertete. Es war ihm peinlich und auf Auslandsreisen schämte er sich deswegen. Er war den meisten seiner Leser voraus – wie auch Kobie Coetsee den Menschen voraus war, die seine Partei wählten. Dennoch hatte Rossouw Grund, nervös zu sein. Es war immer noch zu früh, um den Ajatollah-Alarm endgültig einzustellen (für den kommenden Tag war eine, wie der *ANC* es nannte, Massenkundgebung geplant).

Trotzdem übte Mandela auf Arrie Rossouw denselben Zauber aus wie Stunden zuvor auf seine ausländischen Kollegen bei der Pressekonferenz in Kapstadt. „Hier saß er nun, im winzigen Wohnzimmer seines kleinen Backsteinhäuschens, und begrüßte uns wie ein König – der charmanteste König, den man sich vorstellen kann“, sagte Rossouw. „Er stellte sich mir übrigens selbst vor: ‚Hallo, ich bin Nelson Mandela und Sie?‘ Unglaublich! Und dann stellte ich mich vor und er wusste alles von mir. Er wusste genau, wer ich war. Er sagte, er hätte meine Sachen eine Zeit lang mit großem Interesse gelesen und er erinnerte sich tatsächlich an Artikel, die ich Monate zuvor geschrieben hatte!"

Die Afrikaaner waren die erste kleinere Journalistengruppe, die Mandela traf – noch vor der schwarzen, der weißen liberalen oder der internationalen Presse. „Er hatte uns bewusst ausgewählt, damit wir die Nachricht übermittelten, dass alle Südafrikaner einen Platz in der zukünftigen Nation hätten. Und vor allem, um zu verkünden, dass er nicht mit Rache im Herzen aus dem Gefängnis gekommen sei. Er wusste natürlich, dass die Afrikaaner der Schlüssel zu einem dauerhaften Frieden waren, und er versuchte, ihre Ängste durch uns zu besänftigen."

Rossouw war ein cleverer politischer Journalist. Er war schlau genug zu wissen, dass Mandela ihn für seine Zwecke einspannte. Er ging trotzdem darauf ein: „Man merkte, dass er ein Gefühl dafür hatte, was in den Afrikaanern vorging. Im Grunde genommen sagte er uns: ‚Seht mal, ich kenne euch und eurer Volk. Ich weiß, dass die Afrikaaner viel für dieses Land getan haben, und ich kenne eure Ängste. Aber lasst uns darüber sprechen und Freunde werden.' Und während er sprach machte er selbstkritische Witze, so dass man nicht eingeschüchtert wurde, sondern sich entspannen konnte.

Plötzlich fühlte ich mich ungeheuer privilegiert, in seiner Gegenwart sein zu dürfen. Ich erinnere mich, wie ich einfach nur dasaß und diesen Kerl betrachtete. Ich erinnere mich, dass es Gerüchte gab, dass er krank sei, ernsthaft krank, und ich dachte ‚Bitte lieber Gott, lass das nicht wahr sein!'. Ich hatte schlicht die ungeheure Bedeutung begriffen, die dieser Mann für das Wohl seines Landes haben würde."

Der Unterschied zwischen politisch scharfsinnigen weißen Südafrikanern wie Roussouw und dem durchschnittlichen schwarzen Südafrikaner war, dass der durchschnittliche Afrikaaner die Bedeutung von Mandelas Freilassung nicht zu erkennen vermochte. Außer einem gefährlichen Haufen konservativer rückständiger Zulus im Osten des Landes, stellte niemand Mandalas Recht auf Führung in Frage. Selbst Justice Bekebeke, der nach neun Monaten und 40 Hinrichtungen noch immer im Todestrakt saß, vergaß sein eigenes Elend und feierte Mandelas Freilassung, als wäre es seine eigene: „Wir hatten normalerweise eine Stunde Training am Tag, doch an diesem Tag blieben wir in unseren Zellen und hörten Radio. Während wir warteten und warteten, spielten sie das Lied *Release Mandela* von Hugh Masekela. Wir sangen mit und tanzten. Der Moment, in dem sie im Radio verkündeten, dass Mandela mit Winnie hinausging, dieser Moment bedeutete für uns Freiheit. Wir vergaßen, wo wir waren."

Wo Mandela auch auftauchte, sammelten sich Menschen um ihn, auch wenn er nicht in ihrer Sprache sprach. In den Wochen unmittelbar nach seiner Entlassung begab er sich auf einen langen Marsch durch Südafrika. Die Massen hungerten danach, einen Blick auf ihn zu werfen. Sie träumten davon, dass er ihnen zulächelte oder sie seine Finger berühren könnten, wenn er ihnen seine Hände entgegenstreckte – von Anfang an war Mandela der Albtraum eines jeden Bodyguards. Das schwarze Südafrika reagierte auf ihn, als ob er eine Mischung aus Napoleon und Jesus Christus wäre. Die unterschwellige Botschaft seiner Worte wurde von Christen wie Erzbischof Tutu zwar als flehende Bitte, „seinen Feind zu lieben", interpretiert, doch Mandelas Argumente blieben nüchtern.

Um die Militanten zu überzeugen, die dem *ANC* seine politische Energie lieferten, konnte er nicht nur moralische Argumente ins Feld führen. Er musste sich der harten Sprache der politischen Notwendigkeit bedienen. Ein Teil seines Publikums wünschte noch immer nichts sehnlicher als eine totale Revolution in der Art Castros. Doch er sprach immer von der

Notwendigkeit, eine Einigung mit dem weißen Südafrika zu erzielen, nicht von der Erwünschtheit. Er tat das in einer kompromisslosen Sprache, die die Militanten zu überzeugen vermochte. Ständig wiederholte er, dass die Grundprinzipien nicht zur Diskussion stünden. De Klerks Regierung erinnerte er daran, dass sie einen Bürgerkrieg provozieren würde, wenn sie dem demokratischen Prinzip von „ein Mensch, eine Stimme" nicht zustimme. Oder wenn sie weiter versuche, in einem legalistischen Kompromiss die weißen Privilegien zu erhalten. Niemand, der Mandela sah oder hörte, hätte ihn für einen Pazifisten wie Gandhi gehalten.

Mandela war viele Jahre lang die berühmteste unbekannte Person der Welt gewesen. Jetzt aber konnte man sein Bild überall auf der Welt sehen, und in Südafrika schien er ständig überall persönlich anwesend zu sein. Sein langer Marsch glich einer riesigen Party, einem fliegenden Fest, einem königlichen Festzug von Stadt zu Stadt. Die erste dieser Massenkundgebungen fand, wie vom *ANC* angekündigt, zwei Tage nach seiner Entlassung im *Soccer City Stadion* von Soweto vor 120.000 Menschen statt. Es war Mandelas Krönung zum König des schwarzen Südafrika. Von da an wurde dieselbe Zeremonie bei jedem seiner Auftritte wiederholt. In Durban, der größten Stadt der Provinz Natal, erwies ihm eine ähnlich große Zahl von Zulus ihre Ehrerbietung. In Bloemfontein, dem Sitz des obersten südafrikanischen Gerichtshofs, erschienen 80.000 Menschen. In Port Elizabeth, der Hauptstadt der Region Eastern Cape, wo Mandela geboren worden war, kamen 200.000.

Seine Auftritte verbanden die Ekstase eines Popkonzerts, die Leidenschaft eines Rugbyendspiels und die feierliche Inbrunst eines Hochamtes. Begeisterungsstürme begleiteten ihn, als er von Sisulu und anderen Priestern des Kampfes geleitet, auf der Bühne erschien. Doch dann wurde der Ablauf von einem seltsamen Befehl unterbrochen und es folgte eine Liturgie, deren Rituale jeder kannte. Zuerst ertönte ein Schrei vom Zeremonienmeister auf der Bühne, „*Amandla!*", was „Macht" auf Xhosa heißt. Darauf antwortete die versammelte Menschenmenge „*Awethu!*" (dem Volk!). Dieser Dialog wurde drei Mal wiederholt. Mit jedem Mal wurden die Stimmen lauter.

Darauf folgte *Nkosi Sikelele*, die „Nationalhymne" der schwarzen Südafrikaner, deren an einen Trauergesang erinnernde Kadenzen das Publikum ergriffen. Die rechte Hand emporgestreckt, trugen sie das Lied mit triumphierender Intonation vor. Sie sangen diese Hymne so gekonnt wie ein professioneller Chor – als hätten sie sich auf dieses Ereignis ihr ganzes Leben lang vorbereitet. Und in gewisser Weise hatten sie das auf jahrelangen Protestversammlungen auch getan. Die Menschen kannten nicht nur den Text, die Männer und Frauen wussten auch, wann sie zu schweigen hatten, um den Stimmen der jeweils anderen mehr Kraft zu verleihen. Dann ertönte nochmals „*Amandla! Awethus!*", dann „Die Verletzung eines einzelnen!", darauf die Antwort „Ist eine Verletzung aller" gefolgt von „*Viva ANC, Viva!*", „*Viva!*" und „*Viva ANC, Viva!*" und dann „Lang lebe Nelson Mandela! Lang lebe er!" Danach folgten Gesang und Tanz, gleich einer riesigen Disko, und immer wieder wurde „Es lebe Nelson Mandela!" gerufen. Schließlich erhob sich Mandela, der riesengroß wirkte, hob seine Faust in die Luft und schrie „*Amandla!*". Die Menge reckte die Hälse und ihre Gesichter wandten sich ihm voller Verehrung zu und gaben ihm als Antwort das lauteste „*Awethu!*" des Tages. Die Menschen zeigten auf ihn und schrien, wenn sie endlich aus der Ferne einen Blick auf ihn erhaschten, denn dafür waren sie gekommen. Und dann hielt er eine Rede. Allerdings war er kein guter Redner. Seine Stimme hatte einen metallisch monotonen Klang, die sein Publikum niemals so in den Bann riss wie die des Erzbischofs Tutu. Und mit der Zeit fing die Menge an, zappelig zu werden – so wie bei Predigten in der Kirche. Doch am Ende seiner Rede wurden sie wieder lebendig und schmetterte „*Amandlas!*" und „*Vivas!*", und es folgte eine weitere sehr berührende Darbietung von *Nkosi Sikelele*. Danach gingen die Leute nach Hause, die Zeremonie war vorbei. Doch die Glücksgefühle hielten noch lange nach seinen Auftritten an, als sich die allgemeine Begeisterung schon längst gelegt hatte. Mandela verkörperte die Zwangslage aller schwarzen Südafrikaner. Auf ihn hatten sie all ihre Hoffnungen und Ziele gesetzt, er war zur Verkörperung eines ganzen Volkes geworden.

KAPITEL 7

DER TIGERKÖNIG

„Hängt Mandela!“ und „Mandela, geh‘ zurück nach Hause – ins Gefängnis“ und „Verräter de Klerk“ war auf einigen der höflicheren Transparente zu lesen, die bei einer Versammlung der Rechten in Pretoria fünf Tage nach Mandelas Freilassung hochgehalten wurden. Der Versammlungsort war *Church Square*, ein viereckiger Innenhof im Herzen der südafrikanischen Hauptstadt. In der Mitte des Platzes stand eine graue, mit Vogelkot überzogene Statue des burischen Patriarchen Paul Kruger, der mit Schärpe, Mantel, Hut und Stock dargestellt war. Etwa 20.000 Menschen besuchten die Kundgebung. Dies entsprach einem großen Teil der weißen Bevölkerung und in der Relation dem Anteil der 120.000 Schwarzen auf der Versammlung in Soweto.

Die Gefühle waren ebenso intensiv, wie sie es vier Tage zuvor im *Soccer City Stadion* gewesen waren, doch die Stimmung hätte nicht verschiedener sein können. In Soweto hatte der Geruch des Sieges in der Luft gelegen. Unter der trotzigen Haltung am *Church Square* verbarg sich jedoch die pure Verzweiflung. Die Menschen hier befürchteten, alles zu verlieren. Es waren Regierungsangestellte, die Angst hatten, ihre Arbeit zu verlieren, kleine Geschäftsleute, die um ihr Geschäft bangten, Bauern, die sich um ihr Land sorgten. Sie waren verbunden durch die Angst davor, ihre Flagge, ihre Hymne, ihre Sprache, ihre Schulen, ihre Holländisch Reformierte Kirche, ihr Rugby zu verlieren. Und darunter lauerte die alles beherrschende Angst vor Vergeltung.

Aufgerufen zur Versammlung hatte die *Conservative Party*, der politische Zweig der Rechtsextremen, in der südafrikanischen Hauptstadt. Die *CP*, die größte oppositionelle Partei im ausschließlich weißen Parlament, war ein Ableger der *National Party*, von der sie sich acht Jahre zuvor losgesagt hatte, weil ihre Führer P.W. Botha als bedenklich linksgerichtet betrachteten und in de Klerk jetzt den Teufel in Person sahen.

Die afrikaanische Rechte hatte ihre eigene Liturgie, wenngleich sie nicht so aufwendig und professionell war wie die des *ANC*. Sie begann damit, die Augen zu schließen, flehentlich die Hände zu heben, die Köpfe zu neigen und ein Gebet zu sprechen. Dann wurde *Die Stem* gesungen, die schwermütige offizielle Nationalhymne, die die Triumphe der Buren pries, als sie im Großen Treck Mitte des 19. Jh. in Richtung Norden marschierten und auf ihrem Weg das Land vereinnahmten, das den Schwarzen gehörte. Männer in braunen Hemden mischten sich unter die Menge wie Schulrüpel. Es waren Mitglieder der Afrikaner-Weerstandsbeweging, der Afrikaanischen Widerstandsbewegung. Sie war eine der bekanntesten Splittergruppen unter den Rechtsextremen und besser bekannt als *ABW*. Ihre roten und schwarzen Insignien bestanden aus drei Siebenern, die so angeordnet waren, dass sie dem Hakenkreuz der deutschen Nationalsozialisten glichen.

Doch diesmal bestimmten nicht die Braunhemden die Veranstaltung. Ein unheimlicheres und bedrohlicheres Zeichen der Herausforderung, die vor Mandela lag, war die äußere Normalität der meisten Menschen. Sie sahen genauso aus wie die Menschen, die man an jedem Werktag im Zentrum von Upington oder Vereeniging oder anderswo im weißen Südafrika antreffen konnte. Es gab Teenager in Jeans und *Springboks*-Trikots, junge Paare mit Babys, bierbäuchige Männer in Khaki-Shorts und Kniestrümpfen, alte Herren in Tweedjacken und alte Damen, die so angezogen waren, als würden sie zum jährlichen Tanz des Cricket-Klubs gehen. Es war die weiße Mittelklasse, wie man sie überall in Nordeuropa oder Mittelamerika antrifft. Und sie wollten nicht, dass die Schwarzen über ihr Leben bestimmten. Sie hatten den Albtraum von einer schwarzen Hand, die mitten in der Nacht unter dem Bett hervorkommt, von Banden plündernder junger schwarzer Männer, die in ihre Häuser eindringen würden.

Ein aufmerksamer Beobachter erkannte bei fast jedem weißen Südafrikaner Zeichen der Verletzlichkeit, ob er nun Afrikaans oder Englisch sprach, in der Stadt oder auf dem Land wohnte, arm oder reich war. Der Unterschied lag nur darin, wie gut es der jeweiligen Person gelang, ihre Verletzlichkeit zu verbergen. Die Angst steckte fest in den Köpfen der Afrikaaner. Doch das wollte so gar nicht zu ihrem selbstgewählten Image der rauen Überlebenskünstler passen. Deshalb bemühten sie sich, ihre Ängste hinter einer Rhetorik des Widerstands zu verbergen. Gewiss glaubten sie an das, was sie sagten. Die Angst machte sie gefährlich. Dr. Andries Treurnicht, der Vorsitzende der *Conservative Party*, erntete den größten Beifall an diesem Tag bei der Versammlung am *Church Square*, als er ausrief: „Der Afrikaaner ist ein freundlicher Tiger, man sollte ihn aber nicht reizen!“ Die einfachen Gewissheiten der Vergangenheit begannen zu bröckeln, doch weder Mandela noch die jetzt legal operierenden „Kommunisten" des *ANC* würden jemals diese Wahrheit umstoßen können: Der Afrikaaner sei ein Tiger, und jedes Tier, das sich mit ihm anlegte, würde sterben. „So lange der *ANC* als militante Organisation operiert, werden wir ihn so hart angreifen, wie wir können", brüllte Treurnicht, ein Theologe und ehemaliger Pfarrer der Holländisch Reformierten Kirche. „Für uns ist dies schlicht und einfach Krieg."

Einige im *ANC* glaubten immer noch, man könne den Tiger tatsächlich besiegen. Mandela wusste, dass das unmöglich war. Der Feind besaß alle Schusswaffen, die Luftwaffe, die Logistik, das Geld. Mandelas Grundprinzip politischen Handelns war immer noch das im Gefängnis gelernte: Der einzige Weg, den Tiger zu besiegen, ist, ihn zu zähmen. Diese Leute, die im Schatten der Paul-Kruger-Statue die Zähne fletschten, waren dieselben, die er auf Robben Island seinem Willen unterworfen hatte.

Mandela wollte den Bürgerkrieg verhindern. Das war seine oberste Priorität. Einen Bürgerkrieg nicht nur zwischen Weißen und Schwarzen, sondern auch zwischen Weißen und Weißen. Liberal denkende Menschen wie Dr. Woolf, die auf langem Wege zu ihren politischen Überzeugungen gekommen waren, würden in die Schusslinie des kämpferischen rechten Flügels geraten. Und zum Teil waren sie das auch schon: Dr. Woolf hatte Drohungen von rechtsgerichteten Organisationen erhalten, nachdem das Zusammentreffen der Familie mit Mandela in einer Durbaner Zeitung veröffentlicht worden war. Sie hatten ihn auf ihre Todesliste gesetzt.

Die Arrie Rossouws der Afrikaans-Presse bezahlten ebenfalls den Preis dafür, dass sie ihrer Zeit voraus waren. Das Johannesburger Büro seiner Zeitung *Beeld* erhielt Drohbriefe und die Zentrale wurde mit beleidigenden Telefonanrufen blockiert. Bei einer Versammlung der Rechten im Oranjefreistaat zwei Wochen nach Mandelas Entlassung wurde ein weißer Fotograf des *Beeld* zusammengeschlagen.

Die Viljoen-Zwillinge bringen diese Kluft zwischen den südafrikanischen Weißen sehr gut zum Ausdruck. Die Geschichte von Braam und Constand Viljoen ist zwar nicht die von Kain und Abel und auch nicht die vom verlorenen Sohn. Und doch ist sie vergleichbar. Die Zwillinge, die man äußerlich nicht voneinander unterscheiden konnte, hatten zwei radikal verschiedene Lebenswege eingeschlagen und dann 40 Jahre kaum miteinander gesprochen. Als sie schließlich wieder zueinander fanden, hatte das Schicksal seine Hand mit im Spiel. Hätten die Brüder keinen Frieden geschlossen, wäre in Südafrika der Krieg ausgebrochen.

Die Viljoens wurden 1933 in eine afrikaanische Bauernfamilie hineingeboren, deren Wurzeln bis zu den Siedlern des 17. Jahrhunderts zurückreichen. Sie waren unter den ersten europäischen Siedlern gewesen, die sich an der Südspitze Afrikas niederließen. Abgesehen von der Politik hatten die Zwillinge noch einen weiteren Grund, getrennte Wege zu gehen. Sah man sie zusammen, riskierten sie es, als identisch aussehende Clowns wahrgenommen zu werden, doch für sich genommen war jeder imposant. Beide waren aufrichtige Männer, die ihre Rolle in der Gesellschaft ernst nahmen und von anderen ernst genommen wurden. Was beide gemein hatten, waren ihre religiöse Hingabe und ihre Liebe zur Landwirtschaft, die sich in Constands gelegentlicher Arbeit für die Farm der Familie in Osttransvaal und in Brams eher geringerem Engagement auf einer 400 Kilometer entfernt gelegenen Farm in Nordtransvaal äußerte.

Was jedoch Temperament und Weltanschauung betraf, hätten die beiden nicht unterschiedlicher sein können. Braam, ein eher nachdenklicher Charakter, begann für die Kirche zu arbeiten. Constand, ein Mann der Tat, ging zur Armee. Doch gerade Braam kämpfte und scheiterte in Hinblick auf seine berufliche Karriere, Constand hingegen erklomm mit außergewöhnlicher Stetigkeit den Gipfel seiner beruflichen Laufbahn. Während Braam sich gegen das System wehrte und verlor, trat Constand nicht nur dem System bei, er *verkörperte* es. Er brachte es vom Rang eines Generals zum Heereschef und wurde schließlich Oberbefehlshaber der gesamten Südafrikanischen Verteidigung – einschließlich der Kriegsmarine und Luftwaffe. 1980 bot ihm P.W Botha kurz nach seiner Ernennung zum Premierminister einen Job an. Viljoen bildete bis zu seiner Pensionierung im Jahr 1985 die letzte Verteidigungslinie der Apartheid. Er befehligte eine Macht, ohne die sich die Apartheid über Nacht aufgelöst hätte. Er riskierte sein Leben und nahm es vielen anderen. Er verteidigte dabei ein politisches System, das sich auf drei der groteskesten Gesetze stützte, die jemals erlassen wurden. Den *Separate Amenities Act*, den *Group Areas Act* und den *Population Registration Act*. Sie alle waren vom Parlament verabschiedet worden, als er und sein Bruder 17, 18 und 19 Jahre alt gewesen waren – zu der Zeit, in der beide ihre Laufbahn einschlugen.

Der *Separate Amenities Act* untersagte Schwarzen die Benutzung der besseren Strände und Parks und verbot schwarzen Kindermädchen mit den weißen Babys der „gnädigen Frau" die Benutzung des Zugabteils für Weiße. Die beiden anderen Gesetze, für deren Einhaltung Constand Viljoen sorgte, waren ebenso ungerecht wie unlogisch.

Der *Population Registration Act* unterschied zwischen rassischen Gruppen. Es gab vier Hauptkategorien. In absteigender Reihenfolge ihrer Privilegien lauteten sie: Weiße, Farbige, Inder, Schwarze. Erstmal wurde jeder Südafrikaner in eine entsprechende rassische Schublade gesteckt – danach konnten alle anderen Apartheidsgesetze folgen. Ohne den *Population Registration Act* wäre es beispielsweise unmöglich gewesen, den *Immorality Act* durchzusetzen. Er verbot nicht nur eine Heirat zwischen den Rassenbarrieren, sondern auch jeden sexuellen Kontakt im weiteren Sinne. Die Regierung nahm eine Klausel in den *Population Registration Act* auf, wonach einzelne Personen ihre Rasse ändern konnten. Teilweise geschah dies, um den Liebesabenteuern einer kleinen Minderheit, die als moralisch schwach bezeichnet wurde, Rechnung zu tragen. Zum Teil wollte man damit eine Tür zum sozialen Aufstieg offenhalten.

Man musste sich dazu bei einer Institution in Pretoria, dem sogenannten *Race Classification Board*, bewerben und angeben, von welcher Rasse in welche Rasse man sich zu verwandeln wünschte. Es wurden Interviews durchgeführt und in komplizierteren Fällen mussten die Bittsteller vor den Herren und Damen des ausschließlich weißen *Classification Boards* persönlich erscheinen. Die Mitglieder des Ausschusses baten die Bewerber, vor ihnen auf und ab zu gehen, um Körperhaltung und Form des Hinterns sorgfältig zu prüfen. Im Falle von Unschlüssigkeiten in der Angelegenheit wurde der Bleistift-Test als wissenschaftlich verlässlichste Methode zum Zerstreuen von Zweifeln angewandt. Man bohrte einen Bleistift in das Haar der Person und dann war es einfach: Je stärker der natürliche Halt des Haares war, umso dunkler wurde man eingestuft. Den Zahlen des Innenministeriums aus dem Jahre 1989 zufolge bewarben sich 573 Farbige darum, weiß zu werden, 519 davon erfolgreich, 369 Schwarze bewarben sich darum, als Farbige anerkannt zu werden, davon 327 erfolgreich. In diesen

Fällen ging es ganz klar um eine Verbesserung der materiellen Situation. Doch in der Liste sind auch 14 Weiße verzeichnet, die als Farbige anerkannt werden wollten, wobei 12 Erfolg hatten. Ferner ist die Rede von drei Weißen, die als Inder anerkannt werden wollten und von zwei Weißen, die Chinesen werden wollten, wobei alle fünf Erfolg hatten. Bei solchen Wundern half nicht die Vernunft, sie waren vielmehr von der Sympathie abhängig, die der Klassifizierungsausschuss für die oft romantische Motivation der Bittsteller hegte.

Der *Group Areas Act* verbot das Zusammenleben von Schwarzen und Weißen im selben Stadtviertel und erzwang somit die physische Trennung zwischen weißer Stadt und schwarzer *Township*. In den Augen der Ideologen der Apartheid war es in Wirklichkeit noch mehr als das. Es war gottgewollt. Ohne eine biblische Rechtfertigung hätte das gottesfürchtige „Volk" dieses weitgreifende System, das die große Mehrheit der Einwohner ihres Landes zu Bürgern vierter Klasse degradierte, niemals entwickelt. Wie andere Fundamentalisten vor und nach ihnen durchforsteten sie das Alte Testament nach Argumenten, um ihre Absicht, schwarze Menschen in äußere Dunkelheit zu werfen, theologisch zu begründen. Eine Buch mit dem Titel „Biblische Aspekte der Apartheid", das 1958 von einem bedeutenden Theologen der Holländisch Reformierten Kirche veröffentlicht wurde, weist nach, dass der *Group Areas Act* auch für das Leben nach dem Tode gilt. Das Buch tröstet diejenigen weißen Südafrikaner, die fürchteten, sie müssten den Himmel mit Schwarzen teilen. Es zerstreute ihre Sorgen mit dem Hinweis auf die Bibel. Dort stünde geschrieben, es gäbe „viele Villen" im „Haus unseres Vaters".

Constand Viljoen weihte sein Leben der Verteidigung dieser Gesetze gegen die Kräfte, die sein Erzfeind, Nelson Mandela, ins Feld führte. Braam Viljoen, der die Apartheidsgesetze schon früh als Abscheulichkeit betrachtete, wurde einer von Mandelas Fußsoldaten.

Constands Problem bestand darin, dass er zu wenig nachdachte, Braam hatte das Problem, dass er zu viel nachdachte. Eine kleine Bestätigung von der Kanzel, dass die Apartheidsgesetzte Gottes Werk waren, genügte und Constand schloss sich fröhlich der Verteidigung des Vaterlands an. Braam jedoch war für einen Afrikaaner, der auf einer Farm aufgewachsen war, die 250 Kilometer von der nächsten Stadt entfernt lag, ein erstaunlich unabhängig denkender junger Mann. Er hörte dieselben Worte wie sein Bruder vom *dominee* der lokalen Holländisch Reformierten Kirche und empfand sie als tief beunruhigend. Als er auf die Universität in Pretoria ging, um Theologie zu studieren und selbst ein *dominee* zu werden, begann ihn die Arbeit einer subversiven kleinen Gruppe zu faszinieren, die die herrschenden orthodoxen Konventionen in Frage stellte. Dies weckte wiederum sein Interesse am *ANC*. Er las aufmerksam ihre Freiheitscharta („Südafrika gehört allen, die dort leben, den Schwarzen und Weißen"), als sie 1955 erschien. Im gleichen Jahr beendete sein Bruder die Universität und wurde Armeeoffizier.

Während Constand die militärische Sprossenleiter rasch erklomm und seine Vorgesetzten beeindruckte, war Braam von der christlichen Ernsthaftigkeit Albert Luthulis beeindruckt, des Vorsitzenden des *ANC* und Vorgänger Mandelas. Anfang der sechziger Jahre, als er schon Theologieprofessor war, unterzeichnete Braam eine Deklaration, die es als Häresie bezeichnete, die Apartheid dem Willen Gottes gleichzusetzen. Die Formulierung der Deklaration war ernst und respektvoll. Privat schäumte Braam aber vor Wut. „Mittlerweile hasste ich die naive und kindliche biblische Rechtfertigung der Apartheid, die auf der wortwörtlichen Auslegung der Genesis basierte", erzählte er mir. „Ich hasste auch die fundamentalistische Denkart, die stillschweigend festlegte, dass dies das Wort Gottes sei und keine Debatte zuließ. Natürlich kam ich in Konflikt mit meiner Familie. Vor allem mit meinem Bruder, der jetzt Major in der *SADF* war. Wir sprachen einfach nicht mehr über Politik, fertig, aus." Er kam auch in Konflikt mit der Holländisch Reformierten Kirche, die ihn als Dissidenten bezeichnete und ihm die Gehaltszahlungen einstellte, die ihm als theologisch ausgebildeten *dominee* zustanden. Er unterrichtete weiterhin an der Universität bis in die 1980er Jahre, doch aus finanziellen Gründen war er gezwungen, nebenher in der Landwirtschaft zu arbeiten.

Auf der Farm verstärkte er sein politisches Engagement. Ihm wurde dort immer mehr bewusst, was Apartheid für die Schwächsten unter den Schwachen – die auf dem Land lebenden Schwarzen – bedeutete. Als der Protest der Schwarzen Anfang der 1980er Jahre im ganzen Land zu eskalieren begann, engagierte er sich aktiv im „Freiheitskampf", wie er es nannte. Er tat sich mit genau den schwarzen politischen Führern zusammen, für deren Ermordung sich sein Bruder als Oberbefehlshaber der *SADF* einsetzte. Er war auch stark im *South African Council of Churches* involviert, den die Sicherheitskräfte für eine getarnte Organisation des *ANC* hielten. Je mächtiger sein Bruder wurde, umso deutlicher wurden Braam die brutalen Methoden bewusst, die der Chef seines Bruders billigte. Dass das System schlecht war, hatte er gewusst, doch bislang war ihm nicht klar gewesen, wie mörderisch es sein konnte. „Ich war geschockt und entsetzt. Die Untergebenen meines eigenen Bruders töteten und folterten Menschen!" Dabei hatte Braam Glück, dass er nicht selbst gefoltert oder getötet wurde. Nach Mandelas Freilassung entdeckte er, dass auch er auf der Abschussliste des *CCB* gestanden hatte, jenes militärischen Geheimdienstes, der auch den Mordanschlag auf Anton Lubowski ausgeführt hatte.

„Ich glaube nicht, dass mein Bruder etwas davon wusste", insistierte er. Doch Constand musste gewusst haben, dass irgendetwas im Busche war. „Er ließ mir über unsere Mutter eine Mitteilung zukommen", erinnerte sich Braam. „Sie warnte mich mit den Worten, ich müsse das Komitee des *South African Council of Churches* verlassen, wenn ich wüsste, was gut für mich ist."

Braam gab jedoch nicht auf. Während der 1980er Jahre arbeitete er weiterhin für den *Council of Churches*. 1987 ging er sogar mit 50 anderen aufgeschlossenen afrikaanischen Intellektuellen nach Dakar im Senegal zu einem vorbereitenden Treffen mit der Führung des *ANC*. Eine der Schlüsselfiguren des Treffens war Frederik van Zyl Slabbert, Morné du Plessis' Jugendheld. Als Braam Viljoen von Dakar nach Hause zurückgekehrt war, wurde er von Niël Barnards *NIS* verhört, doch Braam ließ sich nicht unterkriegen. Im selben Jahr trat er der kleinen, aber mutigen *Progressive Federal Party* bei (eine weitere Gemeinsamkeit mit Morné du Plessis, der diese Partei unterstützte). Er ließ sich sogar bei der Parlamentswahl für die *PFP* aufstellen, bevor er sich auf die Seite einer grenzwertig legalen Expertenkommission schlug, des sogenannten *Institute for Democracy in South Africa*, das von van Zyl Slabbert, der die aktive Politik verlassen hatte, gegründet worden war.

Trotz ihrer starken Ungleichheit („Wir lebten in verschiedenen Welten", wie Braam es ausdrückte) hatten Braam und Constand doch vieles gemeinsam. Beide waren aufrichtig und ihrer Arbeit gewissenhaft ergeben. Constand war ein rechtschaffener, sachlicher Soldat, der von den anderen Soldaten respektiert wurde. Er hatte sein Berufsleben in einer moralischen Seifenblase verbracht und war davon überzeugt, es sei genauso ehrenhaft, in der *SADF* zu dienen wie in der neuseeländischen Armee. Während seiner langen Amtszeit als Oberbefehlshaber der Armee und später aller bewaffneten Kräfte wurde er von seinen Untergebenen wie auch von Millionen weißer Südafrikaner sehr bewundert. Mitte der 1970er Jahre festigte er seinen Ruf als ranghoher befehlshabender Offizier im südafrikanischen Expeditionskrieg gegen Angola. Er kämpfte damals an der Seite von Jonas Savimbis *UNITA-Guerrilla* gegen die marxistische Regierung Angolas. Es war einer von weltweit Dutzenden von Stellvertreterkriegen des Kalten Krieges. Die angolanische Regierung erhielt Hilfe von Kuba und der Sowjetunion und die *UNITA* von den *USA*. Südafrika beteiligte sich am Kampf, weil es so antikommunistisch eingestellt war wie Washington und weil die angolanische Regierung dem *ANC* geholfen hatte.

Constand hatte 1980 die Führung der *SADF* übernommen. Er fühlte sich verpflichtet, den *ANC*, der inzwischen in Nachbarländern wie Sambia und Mosambik aktiv war, und seine zunehmend rebellischen Stellvertreterorganisationen im Land, mit denen sein Bruder sympathisierte, aufmerksamer zu beobachten.

Einem Regierungsdokument zufolge verschärfte sich die politische und militärische Bedrohung Südafrikas „in alarmierendem Tempo“. Das Dokument bemühte sich, den Krieg gegen den *ANC* in international zu gautierenden geopolitischen Begriffen zu formulieren. Man sprach von einem „totalem Angriff“, der Teil einer aus Moskau kommenden Strategie sei. Man wolle Südafrika als „Sprungbrett zur Weltherrschaft“ nutzen. Die Sprache überzeugte die amerikanischen Konservativen und die britische Premierministerin Margaret Thatcher. Sie verkündete öffentlich, der *ANC* sei eine von Kommunisten angetriebene „Terroristen“-Organisation und stimmte damit Präsident Botha zu. Botha ließ dadurch ermutigt die Armee in die *Townships* einrücken. Viljoen war inzwischen Oberbefehlshaber der südafrikanischen Armee und sah seinen Aufgabenbereich expandieren – von der Verteidigung des Landes gegen einen fremden Feind hin zum Schutz des Staates gegen sein eigenes Volk. Auf einmal arbeitete die Armee Hand in Hand mit dem Geheimdienst, führte gemeinsam Angriffe im benachbarten Mosambik, Botswana und Lesotho durch, bei denen unzählige unschuldige Zivilisten und *ANC*-Funktionäre umkamen.

Constand fühlte sich in dieser Rolle nie wohl. Seine Moralvorstellungen waren zwar geringer ausgeprägt als die seines Bruders, aber er war nicht skrupellos. Im Mai 1983 griff die *SADF* in Mosambik fälschlicherweise zahlreiche Privathäuser, eine Kindertagesstätte und eine Fruchtsaftfabrik an, die man für eine Raketenbasis, ein Trainingslager und einen logistischen Stützpunkt des *ANC* gehalten hatte. Sechs Menschen wurden getötet, von denen keiner dem *ANC* angehörte. Dies veranlasste Viljoen zu einer wütenden internen Mitteilung an den Armeechef, in der er sich nicht nur enttäuscht zeigte, sondern entsetzt. „Wenn wir die Effizienz unserer Einsätze analysieren und die Resultate veröffentlichen müssten, müssten wir uns schämen“, schrieb Viljoen. Die Resultate wurden nicht veröffentlicht und mithilfe einer fügsamen Presse erschienen die Heldentaten von Viljoens *SADF* im bestmöglichen Licht. Als bei einem Angriff auf Gaborone, die Haupstadt Botswanas, südafrikanische Soldaten einen sechsjährigen Jungen und einen 71-jähringen Mann töteten, meldete die südafrikanische Presse dies mit glorreichen Worten. Als Constand nach 31-jähriger Militärkarriere aus der Armee ausschied, war er eine lebende Legende. In der gängigen Vorstellung der Afrikaaner war er so etwas wie ein weißer Mandela. Und noch wichtiger: Er war ein unerschrockener, prinzipiengeleiteter sachlicher General, der die Tradition von Militärpolitikern wie Andries Pretorius und Paul Kruger fortsetzte – mit anderen Worten, das perfekte Gegenmittel zu jenem eindeutig unburischen fragwürdigen, glatten, verhandlungsbereiten F.W de Klerk. Constand Viljoens Entschluss, der altehrwürdigen burischen Tradition zu folgen und zur Landwirtschaft zurückzukehren, steigerte nur noch die ergebene Bewunderung. Im Jahre 1985 dachte er, er würde für immer auf das Land zurückkehren. Fünf Jahre später, als er sich vor dem Fernseher vor Wut kochend Mandelas Freilassung ansah, hätte er sich nicht träumen lassen, dass das *volk* ihn bald auffordern würde, seine Farm zu verlassen und es in seinem letzten großen Freiheitskrieg anzuführen.

KAPITEL 8

DIE MASKE

1990–93

Einen Monat nach seiner Freilassung war Mandela wieder im Gefängnis. Doch dieses Mal aus freiem Willen. Er besuchte den Ort, an dem er 1964 sein Ende hatte fürchten müssen, den Todestrakt in Pretoria. Er besuchte die Upingtoner 14 und weitere Gefangene, die seiner Meinung nach politische Gefangene waren. Justice Bekebeke verpasste ihn. Durch eine Folge ungünstiger Umstände, die mit einem unglücklich gelegten Besuch eines Familienmitglieds zu tun hatten, konnte er Mandela nicht sehen. „Ich wollte nicht im Todestrakt sterben, aber ich wollte mich umbringen", scherzte Justice. Mandela versicherte der Upingtoner Gruppe, dass sich mit seiner Freilassung die Dinge unwiderruflich geändert hätten. Er würde die Regierung nicht nur dazu bringen, die Vollstreckung der Todesurteile auszusetzen, er würde auch alles tun, um ihnen zur Freiheit zu verhelfen. Sie glaubten ihm. In den Augen seiner schwarzen Anhänger war er dazu fähig, Wunder zu vollbringen. „Obwohl ich ihn nicht gesehen hatte, war ich ebenso aufgeregt wie die anderen", erzählte mir Justice. „Wir wussten damals sicher, dass wir rauskämen."

Südafrika hatte einen neuen Kurs eingeschlagen. De Klerk dachte zwar, Mandela sei unter Kontrolle, doch dieser hatte schon das Steuer übernommen. Die Gespräche zwischen der Regierung und dem *ANC* begannen. Der Prozess, den Mandela heimlich im Gefängnis begonnen hatte, wurde offen weitergeführt. Der rechte Flügel war wütend, doch der *ANC* und die Regierung hatten sich kennengelernt. Sie hatten zu ihrem Erstaunen festgestellt, dass keiner der beiden Seiten Hörner hatte, wie ein führender *ANC*-Funktionär es ausdrückte. Sie begannen, gegenseitiges Vertrauen aufzubauen, das für den Erfolg von Verhandlungen ausschlaggebend ist. „Der Prozess", wie Eingeweihte ihn nannten, begann offiziell im Mai 1990 und entwickelte sich so gut, wie es Mandela nur hoffen konnte. Eines der wichtigen Zugeständnisse, die Mandela bald nach seiner Freilassung erwirkte, war die den Upingtoner 14 versprochene Aussetzung aller rechtsgültigen Hinrichtungen. Bestandteil des Handels war, dass die politischen Gefangenen nach und nach freigelassen werden würden. Aus der Upingtoner Gruppe war jedoch niemand offizielles Mitglied des *ANC* – und so traf dieser Passus auf sie nicht zu. Die Justiz würde ihren Lauf nehmen und sie müssten bis zur Berufung auf Freispruch warten.

Delegationen der Regierung, des *ANC* und verschiedener kleinerer Parteien trafen sich von Montag bis Freitag wie gegnerische Rechtsanwälte in den raucherfüllten Räumen eines Konferenzgebäudes in der Nähe des Flughafens Johannesburg, das man etwas übertrieben als *World Trade Center* bezeichnete. Einige der Delegierten kamen nach einer Weile so gut miteinander aus, dass sie sich zu fragen begannen, ob sie ihrer

Wählerschaft nicht zu weit voraus wären. Sie fürchteten Probleme, besonders für die Regierung, denn irgendwann musste ja auch das Volk den von ihnen ausgehandelten Abkommen zustimmen. Der Hauptunterhändler des *ANC*, ein früherer Gewerkschaftsführer namens Cyril Ramaphosa und der Hauptunterhändler der Regierung, Verteidigungsministers Roelf Meyer, wurden solch gute Freunde, dass sie die Angelegenheiten oft am Wochenende auf gemeinsamen Angelausflügen diskutierten. Mandela und de Klerk kamen jedoch nie sonderlich gut miteinander aus. Es gab Zeiten, in denen Mandela seine Aussage bereute, in der er de Klerk als „einen integren Mann" bezeichnete. Doch trotz der spannungsreichen Momente blieben sie in ständiger Verbindung und trafen sich manchmal noch spät in der Nacht. Er musste nicht mehr um eine Unterredung bitten: Der frühere Häftling konnte den Präsidenten jederzeit anrufen.

In dieser Zeit des sich rasch verändernden Klimas im Mai 1991 ließ das Oberste Berufungsgericht in Südafrika im Upingtoner Fall 21 der ursprünglich 25 Anklagen wegen Mordes fallen und hob alle 14 Todesurteile auf.

Bekebeke war einer von vieren, deren Verurteilung weiterhin rechtsgültig war. Er würde zwar den Todestrakt verlassen, doch das Gericht hatte die Verbüßung einer zehnjährigen Haftstrafe angeordnet. Er nahm die Nachricht gefasst auf. Als Reaktion auf die Urteilsverkündung umarmte er den alten Gideon Madlongolwana. Madlongolwana und seine Frau konnten den Gerichtssaal als freie Menschen verlassen. Nachdem er insgesamt sechs Jahre und eineinhalb Monate im Gefängnis verbracht hatte, kam Bekebeke dann acht Monate später frei. Am 6. Januar 1992 traf er seine Familie, seine Freunde und seiner Freundin Selina in Upington wieder. Es war eine glückliche Zeit, doch Bekebeke war ungeduldig. Er hatte viel Zeit nachzuholen und ein Versprechen einzulösen, das er sich selbst und seinen Mitgefangenen an dem Tag gegeben hatte, als Anton Lubowski getötet worden war.

Bis dahin war er sich über sein zukünftiges Lebensziel klar gewesen. Er wollte Arzt werden. „Doch an jenem Tag änderte ich mein Ziel. Von jenem Tag an wollte ich Anwalt werden. Ich wollte seinen Speer aufheben, in seine Fußstapfen treten. Ich wollte das Vakuum, das er hinterlassen hatte, wieder ausfüllen. Ich wollte ein zweiter Anton werden."

Für einen wütenden jungen Mann wie Bekebeke waren das erstaunliche Sätze. Doch das Gefängnis hatte ihn weicher gemacht, wie es auch Mandela weicher gemacht hatte. Zwei Wochen nach seiner Freilassung hatte er begonnen, seine Worte in die Tat umzusetzen. In Kapstadt, wo er als Kind die Phantasie entwickelt hatte, Mandela und die anderen „Führer" in ihrem Inselgefängnis besucht zu haben, begann er im Alter von 31 Jahren seine Universitätslaufbahn. Bekebeke erbrachte auf der *University of the Western Cape* überragende Leistungen. Er bestand seine Examen mit Auszeichnung und erhielt ein Stipendium. Er war – wie er selbst sagte – ein besessener Student. „Die ganze Zeit begleitete mich der Geist Antons und ich wusste, dass ich, wie schwierig es auch immer werden würde, niemals aufgeben und ihn niemals enttäuschen würde. Ich habe meinen Kameraden im Todestrakt gesagt, dass ich das tun werde. Ich habe es gelobt und ich habe es eingehalten."

Mandela war ebenfalls auf dem Weg, ein altes Gelübde zu erfüllen: Südafrika die Freiheit zu bringen. Doch vor ihm lagen Stürme, die in der politischen Natur Südafrikas nicht vorauszusehen waren und die er anfänglich nicht kontrollieren konnte. Die Verhandlungen im *World Trade Center* kamen zwar voran, doch der Krieg der Rechtsextremen, deren Ziel es war, sie zu torpedieren, hatte schon begonnen. Es war ein Krieg mit vielen verschiedenen Gesichtern und eines davon, sein blutigstes, war schwarz. In Südafrika gab es einen weißen rechten Flügel, doch es gab auch – was für Außenstehende sehr viel schwieriger zu verstehen war – einen schwarzen rechten Flügel. Die Interessen der beiden waren ähnlich.

Die *Inkatha*, die rechte Bewegung der Zulus und insbesondere ihr Führer, der groteske Despot Mangosuthu Buthelezi, waren ebenso wie der weiße Flügel entschlossen, schreckliche Vergeltung am *ANC* zu verüben. Denn Buthelezi hatte sich mit der Apartheid arrangiert, auch wenn er zuweilen anders sprach, wenn die Situation es verlangte. In seinen Reden kopierte er oft den *ANC* und deren scharfe Kritik am Rassismus der Regierung. Doch Tatsache war, dass er die Apartheid akzeptiert hatte. Hendrick Verwoerds Plan einer „großen Apartheid" sah vor, Südafrika in verschiedene *Stammeshomelands* aufzuteilen, die als souveräne Staaten international anerkannt werden sollten. Der Dr. Seltsam der Apartheid („Ich leide nie unter dem quälenden Zweifel, dass ich vielleicht Unrecht haben könnte", erklärte er einst) stellte sich vor, dass jede der neun Stammesgruppen ihren eigenen kleinen Ministaat bilden würde. Die weiße Gruppe sollte die Bodenschätze, den Löwenanteil der Farmen und natürlich alle großen Städte bekommen. Buthelezi wollte sich mit einem kleinen, vollständig von Pretoria finanzierten Lehnstaat abfinden, der *KwaZulu* heißen sollte. Hier könnte er ein prächtiges Leben als „Ministerpräsident" führen, mit einem Kabinett und Ministern und einer von einem afrikaanischen Brigadier befehligten Polizei (hier hatte Pretoria das Sagen). Ein Brigadier, der vorher Chef der weißen Sicherheitspolizei Südafrikas war.

Man kann Buthelezis Lehnstaat für lachhaft halten, doch er war ein Mittel im Kampf gegen Aufständische. Mithilfe eines

Brigadegeneral Pretorias, einem ehemaligen Polizeichef der Sicherheitskräfte, sandte Buthelezi seine *„impi“* (Zulu für „Bataillon“) Streitkräfte gegen die Hälfte der Zulu-Einwohner, die in den Städten wohnte, Englisch sprach und den *ANC* unterstützte. Das Resultat waren Tausende von Toten. Der *ANC* und seine Anhänger verabscheuten Buthelezi inzwischen genauso wie Botha, wenn nicht sogar mehr. Er war ein Mörder, das war Botha auch, doch im Gegensatz zum großen Krokodil, war er ein Verräter seiner Rasse. Buthelezi befürchtete, dass er mit einem freien Mandela alle politischen und wirtschaftlichen Privilegien verlöre, die er für seine mörderische Komplizenschaft mit dem afrikaanischen *volk* erhalten hatte. Er fürchtete sich auch vor blutiger Rache, ebenso wie die Weißen. Diese sahen für sich keinerlei Vorteil in Verhandlungen, an deren Ende eine Mehrheitsregierung stehen würde.

Sechs Monate nach Mandelas Freilassung hatten die speerschwingenden Krieger der *Inkatha* ihren Krieg jenseits des Zulu-Landes auf die *Townships* rund um Johannesburg ausgedehnt. Sie vermehrten ihre Angriffe auf die Region, weil hier eine große Anzahl von *ANC*-Anhängern lebte. Jeden Monat starben Hunderte – sie wurden erschossen, mit Speeren durchbohrt oder verbrannt. Diese Angriffe hielten die ersten drei Jahre nach Mandelas Freilassung an. Sie konnten dabei auf die unverhohlene Hilfe der uniformierten Polizei zählen, auf die gepanzerten Fahrzeuge, die *Inkatha-Impis* in und aus den Orten eskortierten, in denen sie ihre blutiges Werk verrichteten. Heimlich versorgten Teile der Sicherheitspolizei und des Abwehrdienstes die Terroristen der *Inkatha* mit Waffen. Das Ziel war ziemlich klar: den *ANC* in den *Townships* in eine Reihe von kleineren Bürgerkriegen zu verwickeln. Dies sollte zu einem Abbruch der Verhandlungen führen.

Trotz allen Lächelns, Nachdenkens und Charmes fühlte

Mandela immer wieder eine gewaltige Empörung in sich aufsteigen, die meistens durch das Abschlachten von Menschen in den *Townships* ausgelöst wurde. De Klerk verdächtigte er der stillen Mittäterschaft. Tokyo Sexwale, der ehemalige Gefangene auf Robben Island und nun Mitglied des obersten Entscheidungsgremiums des *ANC*, des *National Executive Committee (NEC)*, berichtet, dass es einen Augenblick gab, in dem Mandela die Beziehungen zur Regierung abbrechen wollte. „Wir protestierten dagegen: ‚Wenn wir das tun, was tun wir stattdessen? Nehmen wir erneut den bewaffneten Kampf auf?' Mandela war ein wütender Mann, aber wir mussten ihn besiegen und das taten wir auch. Das Blutvergießen im ganzen Land berührte ihn sehr." Deshalb machte Mandela seinem Ärger Luft, indem er de Klerk anprangerte. „Wären es Weiße, die da sterben", erklärte er, „würde er die Angelegenheit mit sehr viel mehr Nachdruck behandeln, das weiß ich."

Buthelezi war vom Apartheidsstaat Straffreiheit zugesichert worden. Diese bezog sich jedoch nicht auf das Töten weißer Menschen. Er war ganz auf der Seite der rechtsextremen *Conservative Party* und ihren Sturmtruppen, die die *Inkatha-Impis* anfeuerten, ihre Massaker feierten und dem Tag entgegenfieberten, an dem sie eine formale Zulu-Buren-Allianz gegen den *ANC* schließen würden (was sie tatsächlich taten).

Mandela erhielt von seinen eigenen Geheimdienstlern sowie von freundlich gesinnten ausländischen Regierungen immer mehr Berichte, über die Mobilmachungen des rechten Flügels.

Anfang 1992 gab es keine Anzeichen dafür, dass das Blutvergießen in den *Townships* nachlassen würde. Im Gegenteil, alles sprach dafür, dass die Rechtsextremen weiterhin Gewalt ausüben würden. Mandela musste diese Gefahren aufhalten. Er musste die Ängste der Weißen beschwichtigen und ihnen Anreize geben, die bevorstehende neue Ordnung zu akzeptieren. Der *NEC* kam zusammen und es entstand die Idee, den Sport, den sie bislang als politischen Knüppel benutzt hatten, in ein Lockmittel zu verwandeln. Sie boten an, den Rugby-Boykott zu lockern oder sogar ganz fallen zu lassen. Arnold Stofile, der 1985 für seine Beteiligung an der Unterbrechung der *All Blacks*-Tour ins Gefängnis gekommen war, nahm aktiv an der Debatte teil. „Das ist kein gewöhnlicher Köder, den wir dem weißen Südafrika anbieten", verkündete der übersprudelnde Stofile seinen Kollegen, von denen nicht alle die Bedeutung begriffen, die Rugby für die afrikaanische Seele hat. „Das ist keine Politik. Das ist keine Ideologie. Es ist etwas sehr viel Mächtigeres und Ursprünglicheres und Persönlicheres! Mit diesem Angebot, die internationalen Rugbyspiele durchzuführen, sagt man den Weißen: Wenn ihr euch mit uns arrangiert, werdet ihr wieder unbesorgt nach Europa, in die USA und nach Australien gehen und eure Freunde besuchen können und am Flughafen bei der Passkontrolle werdet ihr nicht mehr als Geächtete angesehen. Und sie werden es auch als positiv für das Geschäft ansehen. Denn es bedeutet, dass man sie wieder mögen darf. Und das ist das Entscheidende. Das bedeutet ihnen sehr viel. Sie werden schreien können, ‚Sie mögen uns! Sie mögen uns!' Mit einem Wort, Freunde, die Weißen in Südafrika werden wieder in der Lage sein können, sich als menschliche Wesen zu fühlen, als Weltbürger."

Ein Mitglied des *NEC* verstand genau, was Stofile meinte. Es war Steve Tshwete, ein ehemaliger Gefangener auf Robben Island, der früher ebenfalls Rugby gespielt hatte. Genau genommen war es Tshwete, der sich seit Mandelas Entlassung dafür ausgesprochen hatte, Sport stärker als Mittel zum Wandel einzusetzen. Arrie Rossouw, der politische Autor der afrikaanischen Zeitung *Beeld*, erzählte mir, wie er Anfang 1990 nach Sambia zur Exilbasis des *ANC* geflogen war. Er hatte dort bis in die Nacht dauernde Gespräche mit Tshwete geführt, der bereits der Mr. Sport der Organisation war. „Tshwete verstand sofort, dass die Wiederaufnahme der internationalen Rugbyspiele die Afrikaaner veranlassen würde, ihre vorgefasste Meinung über den *ANC* nochmals zu überdenken", sagte Roussow. „Er sprach sich leidenschaftlich dafür aus, Rugby als Instrument zur Versöhnung zu nutzen."

Und es war auch die Leidenschaft, die ihn und Stofile dazu brachte, den Punkt vor den *NEC* zu bringen. Die Meinungen darüber gingen auseinander. Auf der einen Seite standen die Pragmatiker, die glaubten, dass die Zeit für eine Versöhnung gekommen sei, auch wenn sie unverdient war. Auf der anderen Seite standen diejenigen, für die der Gedanke empörend war, die Niedertracht der Buren zu belohnen. Es waren die Pragmatiker, die sich auf den Zusammenkünften des *NEC* bei Mandela, dem primus inter pares (mit einigem Abstand), durchsetzten. Die Idee, Rugby als Anreiz zu benutzen, sich der Demokratiebewegung anzuschließen, stand absolut im Einklang mit Mandelas Vorgehensweise während seiner Gefängniszeit. Man erinnere sich nur an seine besondere Begegnung mit Major van Sittert, bei der es um die Kochplatte ging. Sie hatte sich seitdem als wertvolles politisches Mittel erwiesen. Die Weißen hatten jede Menge Brot, doch die Spiele waren ihnen versagt worden. Der *ANC* würde sie ihnen zurückgeben; es würde den *Springboks* erlauben, wieder auf der Bühne der Welt aufzutreten.

Im August 1992 spielte Südafrika gegen Neuseeland im *Ellis Park Stadion* in Johannesburg sein erstes wichtiges internationales Spiel seit elf Jahren. Vorher war ein Handel zwischen den Rugby-Behörden und dem *ANC* geschlossen worden. Wir geben euch das Spiel, sagte der *ANC*. Alles, was wir von euch dafür wollen, ist, dass ihr aufhört, das Event „für Symbole der Apartheid zu benutzen", so die Formulierung. Doch dadurch ergab sich automatisch ein Problem: das grüne Trikot der *Springboks*. Es war für Schwarze immer noch ein Symbol der Apartheid und in den Köpfen der Weißen zwangsläufig mit jenen zwei anderen Symbolen verknüpft, die der *ANC* meinte, als er seine Bedingungen stellte: die alte südafrikanische Flagge, die offiziell immer noch die Landesfahne war, und die alte Nationalhymne, *„Die Stem"*, die immer noch als Nationalhymne galt. Für Rugby-Fans war es unmöglich, das eine vom anderen zu trennen, vor allem in dem unvermeidlichen Zustand fortgeschrittener Trunkenheit, in dem sie sich schon beim Eintreffen ins Stadion befanden. Es schien auch angesichts ihrer rassistisch konditionierten politischen Abgestumpftheit zu viel verlangt.

Im Stadion wurden die alten Fahnen geschwenkt und Louis Luyt, der große, dreiste Präsident des südafrikanischen Rugbyvereins, setzte sich grob über die Regeln hinweg, als er die alte Hymne spielen ließ. Die Menge grölte das Lied wie einen Schlachtruf und verwandelte das vom *ANC* erhoffte Ritual der Versöhnung in eine Zeremonie der Missachtung. *Rapport*, die afrikaanische Zeitung, die in der Vergangenheit am stärksten verankert war, wurde sentimental angesichts „der Tränen des Stolzes", die das Volk in *Ellis Park* weinte, bevor sie heroisch wurde und den kompromisslosen Geist lobte. „Das ist mein Lied, das ist meine Fahne!", donnerte *Rapport*. „Hier stehe ich und ich werde heute mein Lied singen."

Fortschrittlich denkende Afrikaaner wie Arrie Rossouw, der wichtigste Unterhändler der Regierung, Roelf Meyer und Braam Viljoen, der Bruder des Generals, ließen verzweifelt den Kopf hängen. Die *ANC*-Funktionäre schlossen sich ihnen an, um ihre Entrüstung zum Ausdruck zu bringen. Arnold fühlte sich betrogen. „Wir waren hinsichtlich der Trennung niemals dogmatisch", sagte er. „Wir haben versucht, sie zu ködern, statt zu strafen. Doch nicht jeder hat angebissen. Als die Fans uns enttäuschten und die Apartheidshymne sangen und die ganzen anderen Sachen machten, waren unsere Leute wirklich stinksauer."

Nachdem sich der Staub von *Ellis Park* gelegt hatte, setzte sich Mandela auf den Versammlungen des *NEC* vehement dafür ein, Rugby als Instrument der politischen Überzeugung beizubehalten. Es war schwierig, in einer Gruppe willensstarker Menschen, die genug davon hatten, Demütigungen von Weißen zu ertragen, dafür zu plädieren. Er sagte seinen Kollegen: „Bislang gilt Rugby als die Übertragung der Apartheid auf den Sportplatz. Doch jetzt ändern sich die Dinge." Er mahnte sie, „Sport als Mittel zum Aufbau der Nation zu nutzen und alle Ideen zu fördern, von denen wir glauben, dass sie zu Frieden und zur Stabilität unseres Landes führen."

Die anfängliche Resonanz, erinnerte sich Mandela, war „sehr negativ". „Ich verstand sie. Ich verstand ihren Ärger und die Feindseligkeit der schwarzen Bevölkerung. Schließlich waren sie in einer Atmosphäre aufgewachsen, in der sie Sport als Waffe der Apartheid kennengelernt hatten, in der sie die ausländischen Teams unterstützt hatten, wenn sie gegen Südafrika spielten. Jetzt komme ich auf einmal aus dem Gefängnis und sage, wir müssen diese Leute umarmen! Ich verstand ihre Reaktion nur zu gut und ich wusste, dass eine schwere Zeit vor mir lag. Die Führung des *ANC* diskutierte die Angelegenheit bei zahlreichen Versammlungen." Mandelas stärkstes Argument lautete, dass Rugby so stark sei wie etliche Bataillone. „Meine Idee war, uns die Unterstützung der Afrikaaner zu sichern, da für diese Leute, meiner Erinnerung nach, Rugby eine Religion war."

Im Januar 1993, nur fünf Monate nach dem Fiasko beim Spiel gegen Neuseeland, machte er dem weißen Südafrika das größte, beste und unverdienteste Geschenk, das es sich vorstellen konnte: Die Rugby-Weltmeisterschaft 1995. Es war Südafrika nicht nur erlaubt, zum ersten Mal wieder daran teilzunehmen, sondern Südafrika würde auch das Spiel ausrichten. Walter Sisulu leitete eine kleine Delegation, die sich in der Zentrale des *ANC* in Johannesburg mit den wichtigsten Leuten des *International Rugby Board* traf. Alle, die an der Versammlung teilgenommen hatten, erklärten ihre „Begeisterung" über die Entscheidung des *ANC*, bedingungslos einen Vorschlag zu unterstützen, der vor drei Jahren, als Mandela noch im Gefängnis saß, undenkbar gewesen wäre.

Doch statt dankbar zu reagieren, wie Mandela es erwartet hätte, verstärkte die weiße Rechte ihre Widerstandsrhetorik und ihre Kriegspläne. Sie sah, dass die Verhandlungen zwischen dem *ANC* und der Regierung sich langsam in Richtung Demokratie bewegten. De Klerk hatte nur einige Wochen später verkündet, er habe einen Stichtag für allgemeine, freie und gleiche Wahlen im April 1994 festgelegt. Die Angst vor dieser Aussicht hatte mehr Gewicht als Mandelas sportliche Lockmittel.

Binnen Tagen nach der Bekanntgabe der Rubgy-Weltmeisterschaft drehten sich in politischen Kreisen alle Gespräche um einen Bürgerkrieg. Selbst Präsident de Klerk, der im Allgemeinen immer versuchte, erst einmal Ruhe zu bewahren, fühlte sich durch die geheimdienstlichen Informationen zu der Erklärung gezwungen, dass die Alternative zu den Verhandlungen „ein verheerender Krieg" sein würde. Ein Mitglied seines Kabinetts sagte: „Wir sind durch die Vorkommnisse in Jugoslawien beunruhigt – mehr als die meisten Leute denken." Auch der *ANC* war beunruhigt. Mandela und seine Offiziere äußerten sich öffentlich über ihre Sorge, dass ihr Traum von einer Demokratie „in Blut ertränkt“ werden würde, wie Mandela es ausdrückte.

Am 10. April 1993 war es fast so weit. Ein merkwürdiges Paar tauchte aus der bunten rechtsextremen Mannschaft auf, um eine Tat zu begehen, die einem Königsmord gleichkam. Seit dem Attentat auf Verwoerd im Jahre 1966 war die Lage nicht mehr so bedrohlich gewesen – und die Konsequenzen schienen noch gefährlicher. Verwoerd war damals von einem halbverrückten parlamentarischen Boten erstochen wurden. Für seine Familie und seine Anhänger war es sicherlich ein Schock, aber das politische System wurde nicht erschüttert. Der Mordanschlag auf Chris Hani war jedoch etwas vollkommen anderes.

Hani war neben Mandela der größte Held des schwarzen Südafrikas. Hätte es Mandela nie gegeben oder wäre er im Gefängnis gestorben, wäre Hani der erklärte Führer des schwarzen Südafrikas geworden. Wie Mandela eilte auch ihm ein Ruf voraus. Da er fast 30 Jahre im Exil verbracht hatte, war sein Gesicht der allgemeinen Öffentlichkeit unbekannt, bis der *ANC* wieder zugelassen wurde und er, kurz nach Mandelas Freilassung, nach Südafrika zurückkehrte. Sein Mythos beruhte auf zwei Tatsachen: er war der Führer jener zwei Organisationen gewesen, die das weiße Regime am meisten gefürchtet hatte, der *Umkhonto we Sizwe* und der *South African Communist Party*. Bei schwarzen Militanten war es die allgemeine Regel, dass ein *ANC*-Führer umso mehr bewundert wurde, je stärker er von der Regierung geschmäht wurde. Hani, in den Augen der Weißen der „Oberterrorist“, war zu einer bis in die *Townships* vorgedrungenen Legende geworden, die sich aus Geschichten über tollkühne Taten, überlebte Mordanschläge und durch das wahre Gerücht über die extreme Armut, in die er im schwarzen, ländlichen Ostkap hineingeboren wurde, zusammensetze.

Die Fotos und TV-Bilder des 10. April 1993 ließen große Schwierigkeiten voraussehen: das gefallene Idol, das mit dem Gesicht nach unten in einer Blutlache lag, die spontanen landesweiten Demonstrationen, die Meere schwarzer, wütend emporgereckter Fäuste, die brennenden Barrikaden, die angezündeten Autos, die weiße Bereitschaftspolizei, die ihre Flinten schützend vor ihrer Brust umklammert hielten. Das Ausmaß der Gefahr wurde in den Worten von Erzbischof Tutu zusammengefasst, der die Schwarzen zurückzuhalten versuchte: „Wir dürfen es nicht zulassen, dass Chris' Mörder mit ihrem Vorhaben, unser Land in Flammen aufgehen zu lassen, Erfolg haben, weil es jetzt leicht in Flammen aufgehen könnte."

Der Mann, der Hani vor seiner Haustür in Dawn Park erschossen hatte, einem Vorort Johannesburgs mit überwiegend weißer Arbeiterklasse, war ein polnischer Immigrant, ein Fußsoldat des weißen Widerstandskampfs, ein Mitglied des *AWB* namens Janusz Walus. Sein Fanatismus gegen die Kommunisten wurde nur noch von seinem Wunsch übertroffen, von der rechten burischen Gemeinde anerkannt zu werden. Walus' Waffenbruder, der am ehesten als Kopf hinter dem Komplott gelten konnte, wollte ebenfalls vom Volk anerkannt werden. Er hieß Clive Derby-Lewis, saß für Dr. Treurnichts *Conservative Party* im Parlament, entsprach ganz seinem Namen, trug blaue Blazer und Krawatten, pflegte einen riesigen Schnurrbart und sprach Englisch mit einem Oberschichtakzent. Er sah aus und klang wie ein Schauspieler, der die Rolle eines britischen Flegels spielt.

Diese beiden Möchtegern-Buren brachten Afrika näher als je zuvor an den Rand eines Rassenkriegs. *Beeld* wusste das genau. Die Zeitung des afrikaanischen Establishment warnte: „Ein überstürzter Gewaltausbruch hier, ein Irrläufer da, ein Akt der Vergeltung kann den fragilen Verhandlungsaufbau zur Strecke bringen und satanische Kräfte entfesseln."

Mandela erreichte die Nachricht telefonisch in Qunu, einem Dorf in der Transkei, am Ostkap, wo er geboren war. Richard Stengel, der Co-Autor von Mandelas Autobiografie, war damals bei ihm und sah ihm bei seinem typischen Frühstück zu, das aus Haferbrei, Früchten und Toast bestand. Mandelas Gesicht versteinerte. Es fror in einem „tragischem Stirnrunzeln" fest, wie Stengel es ausdrückte. Er war am Boden zerstört. Er fühlte eine tiefe Zuneigung für Hani als Mensch und hatte riesigen Respekt vor ihm als politischen Sohn und Erbe. Doch er erfasste die Tragik des Augenblicks und merkte, dass er es sich nicht leisten konnte, seinen eigenen Gefühlen nachzugeben. Er wurde sofort vom trauernden Vater zum kühlen Politiker.

„Er legte den Telefonhörer auf", erinnerte sich Stengel, „in seinem Kopf arbeitete schon alles und er dachte darüber nach, was wohl geschehen würde? Was würde das für die Nation bedeuten? Was für den Frieden? Was würde das für die Verhandlungen bedeuten? Und dann begann er, eine Reihe von Beratern anzurufen. Ihm war sofort klar, dass dies das Streichholz sein konnte, das das Pulverfass sprengen, eine Revolution lostreten und Gott weiß was verursachen konnte. Und er beherrschte den politischen Moment vollkommen. Ich fühlte mich, als ob ich fast in seinen Kopf sehen und all die verschiedenen Getriebe brummen hören könnte. Er war das vollkommene Zoon politikon, das alle Konsequenzen dieses Mordes überdachte und was er bedeutete."

Er hatte nie größeren Einfluss auf das Schicksal seines Landes als in diesem Augenblick. Die einfachere und leichtere Lösung wäre gewesen, Krieg zu führen. Die schwierigere war, zur Zurückhaltung aufzurufen, den Appell an die wütenden Massen zu richten und die Emotionen zugunsten eines größeren Zieles zurückzustellen.

Jessie Duarte, seine Chefsekretärin, hatte ihm die Nachricht telefonisch übermittelt. Sie empfing ihn an jenem Nachmittag nach seiner Rückkehr aus Hanis Dorf, wohin er gefahren war, um der Familie sein Beileid auszusprechen, in der Zentrale des *ANC* in Johannesburg. „Er war so traurig", erzählte mir Duarte. „Er hatte Chris wirklich geliebt. Doch er wusste, dass es keine Zeit zu verlieren galt und er seinen persönlichen Gefühlen nicht nachgeben durfte. Nach seiner Einschätzung der Lage war die Gewaltbereitschaft aufgrund von Chris' Tod immens gestiegen. Und so schwierig diese Zeit auch für alle war, er hatte die Verantwortung, die Menschen zu beruhigen."

Duarte arbeitete seit vier Jahren für Mandela. Sie teilten sich ein Büro und er verreiste nur selten ohne sie. Sie war ein fröhliches, kleines Energiebündel, deren glühender politischer Aktivismus ihr in *ANC*-Kreisen den Ruf einer wütenden jungen Frau eingebracht hatte. Für Mandela war sie auch eine Art Ersatztochter und eine der wenigen Personen, denen er sein trauriges Gesicht zeigte und vor der er gelegentlich seine Maske des beherrschten Politiker abnahm. Jessie Duarte verstand ebenso wie andere, dass Mandelas Leben in der Politik glücklicher, reicher und im Großen und Ganzen befriedigender verlaufen war, als im persönlichen Bereich, der ihm Misserfolge, Enttäuschungen und Tragödien bescherte.

Duarte war auch an jenem Tag im April 1992 in seiner Nähe, als er sich entschied, die Trennung von seiner zweiten Frau Winnie bekanntzugeben. Sie war von der düsteren Stimmung angesteckt, die in ihm aufstieg, als er die enorme Enttäuschung eingestand, die Winnie für ihn war. Sie hatte die Affäre mit einem sehr viel jüngeren Mann selbst nach Mandelas Entlassung aus dem Gefängnis nicht beendet, sie hatte niemals sein Bett mit ihm geteilt, wenn er wach war, sie fluchte so ordinär, dass es Mandela nicht ertragen konnte, und sie trank exzessiv.

Drei Jahre später beschrieb er in seinem Scheidungsprozess die zwei Jahre seiner Ehe nach der Haftentlassung mit den Worten: „Ich war der einsamste Mann …“ Umso einsamer, da der Traum von Liebe ihm im Gefängnis Kraft gegeben hatte und sie ihm mit ihren Besuchen beigestanden hatte. Ein Brief, den er ihr in seiner Anfangszeit im Gefängnis geschrieben hatte, offenbarte seine Sehnsucht sowie seinen Willen, niemanden in seiner Umgebung seine Verletzlichkeit spüren zu lassen. „Winnie, mein Liebling“, schrieb Mandela, „es ist mir ziemlich erfolgreich gelungen, eine Maske aufzusetzen, hinter der ich mich nur nach der Familie sehne. Wenn die Post kommt, stürze ich nie darauf, sondern warte, bis jemand meinen Namen aufruft. Ich habe Mühe, meine Gefühle zu unterdrücken, während ich diesen Brief schreibe.“

Er gab das Ende seiner Ehe in der Zentrale des *ANC* in Johannesburg bekannt. In einem Zimmer, das für diesen Anlass viel zu klein war und mehr als Hundert Journalisten aus der ganzen Welt aufnehmen musste, setze sich Mandela an einen Tisch, Walter Sisulu an seiner Seite. Er setzte seine Lesebrille auf und verlas ein kurzes Statement. Dann sah er auf, grauer und ernster, als wir ihn jemals gesehen hatten, und sagte: „Meine Damen und Herren, ich bin sicher, dass sie Verständnis dafür haben werden, wie schmerzhaft dies für mich ist. Die Konferenz ist jetzt beendet.“ Normalerweise veranlasst ein Ereignis von solch schlagzeilenmachender Größenordung die Journalisten dazu, Salven von Fragen abzufeuern, in der Hoffnung, einen unbedachten, zitierfähigen Emotionsausbruch zu provozieren. Doch als Mandela sich langsam und steif erhob und mit einem Blick voller Trauer auf die Tür zuging, standen wir alle völlig stumm da.

Niemals zuvor und niemals danach wurde uns ein derartig erschütternder Blick des Bedauerns und des Schmerzes, den er über sein Versagen als Familienmensch empfand, gezeigt. Es war das einzige Mal, dass er die Maske lüftete und uns erlaubte, die Trauer, die in seinem Gesicht lag, zu sehen. Die Sorgen hatten sich im Laufe der Jahrzehnte angehäuft, denn er fühlte sich tief verantwortlich für die Entbehrungen, die Winnie während seiner Abwesenheit im Gefängnis erdulden musste. Er fühlte sich verantwortlich für die kriminellen Handlungen unter Alkoholeinfluss, auf die sie schließlich reduziert wurde. Sie war außerstande, allein mit der Kombination aus Ruhm und erbarmungsloser Polizeirepression fertig zu werden. Er fühlte sich auch für die Launenhaftigkeit und in einigen Fällen für die Bitterkeit verantwortlich, die ihm von einigen seiner Kinder (zwei mit Winnie, vier mit Eveline) entgegenschlug. „Er hatte immer die Gedanken, dass seine ganze Familie vielleicht völlig andere Menschen geworden wären, wenn er nicht ins Gefängnis gekommen wäre", sagte Jessie.

Doch dies war das Risiko gewesen, das er ganz bewusst an jenem Tag im Jahr 1961 eingegangen war, als er *Umkhonto we Sizwe* gründete. Er hatte seine Entscheidung getroffen, an erster Stelle Vater der Nation und an zweiter Stelle Familienvater zu sein. Die politische Maske wurde zu seinem wahren Gesicht. Damit zeigte er, wie sehr er sich der Sache hingab. Aus Mandela dem Mann wurde Mandela der Politiker.

Hanis Tod beeinflusste Mandelas seelisches Gleichgewicht ähnlich wie seine Scheidung. Damals hatte er seine Frau verloren; jetzt hatte er einen politischen Erben und Ersatzsohn verloren. Doch diesmal konnte er seine Maske nicht lüften. Seine Rede würde live zur Hauptsendezeit über die staatlichen Sender der *SABC* übertragen und das ganze Volk würde ihm zuhören. De Klerk hätte dies ablehnen können. Er tat es nicht, weil er begriff, dass er angesichts der heraufziehenden Katastrophe machtlos, bedeutungslos war. Seine Fähigkeit, Einfluss auf die wütenden schwarzen Massen zu nehmen, war wohl so gering wie der Einfluss, den Mandela auf den *AWB* hätte, wahrscheinlich sogar geringer. Mandela, nicht de Klerk, war jetzt der Bewahrer des Friedens. Er sprach de facto als Staatsoberhaupt, als er sich in jener Nacht über Fernsehen und Radio an die Nation wandte.

„Er war ein Vater, der über einen Sohn sprach, der gerade ermordet worden war, und die Menschen bat, Ruhe zu bewahren", sagte Jessie Duarte über Mandelas Auftritt. Wie hätte man dem nicht folgen können? Wenn der Vater selbst keine Vergeltung forderte, mit welchem Recht könnte dann jemand anderes losziehen und nach Rache schreien? Ausnahmsweise einmal war Mandelas eintöniger Redestil Teil der Botschaft, die er vermitteln wollte und mit der er die Glut der aufgebrachten Menge kühlen wollte. Diesmal bestand die Aufgabe nicht darin, die Weißen für sich zu gewinnen. Diesmal musste er seine eigenen Leute überreden. Also lenkte er die Aufmerksamkeit seiner Zuhörer auf den großartigen Zufall, dass mitten in der Tragödie eine afrikaanische Frau die Heldin der Stunde gewesen war. Janusz Walus wurde fast unmittelbar nach der Tat festgenommen, weil eine afrikaanische Frau, Hanis Nachbarin, die Geistesgegenwart besessen hatte, sich das Autokennzeichen des Fluchtautos zu notieren.

„Ein weißer Mann, voller Vorurteil und Hass, kam in unser Land und beging eine Tat, die so abscheulich war, dass unsere ganze Nation am Rande einer Katastrophe steht", sagte Mandela. „Eine weiße Frau afrikaanischer Herkunft riskierte ihr Leben, so dass wir den Mörder kennen und vor Gericht bringen können."

Mandela übertrieb ihren Heroismus aus einer klaren politischen Absicht. „Dies ist für uns alle ein Wendepunkt", sagte er. „Unsere Entscheidungen und Handlungen werden bestimmen, ob wir unseren Schmerz, unser Leid und unsere Entrüstung dazu nutzen, um das zu erreichen, was die einzige dauerhafte Lösung für unser Land ist: eine gewählte Regierung des Volkes … Ich appelliere mit aller Autorität, die ich besitze, an unser gesamtes Volk, die Ruhe zu bewahren und das Andenken an Chris Hani zu ehren, indem wir eine disziplinierte Kraft für den Frieden bleiben."

Es funktionierte. Es kam im ganzen Land zu Massenversammlungen, doch die Leute ließen ihre Trauer nicht in gewalttätige Wut umschlagen.

„In jener Zeit im Jahre 1993 stand es wirklich auf des Messers Schneide", analysierte Tutu viel später diese bedrohlichen Tage. „Was ich mit Sicherheit weiß, ist, dass sich das Land tatsächlich selbst zerfleischt hätte, wenn er nicht da gewesen wäre. Es war einer der schrecklichsten Momente und die Wut war spürbar. Wäre Nelson im Fernsehen und Radio nicht so aufgetreten, wie er es tat … wäre unser Land in Flammen aufgegangen."

KAPITEL 9

DIE *BITTER ENDERS*

1993

Für General Constand Viljoen, der die Ereignisse von seiner Farm aus beobachtete, war das Schauspiel ärgerlich. Man konnte ihm alle möglichen Steine in den Weg legen, Mandela ging einfach weiter. Nicht, dass Viljoen etwas mit der Ermordung Chris Hanis zu tun gehabt hätte. Er gehörte nicht zum mordlüsternen Flügel der *SADF.* Doch als Mitglied des *volks* und als abgebrühter Schüler der Kriegsführung zur Niederschlagung von Aufständen hatte er damit gerechnet, dass der Mord an Hani den Prozess des demokratischen Wandels vom Kurs abbringen würde. Bill Keller, der damalige Leiter des Büros der *New York Times*, beschrieb die erstaunlich beruhigende Auswirkung von Mandelas Rede. Die Tatsache, dass die Regierung die Fernsehausstrahlung zugelassen hatte, wertete er als Zeichen „einer stillschweigenden Partnerschaft, die sich zwischen der Regierung und dem *African National Congress* entwickelt hatte“. Keller erklärte weiter, „dass dies fast einer informellen Regierung einer nationalen Einheit gleichkommt. Daher ist der Friedensprozess, wenn nicht gerade unumstößlich, so doch erstaunlich stabil geworden."

Viljoen wusste das ebenso gut wie Keller, doch es war ihm nicht recht. Er und der Rest des rechten Flügels des *volks* hatten sich entschieden, Hanis Beerdigung, die mit dem mitreißenden Aufruf Desmond Tutus nach Frieden und Einheit endete, als *Comig-Out-Party* für rachsüchtige Schwarze zu werten. Statt den Worten Mandelas und Tutus, die zur Ruhe aufriefen, Gehör zu schenken, lauschten sie lieber anderslautenden Botschaften drittrangiger *ANC*-Funktionäre, die vom Podium aus sprachen. Diese taten das genaue Gegenteil von dem, was Mandela angestrebt hatte. Sie zielten auf die niedrigeren Instinkte der Massen ab und stifteten sie zu einem bei der wütenden Jugend der *Townships* beliebten Lied an, dessen trommelnder Refrain, wiederholt in einem ansteigenden hypnotisierenden Crescendo, hieß: „Tötet den Buren! Tötet den Farmer! Tötet den Buren! Tötet den Farmer!"

Dieses Gefühl gab es immer unter der politisch aktiven schwarzen Jugend. Die nahe liegendste Sache wäre es gewesen, sich dieser Energie zu bemächtigen und sie in eine Revolution der verbrannten Erde zu verwandeln. Angst, Vorurteil und Schuld in den Herzen der Weißen bewirkten, dass viele in den Veränderungen, die Mandela plante, nur den Wunsch nach Rache sahen. Constand Viljoen entschied, er habe lange genug auf seiner Farm wütend vor sich hin gebrodelt. Nun war für ihn die Zeit gekommen, dem Ruf nationalistischer Pflicht zu folgen. Am 7. Mai 1993 schloss er sich dem Kampf an und erschien bei der größten Versammlung des rechten Flügels in Potchefstroom, einer 100 Kilometer südlich von Johannesburg gelegenen Stadt. In Potchefstroom inszenierte man eine Art Mini-Nürnberg. Die Stadt war komplett ausgerüstet mit Flaggen, hakenkreuzähnlichen Symbolen, militärischen Paraden, langbärtigen burischen Kämpfern, *Bitter Enders* in braunen Hemden und brüllenden Rednern wie Eugene Terreblanche vom *AWB*. Es war ein Sammelbecken unterschiedlicher Unzufriedener. Sie einte die Furcht, dass an dem Tag, an dem die Schwarzen an die Macht kämen, sie von ihnen so behandelt würden, wie die Weißen sie behandelt hatten. Ein Nebenzweig des *AWB*, der sogenannte *BWB* war gekommen, eine Vereinigung, die sich *Resistance Against Communism* nannte, die *Afrikaner Monarchist Movement*, die *Foundation for Survival and Freedom*, die *Blanke Veiligheid* (Weiße Sicherheit), die *Blanke Weerstandsbeweging* (Weiße Widerstandsbewegung), die *Boer Republican Army*, das *Boere Kommando*, der *Orde Boerevolk* (Orden des Burischen Volkes), *Pretoria Boere*, *Volksleër* (Volksarmee), *Wenkommando* (Siegerkommando), die *White Wolves*, der *Order of Death* und – sogar – der Ku Klux Klan. Man hätte sie als einen Haufen Durchgeknallter in schrillen Klamotten abtun können, wären es nicht 15.000 gewesen und hätte dieser geistige Sumpf nicht Hanis Mörder, Janusz Walus, hervorgebracht.

Constand Viljoen wurde bei seiner Ankunft von den ersten burischen Patrioten ehrfürchtig begrüßt. Auf dem Höhepunkt der Kundgebung wurde er auf die Bühne gerufen und gebeten, die Führung des *volks* zu übernehmen. Er tat, worum er gebeten wurde. Eugene Terreblanche geleitete ihn die Stufen hinauf und erklärte, dass er „stolz, stolz“ sei, als „ein Stabsunteroffizier“ unter einem burischen Helden wie Viljoen zu dienen. Ganz im Geist der Veranstaltung prangerte Viljoen die „gottlose Allianz“ an, die zwischen Mandela und de Klerk entstanden sei, und erklärte sich bereit, die burischen Bataillone anzuführen. „Das afrikaanische Volk muss sich auf seine Verteidigung vorbereiten“, rief der General aus. „Jeder Afrikaaner muss vorbereitet sein. Jede Farm, jede Schule ist ein Ziel. Wenn sie unsere Kirchen angreifen, dann ist man nirgendwo mehr sicher. Wenn man uns der Möglichkeit zur Verteidigung beraubt, werden wir zerstört werden. Ein blutiger Konflikt, der Opfer fordern wird, ist unvermeidlich. Aber wir werden uns gerne opfern, da unsere Sache gerecht ist."

Die Menge grölte zustimmend. „Sie führen, wir werden Ihnen folgen! Sie führen, wir werden Ihnen folgen!", rief sie. Terreblanche bot zwar eine gute Show, doch Viljoen, der immer noch großen Respekt bei der Offiziersklasse der *SADF* genoss, war der Retter, auf den das *volk* gewartet hatte. Die Führer des *AWB*, des *BWB*, des *Wenkommando* und der anderen Gruppierungen versicherten ihm abwechselnd ihre Treue. Auch Terreblanche hatte sie dem General versichert, der sogleich zum Führer der neuen *„Boer People's Army"* ernannt wurde.

An jenem Tag entstand auch ein neuer politischer Flügel, die Afrikaaner Volksfront, eine Koalition der *Conservative Party* mit anderen zusammengewürfelten Milizen. Das Ziel der Volksfront war die Schaffung eines unabhängigen afrikaanischen Staates – eines „Burenstaates" innerhalb der bestehenden afrikanischen Grenzen. „Ein Israel der Afrikaaner" nannte es Viljoen. Er hatte von sich selbst die Vision eines burischen Moses, die von seinen ekstatischen Anhängern geteilt wurde.

Journalisten waren manchmal versucht, sich über seine alttestamentliche Strenge lustig zu machen. Doch mit Viljoen, der vier weitere ehemalige Generäle als seine Adjutanten mitbrachte, wurde der rechte Flügel zu einer ernsthaften Bedrohung. Zwei Tage nach der Versammlung in Potchefstroom ließ de Klerk seine bis dahin schlimmste Warnung veröffentlichen und erklärte, dass die Wahrscheinlichkeit eines blutigen, bosnienähnlichen Bürgerkriegs zugenommen hätte.

Viljoen machte sich mit einer Hingabe und einer Gründlichkeit an die neue Mission, die auch für seine Militäroperationen in Angola typisch waren. Innerhalb von zwei Monaten hatten er und seine Generäle landesweit 155 geheime Versammlungen organisiert und dort gesprochen. „Wir mussten die Afrikaaner psychologisch motivieren und mit unserer Propagandakampagne beginnen", enthüllte Viljoen später. „Doch noch wichtiger war, ein großes militärisches Potential aufzubauen." In den ersten zwei Monaten rekrutierte die Volksfront etwa 150.000 Sezessionisten für die Sache, von denen 100.000 Soldaten waren. Fast alle brachten militärische Erfahrungen mit.

Doch es blieben noch mehr als drei Millionen Afrikaaner. Wenn man die „Engländer" dazu zählte, die sich nicht öffentlich der separatistischen Sache anschlossen, waren es insgesamt fünf Millionen Weiße. Wo waren die? Es gab eine Lubowski-Minderheit, die den *ANC* aktiv unterstützte. Es gab eine große Minderheit, etwa 15 Prozent der Bevölkerung, die den *ANC* bei einer Wahl nicht gewählt hätten, die jedoch politisch wach genug waren, um die Apartheid als das zu sehen, was sie war. Sie unterstützten die *Democratic Party*, den neuen Zweig der *Progressive Federal Party*, für die Braam Viljoen 1987 kandidiert hatte. Etwa 20 Prozent der Weißen, die meisten davon Afrikaaner, sympathisierten stillschweigend mit der Volksfront oder hegten zumindest dieselben Ängste. Und dann gab es da noch den Rest, die große südafrikanische Mittelschicht, zu der auch François Pienaar und seine Familie gehörten. Diese 60 Prozent tendierten dazu, der seit langem regierenden *National Party* zu vertrauen. Ereignisse wie die Ermordung Hanis machten ihnen Angst, dass auch ihr Alltag von den Veränderungen, die im Gange waren, betroffen sein würde.

Doch genau diese Schicht war auch für Mandelas Appelle empfänglich. Sie waren in ihren Überzeugungen nicht festgelegt, sie schöpften ihre Identität nicht so sehr aus alten Vorurteilen. Sie waren positiv von Mandelas Lob für die afrikaanische Frau überrascht, die sich das Autokennzeichen von Hanis Mörder notiert hatte. Ihnen gefiel seine Einstellung zu Rugby, die dazu geführt hatte, dass die *Springboks* am 26. Juni 1993 mit einem Spiel gegen Frankreich ihre Vorbereitung für die zwei Jahre später stattfindende Weltmeisterschaft beginnen würden. In diesem Spiel gab François Pienaar sein Debüt als *Springbok*.

Der damals 26 Jahre alte Pienaar reagierte auf seine Auswahl als Spieler so, als ob er in einem normalen Land lebte. In seiner Autobiografie „*Rainbow Warrior*" findet der emotionsgeladene politische Kontext, in dessen Zusammenhang er das „übergeordnete Ziel" seines Lebens erreicht hatte, keine Erwähnung. Blutvergießen in den *Townships*, die Kriegsvorbereitungen des rechten Flügels, die möglicherweise bevorstehen Wahlen für alle Rassen: Nichts von alledem fand den Weg in sein Bewusstsein, dies hatte für ihn genauso wenig Bedeutung wie die Schwarzen von Sharpeville in seiner Jugend. Eine neue Ära brach im südafrikanischen Rugby heran und die Nationalmannschaft brauchte einen neuen Kapitän. Pienaar war überwältigt, als er bei seinem ersten Training mit den *Springboks* erfuhr, dass er bei seinem Debüt Südafrika auf das Spielfeld gegen Frankreich führen würde. Das Spiel würde am Samstag im Durbaner *King's Park Stadion* stattfinden. Am Donnerstag organisierte Pienaar für seine Eltern einen Flug nach Durban. Es war der erste Flug ihres Lebens. Und am Donnerstagabend fuhr er mit einem Mercedes, den ihm Sponsoren geliehen hatten, zum Hotel seiner Eltern. Als er fürs Familienalbum in seiner grünen *Springbok*-Uniform posierte, fit und bereit für den Kampf, war er so glücklich wie kein Afrikaaner zuvor.

Am selben Abend polierten Tausende Soldaten der Volksfront ihre Waffen. Sie bereiteten sich auf ihren ersten militärischen Einsatz vor, seit General Constand Viljoen zum Führer der Bitter Enders ernannt worden war. In einer gut organisierten Operation trafen sie mit Fahrzeugen in Johannesburg ein. Ihr Ziel war es, in der Morgendämmerung die Tore des *World Trade Center* zu erreichen, den Ort der Verhandlung zwischen *ANC* und Regierung. Sie strömten aus allen Teilen Südafrikas zusammen, vom West- und Nordkap, von Ost- und Nordtransvaal. Eddie von Maltitz führte ein Kontingent aus Ficksburg in den fünf Stunden entfernten Oranjefreistaat. „Wir organisierten uns selbst einen Bus und zwängten uns hinein, alles starke Männer, alle schwer bewaffnet", erinnerte er sich 13 Jahre später. „Wir erwarteten, dass es blutig werden würde. Wir mussten ja nicht nur den *ANC* stoppen, sondern auch de Klerk. Wir mussten diese Verhandlungen stoppen. Sie führten in eine weltweite Katastrophe. Er war ein neuer Sturm auf die Bastille, der Beginn einer Revolution – dachten wir."

Mit von Maltitz' fuhren im Bus hauptsächlich Mitglieder des *AWB*, dem er 1985, in jenem ereignisreichsten aller Jahre, beigetreten war. Warum trat er ein? „Gott sprach zu mir", antwortete er. „Er bat mich, die Kommunisten davon abzuhalten, die Macht in unserem Land zu ergreifen." Von Maltitz war ein ergebener Christ deutscher Herkunft, der sich jedoch als Bure ehrenhalber betrachtete. Das *AWB* Manifest hatte eine Seite in ihm angesprochen. Es definierte die Mission der Widerstandsbewegung als „Garantie für das Überleben der burischen Nation", die „durch göttliche Vorsehung ins Leben gerufen worden war". Zu diesem Zweck beabsichtigten sie die Sezession und die Erschaffung „einer freien christlichen Republik" innerhalb der südafrikanischen Grenzen.

Das größte Plus war für die meisten Braunhemden des

AWB nicht das Manifest, sondern ihr Anführer Eugene Terreblanche. Er drückte sich durch sprachliche Perlen aus wie „Wir füllen den Kies mit Nelson Mandela auf!" und „Wir werden uns selbst mit unseren eigenen überlegenen weißen Genen regieren". Wie er das sagte, war fast noch besser. Der bullige, weißbärtige Terreblanche war ein mitreißender Redner. Man konnte sich immer darauf verlassen, dass seine Kundgebungen die Leidenschaft der Buren anheizte, die ihre Ängste hinter ihren stürmischen Trotzgebärden verstecken wollten. Er war gut, das lag zum Teil an seinem natürlichen schauspielerischen Talent. Er machte Eindruck, wenn er auf seinem weißen Pferd ritt. Er hatte poetisches Feingefühl für die Kadenzen der Sprache. Sein Hang zum Trinken lockerte seine Zunge und in seiner Jugend hatte er die rednerischen Techniken des Meisterdemagogen, des Aufhetzers in Person, Adolf Hitler, gelernt.

Von Maltitz war kein Demagoge wie Terreblanche, aber er war ebenso engagiert. Sein Ehrgeiz liess ihn im *ABW* rasch aufsteigen. Er wurde Terreblanches Chef, Leutnant im Freistaat, Südafrikas geografischem Herzland. Dem Blut nach war er zwar kein Bure, aber in seinem Denken. Sein Großvater hatte neben den Afrikaanern im burischen Krieg gegen die Briten 1899 gekämpft. Und er empfand eine ehrliche und leidenschaftliche Zuneigung für das Land – genauso wie jeder andere Bure. Er wuchs auf der Farm der Familie auf, die er von seinem Vater erbte. Er empfand sich als wahrer Sohn Afrikas und war stolz darauf, seine erste Kuh im Alter von drei Jahren gemolken zu haben. Er dachte, ein Maß an preußischer Perfektion in die Reihen der Buren gebracht zu haben, die einigen von Terreblanches Angebern gefehlt hatte. Er hatte seinen Militärdienst bei der Elitetruppe des Fallschirmjägerregiments versehen, wusste, wie man mit den verschiedenen Waffen umging und hatte den schwarzen Gürtel in Karate.

Doch er entfremdete sich von Terreblanche, besonders wegen dessen Alkoholexzessen. (Mehr als einmal fiel der Führer betrunken von seinem weißen Pferd, zur Freude der Journalisten und der schwarzen Passanten.) Terreblanche, der Angst vor der Möglichkeit hatte, seinen besten Mann im Freistaat zu verlieren, rief in eines Nachts an und fragte, „Mr. von Maltitz, sind Sie für oder gegen mich?“ Von Maltitz antwortete: „Ich bin für Sie, was die Sache betrifft.“

Bald danach, im Jahr 1989, ging von Maltitz fort und gründete eine Gruppe, die er *Boer Resistance Movement*, oder *BWB* nannte. Auch diese verließ er bald darauf wieder, um eine weitere Gruppe zu gründen, die sich *Resistance Against Communism* nannte. Er war ein kräftiger Mann mit geradem Rücken und den starken Händen eines Farmers. Und er verließ sein Haus nie anders als in voller militärischer Montur und immer mit einer Pistole an seinem Hüftgurt.

Von Maltitz glaubte, dass Gott zu ihm gesprochen hatte. Unmittelbar nach Mandelas Freilassung hatte er seine Farm zeitweise in ein militärisches Trainingscamp verwandelt. Mindestens einmal pro Woche versammelte er ähnlich gesinnte christliche Soldaten um sich und bereitete sie auf das vor, was er „vollen militärischen Widerstand“ gegen den *ANC* nannte. „Der Feind steht jetzt an meiner Hintertür. Ich muss ihn bekämpfen“, argumentierte von Maltitz. Mindestens 70 aufstrebende „Kommandos“ wurden im Umgang mit Schrotflinten, Magnum-Pistolen und im Guerilla-Krieg geschult. Von Maltitzs Name stand ganz oben auf der Liste der Rechtsradikalen, die Niël Barnard von seinem *National Intelligence Service* beobachten ließ. Für die Geheimdienstler und für eine Handvoll Journalisten, die die Rechtsextremisten beobachteten, hatte der Name Eddie von Maltitz einen unheilvollen Klang bekommen.

Die *Boer People's Army* stürmte das *World Trade Center* am Morgen des 25. Juni 1993. In dem zweigeschossigen Gebäude aus Glas und Beton hatten sich prominente Beamte versammelt, darunter Joe Slovo, der legendäre Kopf der *Communist Party*, und Außenminister Pik Botha. Ihnen standen rund 3.000 bewaffnete Volksfront-Loyalisten der Bereitschaftspolizei gegenüber, die einen Schutzring um das Gebäude gebildet hatte. Eine Seite trug braun, die andere graublau, doch ansonsten wirkten sie wie Spiegelbilder. Sie sprachen dieselbe Sprache, sie hatten ähnliche Nachnamen, sie waren ihr Leben lang der gleichen rechtsextremen Propaganda ausgesetzt gewesen, sie hatten gelernt, den *ANC* zu hassen und zu fürchten. Diese Polizisten gehörten zum Überfallkommando einer Apartheidsvollstreckertruppe, die darauf programmiert war, das zu zerschlagen, was die Regierung in einem Standardausdruck der Apartheidsära „schwarze Unruhen" nannte. Hier am *World Trade Center* wurden sie mit etwas Neuem und Verwirrendem konfrontiert. Dies waren weiße Unruhen. Ihre Ausbildung – ihre Erziehung – hatte sie auf so etwas nicht vorbereitet. Was sollten sie jetzt machen? Würde einer aus ihren Reihen dem Beispiel des Soldaten folgen, der die Bastille bewachte und sich weigert, auf seine eigenen Leute zu feuern, und seine Waffe auf den vor ihm stehenden Offizier richten? Und wenn ja, was dann?

Der Stillstand dauerte vier Stunden, die beiden Seiten standen 100 Meter voneinander entfernt und niemand wagte, die erste Bewegung zu machen. Wenn hier Leute stürben und burische Märtyrer erzeugt würden, hätte dies katastrophale Konsequenzen. Das wusste die Regierung. Die Anhänger des *ANC* waren in der Überzahl, doch nur wenige waren bewaffnet. Diese Leute waren jedoch bis an die Zähne bewaffnet und in Constand Viljoen hatten sie einen Führer, der das Land zerreißen konnte. Die Polizei wurde deshalb angewiesen, sich zurückzuhalten. Nicht mit der sonst üblichen Gewalt zu reagieren wie bei den Steine werfenden schwarzen Jugendlichen. Sie hofften, dass Zurückhaltung eine vernünftige Reaktion bewirken und ein Blutbad verhindern könnte.

Ob Viljoen den Befehl zum Angriff gab, ist nicht klar. Es begann, als Terreblanche seinen Sturmtruppen, der „Elite"-Einheit seines *AWB*, den Befehl gab, vorzurücken. Die als „die eiserne Garde" bekannte Einheit trug eine schwarze Uniform im Stil der SS. Es waren etwa 30 Mann. Die Polizei gab vorsichtig Raum und ließ sie passieren. Eddie von Maltitz, in seiner Tarnuniform, schloss sich ihnen an und ging neben einem panzergroßen, vierrädrigen *„bakkie"* her, der auf den Haupteingang des Gebäudes zusteuerte. Er zertrümmerte das Glas und schlug damit eine Bresche, durch die von Maltitz angriff. „Ich führte die erste Gruppe hinein", erinnerte er sich triumphierend. „Wir trugen kugelsichere Westen und waren bereit zu schießen. Ich hatte ein R1 Maschinengewehr."

400 Krieger-Farmer zogen plündernd in das Gebäude, vorbei an schwer bewaffneten Polizisten, die nicht wussten, wie sie reagieren sollten. Auf einmal umzingelte eine Gruppe aus vier Volksfrontlern einen schwarzen Journalisten der Nachrichtenagentur *Reuters*. Er trug Anzug und Krawatte, was sie besonders wütend zu machen schien. *„Uppity kaffir"*, murmelte einer. Während sie noch überlegten, ob sie ihm etwas antun sollten, intervenierte ein weißer Journalist. „Sie sind eine Schande für die weiße Rasse", sagte einer der bewaffneten Eindringlinge zu ihm. Plötzlich erschien Eddie von Maltitz. „Lassen Sie den Mann in Ruhe", schrie er. „Wir haben keinen Streit mit dem schwarzen Mann. Das Problem ist unsere weiße Regierung. Lasst uns diese Verräter erschießen. Lasst uns Pik Botha erschießen."

Von Maltitz prahlte später, er habe „ein Blutbad verhindert".

Viljoen verhinderte ein noch größeres. Er stieg durch das zerbrochene Glas ins Gebäude und ging nach oben, flankiert von einer Wache aus *AWB*lern, um sich mit dem *ANC*, den Regierungsvertretern und den diensthabenden Polizeibeamten zu beraten. Er hatte seine Botschaft übermittelt. Wie ein Terrorist, der eine Bombe platziert und dann doch noch die Polizei rechtzeitig warnt, hatte er das Potential seiner Leute demonstriert, Schaden anzurichten. Er wollte nun einen sicheren Abzug und das Versprechen, dass keiner seiner Männer auf seinem Heimweg verhaftet werden würde. Das Versprechen wurde ihm gegeben und außer ein paar unhöflichen Graffitis an den Wänden, Urinlachen auf den Teppichen und jede Menge zerbrochenem Glas, war kein Schaden angerichtet worden. Zum zweiten Mal innerhalb von zwei Monaten stand Südafrika am Rande einer Katastrophe und konnte sie abwenden.

Der Alltag ging davon unberührt weiter. Einen halben Kilometer vom *World Trade Center* entfernt gingen die Leute wie gewöhnlich ihrer Arbeit in Büros und Fabriken nach. Einen Kilometer weiter, im Flughafen Johannesburg, checkten Passagiere für ihre Flüge ein, Flugzeuge hoben ab und landeten ohne Störung. In der Stadt herrschte das gewohnte hektische Treiben, die Ampeln sprangen von rot auf grün, die Cafés waren voll. Und Pienaars *Springboks* trainierten wie besessen im 600 Kilometer entfernten Durban für ihr Spiel am folgenden Tag gegen Frankreich.

Der *ANC* hätte nun allen Grund der Welt gehabt, um zu sagen, was genug ist, ist genug: Wir nehmen das Entgegenkommen unwiderruflich zurück. Doch sie taten es nicht. Wieder war es Mandela, der sich, unterstützt von Steve Tshwete, durchsetzte und erklärte, dass es nicht die Viljoens und die Terreblanches und die von Maltitzes wären, die sie erreichen wollten. Das seien vorläufig hoffnungslose Fälle, sie wollten die einfachen Afrikaaner erreichen. Wie allen einfachen Leuten dieser Welt ist ihnen, gerade auch, wenn das Land zwischen Krieg und Frieden schwebt, Sicherheit und Wohlstand wichtiger als die Ideologie. Sie beobachten, woher der Wind weht, sie schauen danach aus, welche Wahl den Interessen ihrer Familie am besten dient. Für diese Leute blieb Rugby ein Anreiz. Würde er fehlen, würde es ihnen wehtun und sie in Versuchung bringen, sich dem Lager Viljoens zuzuwenden.

Mandela wusste auch, dass Rugby das Opium der Apartheid war, die Droge, die das weiße Südafrika unempfindlich für das werden ließ, was ihre Politiker machten. Eine Droge, die den Geist der weißen Südafrikaner unempfindlich gegen den Schmerz des Verlustes ihrer Macht und Privilegien machen würde und die sehr nützlich sein könnte.

Das Spiel gegen Frankreich, eine große Rugby-Nation, gegen die Südafrika seit 13 Jahren nicht spielen durfte, war der stolzeste Moment in den 26 Lebensjahren François Pienaars. Das Spiel fand im ausverkauften Stadion vor 52.000 Zuschauern statt und verdrängte die Ereignisse, die 24 Stunden zuvor im *World Trade Center* stattgefunden hatten, aus dem öffentlichen Bewusstsein. Das Spiel endete mit einem 20:20 unentschieden, doch für Pienaar und die meisten anderen weißen Südafrikaner war es wie ein Sieg.

KAPITEL 10

DIE UMWERBUNG DES GENERALS

1838 führte der Burengeneral Piet Retief tausend Ochsenkarren mit Männern, Frauen und Kindern tief ins Zulu-Gebiet. Dingane, der König der Zulus, beobachtete den Zug aufmerksam. Man hatte ihm berichtet, dass die Weißen überall Land in Besitz nahmen. Und er hatte auch gehört, dass sie den schwarzen Stämmen, die Widerstand zu leisten versuchten, furchtbare Verluste zufügten. Dinganes erster Instinkt war es, zu kämpfen. Die Zulus waren schließlich die tapfersten, diszipliniertesten und gefürchtetsten Krieger im südlichen Afrika. Ihre Vorfahren hatten alle anderen vor sich hergetrieben. Das gleiche schienen jetzt die Buren zu tun. Aber dieser Feind hatte Pferde und Gewehre. Der Zulu-König hielt es in Anbetracht dessen für ratsamer, eine Verhandlungslösung anzustreben, statt seine Speerkämpfer ins Feld zu schicken. Daher schickte er Unterhändler zu Retief und lud ihn in seinen königlichen Kraal ein. Er wollte zu einer Übereinkunft kommen, die ein friedliches Zusammenleben ermöglicht.

Retief, der als Ehrenmann in die Geschichte eingegangen ist, nahm die Einladung gegen den Rat seiner Leute an. Sie warnten, dem Zulu-König nicht zu trauen, der seinen Halbbruder Shaka ermordet hatte, um auf den Thron zu kommen. Retief rechnete jedoch damit, dass Dingane nicht so unüberlegt handeln und den Führer eines großen Kontingents schwerbewaffneter Weißer umbringen würde.

Am 3. Februar kam Retief in die Zulu-Hauptstadt uMgungundlovu, was „geheimer Ort des Elefanten" bedeutet. Er hatte 69 Männer bei sich sowie Rinder und Pferde als Geschenk für Dingane. Alles verlief gut. Noch vor Ende des folgenden Tages einigten sich beide Seiten auf einen Vertrag, in dem Dingane große Landstriche an die Burenpioniere abtrat. Um die Übereinkunft zu feiern, lud Dingane Retief und seine Männer zu einem Fest mit traditionellen Zulu-Tänzen zwei Tage später ein. Sie wurden angewiesen, ihre Gewehre außerhalb des königlichen Kraals zu deponieren, was sie höflich taten. Sie gingen hinein, setzten sich und schauten den Tänzen zu. Als diese ihren wilden Höhepunkt erreichten, sprang Dingane auf und rief: *„Bambani aba thakathi!"* („Tötet die Zauberer!"). Die Krieger des Königs überwältigten Retief und seine Männer und metzelten sie auf einem nahe gelegenen Hügel nieder.

Jedes weiße Schulkind in Südafrika kannte die Geschichte von Piet Retief und Dingane. Für Traditionalisten wie Constand Viljoen, die die Überlieferung der Buren hochhielten und sich in der Tradition von Burenhelden wie Retief sahen, drohte immer Betrug wie der von Dingane, falls man den Schwarzen vertraute.

Genau das gleiche – so die Anhänger der Volksfront – machte Mandela nun mit de Klerk. Braam Viljoen, Constands Zwillingsbruder, verstand die extreme Rechte besser als andere mit ihr Verbündete: Er, der sich dem Lager des *ANC* angeschlossen hatte, kannte das Denken. Aus der Geschichte hatten sie die Lehre gezogen, dass „unsere Schwarzen nicht auf rationale Überzeugung, sondern nur auf Einschüchterung und Gewalt reagieren“. Braam Viljoen verfasste einen Aufsatz für *IDASA*, die Expertenkommission, für die er arbeitete. Der Aufsatz trug dazu bei, dass Mandela und der *ANC* die extreme Rechte so ernst nahmen wie de Klerk, der durch seinen Geheimdienst über sie informiert war.

In seinem Aufsatz schrieb Braam Viljoen, dass unter der neuen Führung sich „die Stimmung des rechten Flügels vom Fatalismus in militanten Aktivismus gewandelt hätte. Dies mache es möglich, dass die sich unterschiedlichsten Afrikaanergruppen unter dem neuen Dach der Volksfront zusammenschließen“. Braam Viljoen, schloss die Möglichkeit nicht aus, dass sich große Teile der *SADF* seinem Bruder anschließen würden. Er warnte, man müsse unbedingt auf die extreme Rechte achten. „Manchmal glaube ich, dass hier klassische Elemente der Tragödie zusammenkommen: dass die Vergangenheit unausweichlich die Zukunft bestimmt und dass Heldentum und Ehrwürdigkeit sich auf merkwürdige Weise mit äußerster Torheit verbinden, um schließlich in die unvermeidbare Katastrophe zu führen.“

Um herauszufinden, ob die extreme Rechte zu Gesprächen mit dem *ANC* überhaupt bereit sein würde, wollte Braam endlich das Schweigen zwischen ihm und seinem Bruder brechen. Kurz vor ihrem 60. Geburtstag kamen Braam and Constand Viljoen Anfang Juli 1993 zusammen und sprachen zum ersten Mal in ihrer Erinnerung über Politik.

Braam machte den Anfang, indem er Constand eine einfache, direkte Frage stellte: „Welche Optionen habt ihr?“

„Ich fürchte“, antwortete Constand, „dass wir nur eine Option haben. Wir müssen das mit militärischen Mitteln ausfechten.“

Hierauf erwiderte Braam, der diese Antwort erwartet hatte: „Es könnte noch eine andere Option geben. Hältst du ein hochrangiges Treffen mit dem *ANC* für möglich? Als letzten Versuch, einen Bürgerkrieg zu verhindern?"

Constand dachte einen Augenblick nach und sagte dann: „Ich werde den Vorschlag mit der Führung der Volksfront besprechen."

Ein paar Tage später erstattete Constand seinem Bruder Bericht. Constand kannte den Krieg und wollte ihn vermeiden. Er wollte Mandela treffen und die Führung der Volksfront, als Militärs gewohnt, sich dem Willen ihres obersten Führers zu beugen, stimmte zu. „Die Antwort lautet ja", teilte Constand seinem Bruder mit. „Wir sind bereit, uns mit dem *ANC* treffen." Braam machte sich sofort an die Arbeit. Er setzte sich mit seinem ehemaligen Theologiestudenten Carl Niehaus in Verbindung, der inzwischen einer der profiliertesten Politiker des *ANC* war. Er kümmerte sich um die tagtäglichen Arbeitsabläufe in der Abteilung für Kommunikation.

Braam Viljoen informierte Niehaus, dass sein Bruder seit seiner Ernennung zum Führer der Volksfront durch das Land gezogen war, um Getreue für den Krieg zu mobilisieren. Man hoffte, die Verhandlungen zu Fall zu bringen und allgemeine, freie und gleiche Wahlen zu verhindern. Constand, der mit hohen *SADF*-Beamten im Bund stand, die mit seiner Sache sympathisierten, dachte ernsthaft an einen Putsch. „Braam erzählte mir, dass sie die *SADF* zum Loyalitätsbruch bringen und die Regierung mit einem klassischen Putsch entmachten wollten", erinnerte sich Niehaus später. „Er erzählte mir, sie hätten genügend Waffen und Leute, um dies umsetzen zu können".

Braam teilte Niehaus mit, dass die Volksfront anders als viele andere kleinere Gruppen nicht an den Verhandlungen im *World Trade Center* teilnehmen wollte. Sich mit dem *ANC* an einen

Tisch zu setzen, war schon schlimm genug, doch mit der Regierung de Klerks war es undenkbar. Die einzige schwache Aussicht, eine friedliche Lösung für die drohende Krise zu finden, bestand in direkten Gesprächen zwischen dem *ANC* und der Führung der Volksfront. Hielt Niehaus sie für möglich?

Niehaus setzte sich sofort mit Mathews Phosa in Verbindung, einem wichtigen Geheimdienstmann des *ANC*, und fragte ihn, ob die Gerüchte über einen möglichen Putsch ernst zu nehmen seien. Phosa sagte, seinen Quellen zufolge müssten sie sogar sehr ernst genommen werden. Phosa sowie andere wichtige Funktionäre des *ANC*, mit denen Niehaus gesprochen hatte, sprachen sich für ein Treffen mit der Volksfront aus. „Mandela zögerte nicht, als er von diesem Vorschlag erfuhr. Er begriff sofort den Wert dieses Treffens", erinnerte sich Niehaus. „Er glaubte an den persönlichen Kontakt und er war davon überzeugt, dass er zu Constand Viljoen eine Beziehung würde herstellen und ihn davon überzeugen können, sich die Sache noch einmal zu überlegen."

Niehaus überbrachte Braam die positive Antwort des *ANC*, die er sofort seinem Bruder übermittelte. Constand sagte, er sei zufrieden, dass die Verhandlungen fortgesetzt werden würden, stellte jedoch zwei grundlegende Bedingungen. Erstens sollte die Sicherheit der Volksfront-Gesandten garantiert werden und zweitens sollte das Treffen unter absoluter Geheimhaltung stattfinden. Constand wollte offenbar Piet Retiefs Schicksal entgehen, aber er trat auch unbewusst in Mandelas Fußstapfen. In den 1980er Jahren wäre es für Mandela verheerend gewesen, wenn die einfachen Mitglieder des *ANC* von seinen Gesprächen mit dem Feind gewusst hätten. Dieses Unverständnis hätte zu tiefen Spaltungen geführt. Viljoen befürchtete Ähnliches oder Schlimmeres, wenn seine Soldaten etwas über sein Treffen mit Mandela herausfänden.

Braam sicherte seinem Bruder im Namen des *ANC* dies alles zu. Am 12. August 1993 betraten Braam und Constand Viljoen das Haus von Nelson Mandela in Houghton durch die Vordertür. Mit ausgestreckter Hand und seinem strahlenden Lächeln begrüßte sie Mandela persönlich. Beide Seiten waren verblüfft. Mandela war viel größer und körperlich insgesamt beeindruckender als die beiden Brüder. Außerdem war er so warmherzig und augenscheinlich so erfreut, sie zu sehen. Mandela schaute die beiden Brüder an und sah zwei mittelgroße, mittelschwere Männer mit der gleichen großen Nase, dem gleichen vorspringenden Kinn, dem gleichen vollen, weißen Haar und den ernsten, meerblauen Augen. Erst als er die beiden Brüder ins Innere begleitete, erkannte er einen Unterschied im steifen, aufrechten Gang des Soldaten und dem entspannteren Gang des Theologen.

Constand Viljoen kam in Begleitung von drei pensionierten Generälen, die das Kommando der Volksfront bildeten, während Mandela von den beiden Führern des militärischen und des Geheimdienstflügels des *ANC* begleitet wurde. Braam Viljoen und Carl Niehaus komplettierten als Unterhändler die Gruppe. Mandela fühlte sich bei dem verkrampften einleitenden Vorgeplänkel am wohlsten. Er benahm sich so, als empfinge er eine Delegation europäischer Botschafter. Hier kamen zwei Gruppen von Menschen zusammen, um ihre seit Jahrzehnten eingefahrene Beziehung ins Gegenteil zu verkehren – obwohl sie immer noch erbitterte Feinde waren. Viljoen war dabei zu tun, was Mandela 1961 getan hatte: eine bewaffnete Widerstandsbewegung aufzubauen, die den Status Quo mit Gewalt bekämpfen wollte. Mandela wollte den künftigen Terroristen eine friedliche Alternative anbieten, die ihm selbst erst knapp 30 Jahre nach seiner Gründung von *Umkhonto* offengestanden hatte.

Während die beiden Delegationen einander musterten und unsicher waren, ob sie es faszinierend oder abstoßend finden sollten, unbewaffnet im selben Raum zu sein, bot Mandela im Wohnzimmer General Viljoen höflich einen Platz neben sich an. Die förmlichen Gespräche am Tisch sollten sogleich beginnen. Doch zunächst erwies Mandela dem schon lange im Ruhestand befindlichen P.W. Botha seine Referenz. Das alte Krokodil hatte ihn vier Jahre zuvor in *Tuynhuys* mit formvollendeten Manieren empfangen. Und so bot Mandela Constand eine Tasse Tee an und goss sich selbst eine an. „Nehmen Sie Milch, Mr. General?" Der General bejahte die Frage. „Wollen Sie etwas Zucker?" „Ja, bitte, Mr. Mandela", antwortete der General.

Viljoen rührte seinen Tee um und war durch den ihm entgegengebrachten höflichen Respekt verwirrt. Das hatte er überhaupt nicht erwartet. Die lange festgefahrenen Stereotypen begannen sich zu lösen. In jenem Augenblick konnte er aufgrund seiner Erziehung nicht sehen, dass er in einer anderen politischen Liga spielte. Mandela war eher ein Mann der Welt als der Mann eines Volkes, konnte anders als der General auch von ihm verschiedene Menschen verstehen. Er wusste, wann er der Eitelkeit schmeicheln und wann er beschwichtigen musste. (Niël Barnard sprach von Mandelas „fast schon nachtwandlerischem Instinkt, die Schwachstellen von Menschen auszumachen und ihnen Sicherheit zu vermitteln".) Er wusste, wo er offensiv sein konnte, ohne zu beleidigen und eine Direktheit an den Tag legen konnte, die der General wie damals P.W. Botha schätzen würde. Jahre später sagte mir Mandela: „Seit ich meine Anwaltsausbildung begonnen habe, habe ich immer mit Afrikaanern gearbeitet, und ich fand sie stets einfach und direkt. Wenn ein Afrikaaner dich nicht mag, sagt er ‚gaan kak' – ‚Geh weg' wäre eine höfliche Übersetzung. Aber wenn er dich mag, stimmt er dir zu. Sie bleiben bei dem, was sie einmal begonnen haben."

Mandela – der höflich war, aber eindeutig kein Süßholz raspelte – bemühte sich, die Zuneigung Viljoens zu gewinnen. „Mandela begann damit, dass die Afrikaaner ihm und seinem Volk viel Schaden zugefügt hätten", erinnerte sich General Viljoen, „aber er habe irgendwie dennoch großen Respekt vor den Afrikaanern. Er sagte, das beruhe vielleicht darauf, dass der Afrikaaner etwas Menschliches an sich habe, auch wenn das von außen schwer zu erkennen sei. Er sagte, wenn das Kind eines Arbeiters auf der Farm eines Afrikaaners krank wird, würde der Afrikaaner es in seinem *bakkie* ins Krankenhaus bringen, dort anrufen und sich nach ihm erkundigen und die Eltern zu ihm fahren und sich anständig verhalten. Gleichzeitig würde der Afrikaaner seine Arbeiter streng behandeln und erwarten, dass sie hart arbeiten. Er sei ein anspruchsvoller Arbeitgeber, sagte Mandela, aber er sei auch menschlich, und dieser Aspekt des Afrikaaners beeindrucke ihn sehr."

Viljoen war erstaunt über Mandelas Fähigkeit, die oberflächlichen Klischees zu überwinden und die, wie er meinte, wahre Natur des Afrikaaners zu verstehen. Wie viele schwarze Farmarbeiter Mandelas Einschätzung des „Baas" zugestimmt hätten, ist eine andere Frage. Der Punkt war, dass Mandela wusste, sein Bild des Afrikaaners als rauer Christ würde genau mit Viljoens eigenem Bild von seinem Volk übereinstimmen.

Viljoen war so fasziniert wie Botha, als Mandela die Ähnlichkeiten in der Geschichte der Schwarzen und der Afrikaaner erläuterte. Beide hatten sie Freiheitskriege ausgefochten. Und Mandela tat etwas, das Viljoen nicht erwartet hatte. Er erwies dem General die Ehre, seine eigene Sprache zu sprechen.

Mandela hatte bei Viljoen genau den richtigen Ton getroffen und ihn als einen Mann behandelt, mit dem er reden konnte und der ihn zu verstehen vermochte. Der eigentliche Gegenstand des Treffens wurde am Ende ihres Gesprächs bei derselben Tasse Tee angesprochen. Braam Viljoen hörte im entscheidenden Moment zu.

„Ich hoffe, Sie verstehen, wie schwierig es für uns Weiße ist, darauf zu vertrauen, dass die Dinge gut verlaufen, wenn der *ANC* an der Macht ist", sagte Constand Viljoen und fügte betont höflich die Drohung hinzu: „Ich bin mir nicht sicher, ob Sie sich darüber im Klaren sind, Mr. Mandela, dass das hier beendet werden kann."

Mit „das" meinte Viljoen den friedlichen Übergang zur schwarzen Herrschaft. Er sprach es nicht aus, doch er machte Mandela klar, dass es zu militärischen Interventionen kommen würde und der rechte Flügel, unterstützt von der *SADF*, die Macht an sich reißen würde, wenn den Afrikaanern nicht ein großes Stück territorialer Souveränität innerhalb der südafrikanischen Grenzen zugesprochen würde. „Hören Sie, General", sagte Mandela ernst. „Ich weiß, dass Sie über gut bewaffnete, gut trainierte, starke militärische Kräfte verfügen, die weitaus mächtiger sind als die unsrigen. Auf militärischer Ebene können wir Sie nicht schlagen, wir können nicht gewinnen. Aber wenn Sie in den Krieg ziehen, können Sie auf lange Sicht gesehen auch nicht gewinnen. Denn erstens steht die internationale Gemeinschaft eindeutig hinter uns. Und zweitens sind wir zu viele, Sie können nicht alle von uns töten. Und was wäre das für eine Art von Leben für Ihre Leute? Meine Leute werden in den Busch gehen, der internationale Druck auf Sie wäre enorm und dieses Land wäre für alle die Hölle auf Erden. Ist es das, was Sie wollen? Nein, General, wenn wir in den Krieg ziehen, gäbe es keinen Sieger."

„Das ist richtig", erwiderte General Viljoen. „Es kann keinen Sieger geben."

Und das war's. Darauf baute der Dialog zwischen der extremen Rechten und der schwarzen Befreiungsbewegung auf. Jenes erste Treffen in Houghton legte den Grundstein für die dreieinhalb Monate dauernden Geheimverhandlungen zwischen dem *ANC* und der Volksfront. Die Volksfront wollte das Prinzip eines afrikaanischen Israels konstitutionell festschreiben. Der *ANC* sagte dazu weder Ja noch Nein. Das wichtigste Ziel des *ANC* bestand darin, Viljoens Leute am Verhandlungstisch zu halten, indem ihnen künftige Gespräche über einen „Burenstaat" in Aussicht gestellt wurden.

Die Gespräche dauerten trotz einer Reihe potenziell destabilisierender Ereignisse die letzten drei Monate des Jahres 1993 an. Zuerst kündigten die Unterhändler im *World Trade Center* an, dass am 27. April 1994 die ersten allgemeinen und freien Wahlen stattfinden würden. Dann setzten sie ein Komitee ein, das eine neue Landesfahne und eine neue Nationalhymne erarbeiten sollte. Daraufhin entlarvte sich Mangosuthu Buthelezi selbst, indem er ein Bündnis mit der extremen Rechten schloss. Es umfasste die Volksfront und die *Inkatha* und nannte sich *Freedom Alliance*. (Viljoens Anhänger, die von der Mordlust der *Inkatha* und ihrer Bereitschaft, Worte mit Gewalt zu unterstreichen, beeindruckt waren, begrüßten diese Entwicklung.) Dann wurden Chris Hanis Mörder, Janusz Walus und Clive Derby-Lewis, zum Tode verurteilt. Ferner wurde zum ersten Mal eine Schwarze zur Miss Südafrika gekürt. Es wurde noch mehr Salz in die Wunden gestreut, als Mandela und de Klerk gemeinsam den Friedensnobelpreis erhielten. Am wichtigsten aber war, dass Mandela und de Klerk zusammen eine Zeremonie abhielten, bei der die neue Übergangsverfassung des Landes in Kraft gesetzt wurde. Am Ende der dreieinhalbjährigen Verhandlungszeit stand ein Kompromiss: Die fünfjährige Amtszeit der ersten demokratisch gewählten Regierung sollte durch eine Koalition bestimmt sein; der Präsident sollte der Mehrheitspartei angehören und das Kabinett sollte entsprechend den Stimmenanteilen der Parteien zusammengesetzt werden. Die neue Vereinbarung garantierte, dass die weißen Beamten einschließlich der Soldaten ihre Arbeitsplätze und die weißen Farmer ihr Land behielten. Und es sollte keine Tribunale im Stile Nürnbergs geben.

Zwar hatte Mandela den historischen Kompromiss mit de Klerk geschlossen, doch empfand er mehr persönlichen Respekt für Viljoen – und auch für P.W. Botha – als für den Präsidenten, der ihn freigelassen hatte. In Mandelas Augen war Viljoen ein patriarchaler Führer wie er selbst, der in den Grenzen seines weltfremden Burentums ein großes Herz hatte. In Viljoen sah er seine eigenen Qualitäten – Ehrlichkeit, Integrität, Mut –, die er mochte, und umgekehrt.

In de Klerk erblickte Mandela hingegen wenig Vorbildliches. Mandela verzieh ihm niemals das, was er als Gleichgültigkeit gegenüber dem Verlust von schwarzen Menschenleben in den *Townships* betrachtete. Er hatte vom Präsidenten das Bild eines niedrig gesinnten, aalglatten Anwalts gewonnen, der sich mit Details beschäftigte und dem die Qualitäten eines wahren Führers fehlten. Dieses Bild war selbst nach Ansicht einiger seiner Kollegen vom *National Executive Committee* des *ANC* unfair. Doch der korrekte viktorianische Gentleman in Mandela verabscheute das Gefühl, dass jemand sein Vertrauen missbraucht.

Allerdings gewann Mandela mit de Klerk den Nobelpreis. Diese Entscheidung erboste Mandela. Er hielt sie nicht für verfrüht – obwohl sie das war, da ja noch niemand wissen konnte, wie der Kampf zwischen Krieg und Frieden ausgehen würde. Er meinte, dass de Klerk ihn nicht verdient habe und er ihm und dem *ANC* insgesamt zugesprochen werden sollte. Sein alter Freund und Anwalt Bizos, der mit der Delegation zur Preisverleihung nach Norwegen reiste, sagte: „Als de Klerk seine Dankesrede hielt, erwartete Mandela, dass er die Ungerechtigkeit eingestand, die durch die Apartheid am südafrikanischen Volk verübt worden war. In de Klerks Rede kam nichts dergleichen vor." Als hätte er den Lobreden und den unausgesprochenen Halbwahrheiten des Abends geglaubt, er stehe moralisch mit Mandela auf gleicher Ebene, sagte de Klerk lediglich, beide Seiten hätten „Fehler" gemacht. „Ich schaute auf Mandela. Er schüttelte nur den Kopf."

Am Abend standen Mandela und de Klerk vor der Kathedrale von Oslo und schauten einem Fackelumzug zu. Im Laufe der Zeremonie wurde *Nkosi Sikelele* gesungen. Mandela bemerkte, dass de Klerk beim Singen der Befreiungshymne ins Gespräch mit seiner Frau vertieft war. Mandelas Geduld hatte schließlich beim Abendessen, das der norwegische Premierminister für 150 Gäste, Mitglieder seiner Regierung und das diplomatische Corps gab, ein Ende. Bizos war schockiert von der Schärfe, die in Mandelas Worten lag, als er aufstand und sprach. „Er berichtete in grauenhaften Einzelheiten, was den Gefangenen auf Robben Island zugefügt worden war", sagte Bizos. „Beispielsweise davon, dass ein Mann bis zum Hals in den Sand eingegraben wurde, auf den dann uriniert wurde ... Er erzählte die Geschichte als Beispiel der Unmenschlichkeit dieses Systems, auch wenn er nicht bis zum Äußersten ging und sagte: ‚Seht her, das sind die Leute, die dieses System repräsentierten.'"

Mandela war offensichtlich nicht ganz frei von Bitterkeit gegen die Menschen, die ihn inhaftiert hatten, obwohl er bei der Pressekonferenz am Tag nach seiner Freilassung etwas anderes gesagt hatte und obwohl seine Bewunderer auf der ganzen Welt ein anderes Bild von ihm hatten. Schließlich war er ein Mensch und kein Heiliger.

KAPITEL 11

„SPRICH IHRE HERZEN AN“

1994

Einfache Ernährung mit wenig Fett, regelmäßige körperliche Betätigung, frische Seeluft, reichlich Schlaf, ein regelmäßiger Tagesablauf und so gut wie keinen Stress: Das Gefängnisleben hatte auch seine Vorteile. Es erklärt zum Teil, dass die Ärzte Nelson Mandela in seinem besonders turbulenten 76. Lebensjahr die Konstitution eines fitten Fünfzigjährigen attestieren konnten.

1993 war ereignisreich gewesen, aber 1994 wurde noch härter. Mandela stand jeden Morgen um 4.30 Uhr auf, nicht nur aus Gewohnheit, sondern auch aus Notwendigkeit. Und es schien so, als würde er noch früher aufstehen müssen. Die weiße und die schwarze Rechte weigerten sich immer noch, sich an den Wahlen zu beteiligen und drohten mit Krieg, falls die Wahlen ohne sie stattfänden. Wenn die ersten freien und allgemeinen Wahlen tatsächlich wie geplant am 27. April stattfänden, müsste sich Mandela mit der landesweiten Wahlkampagne beschäftigen. Und wenn die Wahlen erfolgreich verliefen, müsste er ein

Land regieren – ein Land, das nicht nur die gleichen Probleme wie jedes andere Land hatte. Es war gewiss, dass das Problem der Stabilität unabhängig vom Ergebnis der Gespräche mit General Viljoen nicht in absehbarer Zeit gelöst würde. Die Bedrohung durch konterrevolutionären Terrorismus blieb bestehen.

Die gute Nachricht war: Constand Viljoen hatte seine Begeisterung für den Krieg verloren. Seit er in Potchefstroom zum bewaffneten Kampf aufgerufen hatte, war in ihm – mit Mandelas Hilfe – die Einsicht gewachsen, dass dann ein Blutbad angerichtet würde. Er hielt Mandelas Präsidentschaft vielleicht nicht mehr für so apokalyptisch wie zuvor, dennoch rief er seine Anhänger zu Kriegsvorbereitungen auf. „Wenn man mit einem Wolf diskutieren will, sollte man auf jeden Fall eine Pistole in der Hand haben", war sein Motto. Allerdings war er inzwischen nicht mehr so sicher, ob der Wolf wirklich ein Wolf war oder nicht vielleicht doch eher ein Hund, den man zähmen konnte. Er mochte Mandela, hatte aber Zweifel am *ANC*. Er befürchtete, dass die Führer, mit denen er sich traf, darunter die Nummer zwei des *ANC*, Thabo Mbeki, sein Vertrauen missbrauchen könnten. Er hatte zudem Angst, sein Volk zu verraten. Hinzu kam noch etwas anderes: Konnte dies möglicherweise nicht alles ein ausgefeiltes Täuschungsmanöver des *ANC* sein, um Südafrika kommunistisch zu machen und sich an den Weißen zu rächen? Tat er nur so, als ob? Wenn das zutraf, so hatte er die Führung der *SADF* getäuscht. General Georg Meiring, sein Nachfolger als Oberbefehlshaber der Streitkräfte, hatte kurz vor Weihnachten 1993 eine Rede gehalten, in der er die neue Verfassung ausdrücklich unterstützte. (Ein Mittel, ihn dazu zu bewegen, war freilich die Drohung des Chefs der Luftwaffe, ihn zu bombardieren, falls er die Armee gegen die neue Ordnung führte.) Viljoen wusste jetzt, dass die Volksfront im Kriegsfall vermutlich derselben militärischen Macht gegenüberstehen würde, der er so stolz gedient hatte. Einige Teile der *SADF* würden verlässlich auf der Seite des burischen Widerstands stehen. Aber, wenn man einmal von einem sehr unwahrscheinlichen Putsch an der Spitze absah, würde die Institution als ganze vermutlich Mandela und de Klerk unterstützen.

General Viljoen fühlte sich unsicherer und unwohler als je zuvor. Selbst als die Erfolgsaussichten der Volksfront sanken, forderten seine Soldaten lauthals den Krieg. Auch Mandela vernahm diese Rufe, er sah die Situation von Viljoen: Viljoens Anhängerschaft brauchte etwas, das sie als Sieg betrachten konnte, ohne einen Tropfen Blut zu vergießen. Mandela war dies klar, dem Rest der *ANC*-Führung jedoch nicht. Bei einem Treffen des *Nationalen Exekutivkomitees* der Bewegung, auch kurz *NEC* genannt, Anfang 1994 ging es um die heikle Frage der Nationalhymne. Die alte Hymne war inakzeptabel. *Die Stem*, ein düsteres und martialisches Lied, feiert den Triumph von Retief, Pretorius und den anderen *Trekkern* auf ihrem Marsch durch Südafrika im 19. Jahrhundert und die Vernichtung des schwarzen Widerstands. Die inoffizielle Hymne des schwarzen Südafrikas, *Nkosi Sikelele*, brachte das tief empfundene lange Leid eines Volkes zum Ausdruck, das sich nach Freiheit sehnt.

Kurz nach dem Beginn der Sitzung kam ein Assistent herein, um Mandela zu informieren, dass ein ausländischer Staatschef am Telefon sei. Er verließ den Raum und die rund 30 Männer und Frauen im obersten Entscheidungsgremium des *ANC* machten ohne ihn weiter. Es bestand ein überwältigender Konsens, *Die Stem* abzuschaffen und durch *Nkosi Sikelele* zu ersetzen. Die Mitglieder schwelgten in Gedanken, was ihre Entscheidung für das neue Südafrika bedeuten würde, als Mandela zurückkam. Sie informierten ihn, und er entgegnete: „Entschuldigung, ich will nicht unhöflich sein, aber ich glaube, ich muss etwas dazu sagen. Ich hätte nie gedacht, dass erfahrene Leute wie ihr eine derartig wichtige Entscheidung treffen, ohne auf den Präsidenten eurer Organisation zu warten."

Ungläubig erläuterte Mandela seinen Standpunkt. „Das Lied, das ihr so leichtfertig abtut, betrifft die Emotionen vieler Menschen, die ihr noch nicht repräsentiert. Mit einem Federstrich würdet ihr die wichtigste, die einzige, Grundlage zerstören, auf die wir bauen: Versöhnung."

Die Männer und Frauen in der Exekutive des *ANC* waren peinlich berührt. Mandela schlug zwei Nationalhymnen vor, die zu allen offiziellen Anlässen, von Vereidigungen bis zu Rugbyspielen, nacheinander gespielt werden sollten: *Die Stem* und *Nkosi Sikelele*. Die Freiheitskämpfer waren sofort von Mandelas Argumentation überzeugt und gaben nach. Jacob Zuma, der die Besprechung moderierte, sagte: „Nun, ich … ich glaube, die Angelegenheit ist geklärt, Kameraden. Ich glaube, die Sache ist geklärt." Es gab keinen Widerspruch.

Der *NEC* kapitulierte vor Mandelas Zorn, weil alle Mitglieder erkannten, dass seine reife und großzügige Reaktion in der Hymnenfrage taktisch richtig war. Er hatte dem *NEC* gepredigt, man müsse die Afrikaaner für sich gewinnen und ihren Symbolen Respekt erweisen. Man könne am Anfang einer Rede entgegen der eigenen Überzeugung durchaus ein paar Worte auf Afrikaans sagen. „Ihr sprecht nicht zu ihrem Geist", sagte er, „ihr sprecht zu ihrem Herzen."

Im Falle Constand Viljoens sprach Mandela zu beiden, aber am Ende hatte das Herz die Oberhand gewonnen. Dabei half es, dass die Volksfront am 11. März ihr Waterloo erlebte und der General in die Richtung driftete, in die ihn Mandela sanft gedrängt hatte.

Kaum sechs Wochen vor den Wahlen reagierte Viljoen auf die Forderung eines seiner schwarzen Verbündeten in der *Free-*

dom Alliance. Diesmal war es nicht Buthelezi, sondern der Führer eines anderen Stammes, den der Chefideologe Hendrick Verwoerd in seine Strategie der „großen Apartheid" eingebaut hatte. Lucas Mangope, dessen Herrschaft über Bophuthatswana durch die Mehrheit seiner Bürger bedroht war, die den *ANC* unterstützten und seine Abhängigkeit von Pretoria unerträglich fanden. Viljoen stellte eine Armee von über Tausend Männern zusammen, die zur Hauptstadt von „Bop" marschierte, einem Ort namens Mmabatho. Die Sache entwickelte sich zu einem Fiasco, als Eugene Terreblanches *AWB* die Bühne betrat und den afrikaanischen Zeitungen zufolge ein „*kaffirskietpiekniek*" durchführte – ein „Kafferabschießpicknick". Mangopes Schutztruppen meuterten, schossen auf die Volksfront, und als die *SADF* später mit einem Tross bewaffneter Fahrzeuge ankam, hatten sich Viljoens flüchtende Soldaten in alle Windrichtungen zerstreut.

Die Ereignisse von Mmabatho werden oft als einziger Grund für Viljoens Niederlegung des bewaffneten burischen Widerstandskampfes genannt. Er selbst versicherte mir aber, noch andere Gründe gehabt zu haben. Als er erst einmal die Hooligans vom *AWB* losgeworden war, besaß er immer noch genügend Mittel für einen „militärischen" Feldzug – ganz gleich, ob man das als Terrorismus bezeichnet hätte. „Wir hatten einen Plan. Wir hätten die Wahlen verhindern können, nicht mithilfe der *SADF*, sondern ganz alleine. Wir hatten die Mittel, wir hatten die Waffen, wir hatten die Taktik und wir hatten den Willen. Nicht zur Machtübernahme und nicht zum Sieg über die *SADF*, aber ganz zweifellos, um die Wahlen erfolgreich zu verhindern."

Arrie Rossouw, der vier Jahre nach Mandelas Freilassung als wichtiger Mann des afrikaanischen Journalismus galt und später Chefredakteur bei *Beeld* und *Die Burger* wurde, stimmte zu. „Keine Frage, er hätte dem Land furchtbaren Schaden zufügen können“, sagte er. „Er hätte ohne Schwierigkeiten 400 gut ausgebildete ehemalige Mitglieder der Aufklärungseinheit unter sein Kommando bringen, sie gut bewaffnen, Flughäfen, Bahnhöfe und Busbahnhöfe in die Luft sprengen und Menschen umbringen lassen können. Sie hätten es wohl nicht geschafft, die Regierung zu stürzen – das war die Lektion von Mmabatho –, aber sie hätten die Wirtschaft lähmen und völliges politisches Chaos herbeiführen können. Und das hätte viele Jahre so weitergehen können.“

Sie hätten mit anderen Worten das gleiche machen können wie die *IRA* 30 Jahre lang in Nordirland, aber mit noch weit katastrophaleren Folgen. Sie besaßen mehr Waffen und hatten mehr Männer mit größerer militärischer Erfahrung, und Südafrika war noch eine zerbrechliche junge Demokratie mit einer schwachen Wirtschaft, die viel leichter als Irland oder Großbritannien im Chaos versinken konnte. Und nicht ein Kollektiv von mehreren, sondern ein Mann allein entschied über Krieg und Frieden.

„Ja, es war allein meine Entscheidung. Ausschließlich“, bestätigte Viljoen ernst. „In den letzten Wochen vor der Wahl war die Meinung in der afrikaanischen Volksfront 50:50 zwischen denen, die eine gewaltsame Lösung, eine Blockade der Wahlen und des Demokratisierungsprozesses wollten, und denen, die für eine Verhandlungslösung waren.“ Wie ist er zu seiner Entscheidung gekommen? „Ich war immer der Meinung, dass Krieg und Gewalt keine Lösung sind. Ich kenne den Krieg. Daher habe ich meinen Anhängern gesagt, dass ich es mit mir selbst ausmachen würde, ob wir in den Krieg ziehen oder nicht. Es war die schwierigste Entscheidung meines Lebens.

Im Militär muss man vor einer Entscheidung wie dieser alle Faktoren abwägen. Wir werten aus und denken gründlich nach, und erst nach einem langen Prozess fällen wir eine Entscheidung. Ich war der Meinung, dass Verhandlungen und die Beteiligung an den Wahlen richtig seien. Ich hielt es für das Beste für das Land und für das Volk der Afrikaaner."

Was aber, fragte ich ihn, war der ausschlaggebende Faktor gewesen? War es der *AWB*-Pöbel? War es Mmabatho? Ohne zu zögern antwortete er, „Der Charakter des Gegners – ob man ihm vertrauen kann, ob man glaubt, dass er wirklich den Frieden will. Wichtig ist, wenn man sich hinsetzt und mit einem Feind verhandelt, also der Charakter derjenigen, die dir am Tisch gegenüber sitzen und Klarheit darüber, ob sie die Unterstützung ihrer Leute haben. Mandela hatte beides."

Kaum jemand konnte Mandelas Charme widerstehen – nicht einmal de Klerk, als sie vor den Wahlen vom 27. April gegeneinander Wahlkampf führten, oder als sie in einer Live-Debatte im Fernsehen Kopf an Kopf lagen. De Klerk hätte Mandelas Sohn sein können. In der Debatte war er schärfer und besser vorbereitet als sein Kontrahent. Als die Debatte zu Ende ging, schüttelte Mandela de Klerks Hand und pries ihn als „wahren Sohn Afrikas". De Klerk war verblüfft und vermochte nur, den Handschlag anzunehmen und sein bestes Lächeln aufzusetzen, obwohl er wusste, dass ihm Mandela damit den Ko-Schlag verpasste.

„Ich hatte wie jeder andere auch das Gefühl, dass ich Sieger nach Punkten war", erinnerte sich de Klerk. „Dann glich er aus, indem er mich plötzlich vor allen Fernsehkameras lobte und meine Hand ergriff. Vielleicht war das geplant. Meines Erachtens war es ein politischer Schachzug. Aber ich glaube, die meisten seiner Mediensiege waren eine Sache des Instinkts. Ich meine, dass er in dieser Hinsicht ein großartiges Talent hat." Ein paar Tage nach der Debatte machte de Klerk selbst ein großzügiges öffentliches Statement. In seiner letzten Pressekonferenz vor der Wahl wurde er nach seiner Meinung über den Gegner befragt. „Nelson Mandela", antwortete de Klerk und breitete seine Arme aus, als wolle er kapitulieren, „ist ein Mann des Schicksals."

Während der Wahlkampagne war Mandela Gast einer abendlichen Talkshow im Radiosender 702 aus Johannesburg, bei der er live auf Fragen von Anrufern antwortete. Eddie von Maltitz, der erste Soldat der Volksfront, der beim Angriff das *World Trade Center* betrat, war mit einigen seiner Kameraden auf der Farm und hörte 702. Seine Kameraden drängten ihn, anzurufen und dem *Kaffer* die Meinung zu sagen. Von Maltitz ließ sich nicht lange bitten. Volle drei Minuten schrie er auf Mandela ein. Kommunismus, Terrorismus, die Zerstörung unserer Kultur, zivilisierter Standards und Normen. Er schloss mit einer direkten, brutalen Drohung. „Dieses Land wird in einem Blutbad versinken, wenn Sie weiter mit den kommunistischen Gangstern gemeinsame Sache machen." „Nun, Eddie", sagte Mandela nach einer extrem aufgeladenen Pause, „ich betrachte Sie als wertvollen Südafrikaner und zweifle nicht daran, dass ich mich Ihnen annähern werde und Sie sich mir annähern werden, wenn wir uns hinsetzen und unsere Meinungen austauschen." Zum ersten Mal in seinem Leben war Eddie sprachlos. „Lassen Sie uns reden, Eddie", sagte Mandela. „Oh … okay, Mr. Mandela", murmelte Eddie verwirrt und legte auf. Drei Monate später besuchte ich Eddie auf seiner Farm. Obwohl er immer noch einen grünen Militäranzug, leichte grüne Tarnstiefel und eine 9mm-Pistole an der Hüfte trug, hatte er sich verändert. Er trainierte seine Kommandos nicht mehr und hatte seine Kriegsvorbereitungen eingestellt. Der Wortwechsel auf Radio 702 war der entscheidende Faktor für seine Verwandlung gewesen. „Das hat mich zum Nachdenken gebracht“, sagte er. Der neue *ANC*-Premierminister des Oranjefreistaats, in dem er lebte, machte den Wandel perfekt. Der Premierminister hieß „Terror“ Lekota, weil er auf dem Fußballfeld bissig und gefährlich war. Lekota, der zum Ende von Mandelas Haftstrafe auf Robben Island im Gefängnis saß, machte es sich zur Aufgabe, die afrikaanischen Farmer im Freistaat für sich zu gewinnen. Wenn er von Maltitz gewann, hätte er die anderen auch schon halb auf seiner Seite. Er rief den verblüfften von Maltitz an und lud ihn zu seiner Geburtstagsfeier in seinem Amtssitz in der Staatshauptstadt Bloemfontein ein. Von Maltitz lehnte ab, aber Lekota blieb hartnäckig. Er rief noch einmal an. „Bitte Eddie, es würde mich wirklich freuen, wenn Sie kämen.“ Von Maltitz antwortete, er müsse mit seinen Leuten sprechen, und würde sich dann melden. „Wir haben uns unterhalten und uns gefragt, was wir schon zu verlieren haben?“, erinnerte sich von Maltitz. „Als er das nächste Mal anrief, sagte ich zu.“

Von Maltitz erschien voll bewaffnet im Amtssitz von Bloemfontein, den er als „das große Haus“ bezeichnete. „Ich wollte mit Dingane nicht die Piet Retief Nummer nachspielen“, sagte er. Er trat ein und mischte sich, ohne durchsucht zu werden unter die Partygäste, die größtenteils schwarz waren. „Terror Lekota sah mich von der anderen Seite des Raums, kam zu mir und umarmte mich herzlich. Er musste meine Pistolen gespürt haben, aber er sagte nichts. Er lächelte einfach weiter. Ich mochte ihn. Er war echt. Wie Mr. Mandela, ein ehrlicher Mann. Daher sagte ich mir, geben wir ihnen eine Chance. Sie haben es verdient.“

Warum? Weil Mr. Mandela und sein neuer Freund „Terror“ ihn mit Respekt behandelt hatten – mit Walter Sisulus „gewöhnlichem Respekt“. „Ich habe diesen Respekt nie von de Klerk und der *National Party* bekommen. Aber von Mr. Mandela ja … Ich glaube wirklich, dass wir ihnen eine Chance geben müssen.“

Der *ANC* gewann die Wahlen mit fast zwei Dritteln der abgegebenen Stimmen und fast 89 Prozent der schwarzen Stimmen. Vom Rest entfiel ein Prozent auf den offen anti-weißen *PAC* – dessen Slogan „ein Siedler, eine Kugel“ die Anhänger des *ANC* in den Slogan „ein Siedler, ein Prozent“ umdrehten. Weitere zehn Prozent wählten *Inkatha*. (Wie sein früherer Verbündeter Viljoen hatte Häuptling Mangosuthu Buthelezi sich schließlich dafür entschieden, sich an den Wahlen zu beteiligen.) Die *National Party* erhielt 20 Prozent, was vier Sitzen im Kabinett entsprach, darunter das Amt des Vizepräsidenten für de Klerk, da eine Koalitionsregierung für die ersten fünf Jahre nach dem Ende der Apartheid vereinbart worden war. Viljoens Partei, die er *Freedom Front* nannte, erhielt zwei Prozent der Stimmen. Das bedeutete immerhin neun Sitze im neuen, vielfarbigen Parlament.

Gleich nach Bekanntwerden des Wahlergebnisses trat John Reinders, Chef des Präsidentenprotokolls unter de Klerk und P.W. Botha, mit seinem früheren Arbeitgeber in Kontakt, dem *Department of Correctional Services*, besser bekannt als Gefängnissystem. Botha hatte ihn 1980 abgeworben, als er es bis zum Rang eines Majors gebracht hatte.

„Meine letzte Aufgabe war die Organisation von Nelson Mandelas Vereidigung als Präsident am 10. Mai 1994 – ein einziger Albtraum“, sagte Reinders zu mir. Natürlich war es ein Albtraum im Vergleich zu de Klerks Vereidigung, deren Besuch keine ausländische Delegation für angebracht gehalten hatte – mit Ausnahme einiger Diplomaten, die ohnehin vor Ort waren. Mandelas Vereidigung war damit nicht vergleichbar. 4.000 Menschen kamen in den *Union Buildings* in Pretoria zusammen, einem Gebäudekomplex aus dem 19. Jahrhundert auf einem Hügel mit Blick auf die Stadt. Unter den Gästen waren Menschen, die man sich kaum in einem Raum vorstellen kann, Hillary Clinton, Fidel Castro, Prinz Philip, Yassir Arafat und der Präsident von Israel, Chaim Herzog. Die beiden Nationalhymnen – *Nkosi Sikelele* und *Die Stem* – wurden nacheinander gespielt, während die brandneue Landesfahne gehisst wurde. Es war die farbigste Fahne der Welt, eine verrückte Kombination aus schwarz, grün, gold, rot, blau und weiß. Die Farben verbanden sich mit dem schwarzen Widerstand und mit der alten südafrikanischen Fahne. Mandela sprach seinen Amtseid vor einem weißen Richter neben seiner Tochter Zenani, umgeben von ehemaligen schwarzen Häftlingen und weißen *SADF*-Generälen, die in voller Montur in Habachtstellung verharrten. („Ein paar Jahre früher hätten sie mich verhaftet", witzelte er später.) Die Zeremonie schloss damit, dass Flugzeuge der südafrikanischen Luftwaffe über den Amtssitz hinwegflogen und die Farben der neuen Fahne in den Himmel malten.

John Reinders kam am nächsten Morgen, dem 11. Mai früh und mit mehreren großen Kartons unter dem Arm in die *Unions Buildings*. Er war sehr erleichtert darüber, dass die Zeremonie ohne Katastrophen vorübergegangen war. Reinders war ein groß gewachsener Mann, hatte aber das unterwürfige Auftreten eines viel kleineren Mannes. Er besaß die Weisheit zu erkennen, wenn er geschlagen war.

„Ich bin an jenem Morgen früh gekommen, um meine Sachen abzuholen", erinnerte sich Reinders. „Wir Weißen haben uns alle anderswo um einen Job beworben, weil wir sicher waren, dass man uns bitten würde zu gehen. Einige wollten für de Klerk, den Vizepräsidenten, arbeiten."

Reinders verstaute die Erinnerungen aus 17 Jahren, in denen er das Büro des Präsidenten geleitet, die offiziellen Feierlichkeiten organisiert und den Präsidenten auf offiziellen Reisen begleitet hatte. Plötzlich schreckte ihn ein Klopfen an der Tür aus seinen Gedanken auf. Es war ein anderer Frühaufsteher, Mandela.

„Guten Morgen, wie geht es Ihnen?“, fragte er, als er mit ausgestreckter Hand Reinders’ Büro betrat.

„Sehr gut, Mr. Präsident, danke. Und Ihnen?“

„Ganz gut, aber ...“, meinte Mandela konsterniert, „was machen Sie da?“

„Ich packe meine Sachen und bereite meinen Auszug vor, Mr. Präsident.“

„Ach so. Und darf ich fragen, wo Sie hingehen?“

„Zurück in den Justizvollzug, Mr. Präsident, wo ich früher gedient habe.“

„Hmm“, meinte Mandela mit zusammengekniffenen Lippen. „Sie wissen, dass ich 27 Jahre dort war. Es war furchtbar.“ Mandela grinste, als er sich wiederholte: „Furchtbar!“

Reinders erwiderte das Lächeln. „Und jetzt“, fuhr Mandela fort, „möchte ich, dass Sie es in Erwägung ziehen, hier bei uns zu bleiben.“ Reinders prüfte verblüfft Mandelas Gesichtsausdruck. „Ja. Ich meine es ernst. Sie verstehen Ihren Job. Ich komme aus dem Busch. Ich weiß gar nichts. Wenn Sie hier bei mir bleiben, wäre es nur für eine Amtsperiode. Fünf Jahre. Und dann können Sie natürlich kündigen. Bitte verstehen Sie mich richtig: Das ist kein Befehl. Ich hätte Sie gerne hier, aber nur wenn Sie es wünschen und Ihr Wissen und Ihre Erfahrung mit mir teilen wollen.“

Mandela lächelte. Reinders lächelte. „Nun“, fuhr Mandela fort, „was meinen Sie? Bleiben Sie bei mir?“

Reinders war zwar überrascht, aber er zögerte nicht. „Ja, Mr. Präsident. Das mache ich. Ja. Danke.“

Dann gab Mandela ihm die erste Aufgabe: die Mitarbeiter

des Präsidenten zu einer Besprechung im Kabinettssaal zusammenzutrommeln, auch die Putzfrauen und Gärtner. Der neue Präsident mischte sich unter sie, schüttelte jedem der rund einhundert Anwesenden die Hand und sprach mit jedem ein paar Worte, gegebenenfalls auch auf Afrikaans. Dann hielt er eine kurze Ansprache. „Guten Tag, ich bin Nelson Mandela. Wenn jemand von Ihnen seine Sachen packen will, kann er das tun. Gehen Sie. Das ist gar kein Problem. Aber ich bitte Sie zu bleiben! Es sind nur fünf Jahre. Sie haben das Wissen. Wir brauchen das Wissen. Wir brauchen Ihr Wissen und Ihre Erfahrung."

Alle Mitarbeiter des Präsidenten blieben.

Zwei Wochen später, am 24. Mai, kamen 400 Abgeordnete zur Eröffnung von Südafrikas erstem demokratischen Parlament in Kapstadt zusammen, in demselben Gebäude der Nationalversammlung, in dem die Sitzungen des ausschließlich weißen Parlaments stattgefunden hatten. Bis dahin war es ein düsteres, einfarbiges Gebäude gewesen. An jenem Morgen im Mai, als dasselbe Gebäude seine Tore für Mandelas nicht-rassistische Demokratie öffnete, wurde die Szenerie bunt. Von der Besuchergalerie hoch oben hatte man den Eindruck, in eine Mischung aus Generalversammlung der Vereinten Nationen, Popkonzert und Studienabschlussparty zu schauen. Ein Blick auf die Liste der neuen Parlamentsmitglieder sagte alles. Vorher hießen sie Botha oder Van der Merwe oder Smith. Jetzt gab es diese Namen immer noch, hinzu kamen jetzt Bengu und Dlamini und Farisani und Maharaj und Mushwana und Neerahoo und Pahad und Zulu. Und ein Drittel der Parlamentsmitglieder, darunter die Sprecherin Frene Ginwala, waren Frauen. Noch bemerkenswerter war der Anteil von Parlamentsmitgliedern, die im Gefängnis oder auf der Flucht vor der Polizei gewesen waren. Fast jedes Parlamentsmitglied des *ANC* hatte das

Gesetz gebrochen. Jetzt machten sie das Gesetz, unter der Führung jener Person, die am längsten im Gefängnis gesessen hatte und die heute als letzte den Saal betrat, Mandela.

Als seine Ankunft bekannt wurde, standen die Parlamentsmitglieder auf, und das Gemurmel ging in Rufe, Freiheitslieder und Tänze der jüngeren, überschwänglicheren Mitglieder des *ANC* über. Mitten im Trubel der Regenbogennation fiel General Viljoen aus dem Rahmen. Er war nüchtern wie immer, trug einen schwarzen Anzug und einen Schlips und stand unten in der Mitte der ovalen Kammer, wie es sich für den Anführer der ehrwürdigen Opposition der *Freedom Front* gehörte. Mandela betrat ebenfalls auf der unteren Ebene den Saal und lächelte geehrt, als das Parlament ihn begrüßte.

Viljoen schaute Mandela mit einer Mischung aus Ehrfurcht und Zuneigung an. Als Mandela ihn sah, brach er mit dem parlamentarischen Protokoll, durchquerte den Saal, schüttelte Viljoen die Hand und sagte mit einem breiten Lächeln: „Ich bin sehr glücklich, Sie hier zu sehen, General."

Einige Stimmen von der Galerie riefen: „Umarmen Sie ihn, General! Los, umarmen Sie ihn!"

Als er später an den Augenblick zurückdachte, konnte sich Viljoen ein Lächeln nicht verkneifen, nickte dann gedankenversunken und wurde wieder ernst. „Aber ich habe es nicht getan. Ich bin ein Soldat und er war mein Präsident. Ich schüttelte seine Hand und stand stramm."

Das hätte das Ende der Geschichte sein können: Die Ordnung war wiederhergestellt, die alten Feinde waren versöhnt, und der gute König war gekrönt worden. Alle Beteiligten verließen fröhlich die Bühne. Aber die Geschichte war noch nicht abgeschlossen, weder für Mandela noch für General Viljoen. Es musste noch ein weiterer Akt aufgeführt werden, bis Viljoen sein Schwert begraben konnte. Und eine weitere Reihe von Herausforderungen war zu bewältigen, bis Mandela sein Lebensziel als erfüllt betrachten konnte.

Viljoen erklärte, „40 oder 50 Prozent meiner Leute haben sich nicht an den Wahlen beteiligt". Einige brachten in der Woche vor der Wahl Sprengsätze an Bushaltestellen und anderen, stark von Schwarzen frequentierten Orten an. Sie verübten auch einen Bombenanschlag auf den Flughafen von Johannesburg. 20 Menschen kamen ums Leben und mehr als 100 wurden schwer verletzt. Mandelas Reden im ersten Monat nach seinem Amtsantritt waren allesamt fröhlich, er wollte bewusst eine optimistische, aktive Stimmung erzeugen. Aber er wies auch vor dem Ende der ersten Parlamentssitzung darauf hin, dass die Sicherheitskräfte sehr wachsam bleiben müssten. „Das Problem politisch motivierter Gewalt begleitet uns immer noch", sagte er.

Mandela hatte in seinen fünf Präsidentschaftsjahren viel zu tun. Die Schwarzen mussten mit Häusern und Schulen, Wasser und Elektrizität versorgt werden. Absolute Priorität genoss für ihn jedoch die Festigung der neuen Demokratie. Er wollte sie stabil machen. Mandela wusste, dass man versuchen würde, die natürlich anfällige neue Ordnung zu stören. Nicht alle weißen Südafrikaner würden ihre alte Machtposition und die zahlreichen Privilegien kampflos aufgeben.

General Viljoen war genauso besorgt, wie es Niël Barnard viereinhalb Jahre zuvor am Morgen von Mandelas Entlassung gewesen war. Obwohl Barnard Mandela 60 Mal im Gefängnis getroffen hatte, konnte er die Alarmglocken in seinem Kopf, die ihn, auch wenn es vollkommen irrational erschien, vor dem Ajatollah-Faktor warnten, nicht völlig überhören. Viljoen hatte ähnlich schlimme Bedenken, als könnte er nicht ganz glauben, dass das Leben so gut war, wie Mandela es darstellte. Er konnte sein angestammtes Misstrauen gegen den schwarzen

Mann nicht völlig ablegen. Ein Teil von ihm fragte sich, als er dort am Eröffnungstag des Parlamentes saß und auch noch während des darauf folgenden Jahres, ob er zwar vielleicht das Richtige für sich getan hatte – denn Mandelas Tür stand ihm immer offen und der Präsident begegnete ihm immer respektvoll – aber vielleicht nicht das Richtige für sein Volk. Er gestand mir, dass er Gewissensbisse hatte. „Ich war beunruhigt. Sehr beunruhigt", sagte er. „Viele schöne Dinge waren gesagt worden, aber wo war der endgültige Beweis, den ich meinen Leuten vorlegen konnte?"

Die Antwort bestand darin, dass Mandela Viljoens Volk bewies, dass es auch sein Volk war. Er schloss über Constand Viljoen, John Reinders, Niël Barnard und Kobie Coetsee hinaus alle Afrikaaner in die Arme. Mandelas Rechtsberater und enger Vertrauter im Büro des Präsidenten, ein weißer Anwalt namens Nicholas Haysom, der während des Kampfs gegen die Apartheid dreimal inhaftiert worden war, beschrieb seine Aufgabe in angemessen epischen Worten. „Wir bezeichneten es als Aufbau der Nation. Aber Garibaldi hat etwas gesagt, was es noch besser trifft", meinte Haysom: Giuseppe Garibaldi, der Soldat und Patriot, der Mitte des 19. Jahrhunderts die Vereinigung Italiens zuwege brachte hatte, als er seinen militärischen Feldzug beendet hatte, hat gesagt: „Wir haben Italien geschaffen, jetzt müssen wir Italiener schaffen." Mandelas Aufgabe war schwerer als die Garibaldis. „Italien war fragmentiert, aber homogen. Südafrika war historisch, kulturell, rassisch und auf viele andere Arten gespalten. Keine Verhandlungen, Reden und Verfassungen hätten ausgereicht, ‚Südafrikaner zu schaffen'. Man brauchte etwas anderes, um die Menschen zusammenzubringen. Man brauchte Mandela. Der tat, was er am besten konnte: Er erhob sich über unsere Unterschiede, war größer als die Dinge, die uns trennten, und er sprach das an, was uns verband."

KAPITEL 12

DER KAPITÄN UND DER PRÄSIDENT

1994–95

„Man schaute ihn an", sagte Mandela, als er sich an seine erste Begegnung mit François Pienaar erinnerte, „machte sich klar, wo er herkam, und sah einen typischen Afrikaaner."

Mandela hatte Recht. Wenn die Ideologen der Apartheid sich der Kunst für ihre politischen Zwecke so bedient hätten wie ihre sowjetischen Kollegen, hätten sie Pienaar als Idealtypus afrikaanischer Männlichkeit gewählt. Er war fast zwei Meter groß und trug seine 240 Pfund mit einer gleichen Leichtigkeit wie Michelangelos David.

Wenn man sich, wie Mandela, klarmachte, wo er herkam, so sah man einen Jungen, der in den Siebzigern und Achtzigern in Vereeniging aufwuchs. Dann wurde – wie in einem Film – ganz deutlich, dass er 90 Prozent des Volks der Afrikaaner repräsentierte, ein Volk, das durch Ort und Zeitpunkt seiner Geburt dazu bestimmt war, direkt, unkompliziert, arbeitsam, hart, insgeheim sentimental, religiös und rugbyfanatisch zu sein und das seinen unzähligen schwarzen Nachbarn mit einer Mischung aus Verachtung, Ignoranz und Angst begegnete.

Wenn Mandela in seinem Umgang mit Afrikaanern jedoch eines gelernt hatte, so war es, hinter die Fassade zu schauen. „Er schien mir nicht das typische Produkt einer Apartheidgesellschaft zu sein", sagte Mandela. „Ich fand ihn recht charmant und spürte, dass er fortschrittlich war. Außerdem war er gebildet. Er hatte einen BA in Jura. Es war ein Vergnügen, mit ihm zu reden."

Vergnügen war das letzte, was Pienaar empfand, als er am 17. Juni 1994 auf den Steinstufen der mächtigen *Union Buildings* stand und sich auf das Treffen vorbereitete, zu dem ihn Präsident Mandela eingeladen hatte. Pienaar war 27 Jahre alt, fühlte sich aber plötzlich sehr viel jünger. Den wartenden Journalisten vertraute er an, er sei noch nie so nervös gewesen und die Aussicht darauf, den Präsidenten zu treffen, mache ihm mehr Angst als jedes Rugbyspiel.

Pienaar, der einen schwarzen Anzug mit Krawatte trug, betrat das Gebäude durch einen kleinen Seiteneingang im Ostflügel, duckte sich, um durch den Metalldetektor zu kommen, und stellte sich zwei weißen Polizisten vor, die hinter einer grün getönten, schusssicheren Glasscheibe auf ihn warteten. Beide wollten sofort mit ihm über Rugby sprechen. Einer von ihnen führte Pienaar über einen Hof und durch einen Gang, dessen Wände mit aquarellierten Szenen des Großen Marsches bemalt waren. Er bemerkte sie kaum. Ochsenkarren und berittene Männer vor dem Hintergrund eines braun-gelben Feldes. Der Polizist brachte ihn in einen kleinen Wartesaal, in dem nur ein Tisch und ein paar Ledersessel standen. Dann trat Mandelas persönliche Assistentin ein, eine große und beeindruckende Schwarze namens Mary Mxadana, die ihn noch einen Augenblick zu warten bat. Er saß fünf Minuten allein in diesem Raum; seine Hände waren feucht. „Ich war unglaublich nervös, als der Moment gekommen war, ihn zu treffen“, erinnerte er sich. „Ich hatte wirklich Ehrfurcht vor ihm. Immer wieder dachte ich: ‚Was sage ich? Was frage ich ihn?‘“ Dann kam Frau Mxadana zurück und fragte, ob er Tee oder Kaffee wolle – er nahm Kaffee –, und bat ihn, ihr zu folgen. Sie ging aus dem Wartezimmer in den Gang mit den Bildern der Ochsenkarren, kam zu einer hohen, dunkelbraunen Tür, klopfte laut und trat sogleich ein. Sie hielt Pienaar die Tür auf, dessen Nervosität sich noch steigerte, als er das große Zimmer vor sich sah. Einen beängstigenden Augenblick wirkte es leer wie ein Ozean, dann überquerte er die Schwelle und sah zu seiner Rechten einen großen, grauhaarigen Mann, der von seinem Stuhl aufsprang. Mandela war 76, aber er schoss so schnell auf Pienaar zu wie ein Rugbyspieler, der ihn im Gedränge zu Boden bringen wollte. Allerdings trug er ein breites Lächeln im Gesicht und hatte seine Hände ausgestreckt. „Ah, François, schön, dass Sie kommen konnten!“ Pienaar stotterte, „Nein, Mr. Präsident, vielen Dank, dass Sie mich eingeladen haben.“ Die Männer schüttelten einander die Hand. Als Mandela die Hand des Rugbykapitäns umfasste, stellte er zu seiner Überraschung fest, dass Mandela fast genauso groß war wie er selbst. „Nun, wie geht es Ihnen, François?“ „Oh, sehr gut, Mr. Präsident, und Ihnen?“ „Ach, sehr gut. Sehr gut!“

Mandela lächelte die ganze Zeit und war ganz offenkundig froh, diesen großen, jungen Buren in seinem neuen Büro zu haben. Er bat ihn, auf einem Sofa im rechten Winkel zu seinem eigenen Sofa Platz zu nehmen, und gratulierte ihm zu überzeugenden 27:9-Sieg der *Springboks* über England in Kapstadt sechs Tage zuvor.

Es klopfte an der Tür und eine Frau mit einem Teetablett kam herein. Sie war weiß, mittleren Alters und trug ein geblümtes Kleid mit Schulterpolstern. Mandela erblickte sie am anderen Ende des riesigen Raumes, der so viel größer war als die Zelle, die er 18 Jahre lang sein Zuhause genannt hatte, stand auf und blieb stehen, während sie das Tablett auf einen niedrigen Couchtisch vor den beiden Männern stellte. „Oh, vielen Dank. Vielen Dank", lächelte Mandela wohlwollend. „Und, äh, das ist François Pienaar ... Lenoy Coetzee." Pienaar streckte seine Hand aus und begrüßte sie. Bevor sie das Zimmer verließ, dankte ihr Mandela noch einmal herzlich und setzte sich erst wieder hin, nachdem die afrikaanische Frau, die die Getränke gebracht hatte, das Zimmer verlassen hatte.

Pienaar schaute sich noch im großen holzgetäfelten Büro um und sah das afrikanische Dekor – alte und neue Speere, Schilde aus Leder, Holzskulpturen –, als Mandela ihn mit einer Frage überraschte: „Nehmen Sie Milch, François?" In weniger als fünf Minuten änderte sich Pinaars Stimmung.

„In seiner Gegenwart fühlt man sich nicht bloß wohl", sagte Pienaar, als er die Bilder von jener ersten Zusammenkunft an sich vorbeiziehen ließ. „Wenn man bei ihm ist, fühlt man sich sicher. Ja, man fühlt sich sicher." Er fühlte sich so sicher, dass er es wagte, halb im Scherz zu fragen, ob Mandela die *Springboks* im nächsten Monat auf einer Tour durch Neuseeland begleiten würde. „Nichts würde mir größeren Spaß machen, François!" antwortet er lächelnd. „Aber leider sind hier in diesem Gebäude viele Menschen, die mir sehr viel abverlangen. Ich bin mir sicher, dass sie darauf bestehen, dass ich hierbleibe und arbeite!"

Zu Pienaars Erleichterung übernahm Mandela die Gesprächsführung und begann, Geschichten aus seiner Vergangenheit zu erzählen, so dass Pienaar sich fühlte wie ein kleiner Junge, der einem faszinierenden alten Mann zu Füßen sitzt. Eine der Geschichten handelte von einem Hühnerdiebstahl in

Qunu, dem Dorf in der Transkei, in dem Mandela aufgewachsen war und in das er immer noch zurückkehrte, um seine alten Häuptlingspflichten wahrzunehmen. Eines Tages, als Mandela zu Besuch war, kam eine Frau in sein Haus und teilte ihm mit, dass ein Nachbar ihr Huhn gestohlen hatte. Pienaar erinnerte sich an die Geschichte: „Mandela ließ den Nachbarn kommen, der die Tat gestand. Er hatte es nur getan, weil seine Familie hungerte. Dann rief Mandela beide in sein Haus und setzte fest, dass der Mann der Frau zwei Hühner zurückgeben sollte. Aber sie diskutierte und handelte und wollte mehr, so dass sie schließlich mehr bekam. Aber für den Mann war das so viel, dass Mandela ihm bei der Entschädigung half."

Mandela lachte ständig, als er die Geschichte erzählte. Die Geschichte schien in diesem Gesprächsrahmen merkwürdig, das Treffen mit dem Kapitän der *Springboks* sollte ja dazu dienen, im Hinblick auf die im folgenden Jahr stattfindende Weltmeisterschaft ein Bündnis zu schmieden. Die heitere Geschichte passte auch ganz und gar nicht in die ernste Atmosphäre eines Präsidentenbüros, wo „die teuflischsten Pläne ausgeheckt" wurden, wie Mandela ein paar Tage zuvor in einem Interview gesagt hatte. Dennoch erfüllte die Geschichte vom Hühnerdiebstahl ihren Zweck, weil sie genau diese komplizenhafte Nähe herstellte, an der Mandela lag. Indem er Pienaar eine private Geschichte erzählte, die in keiner Zeitung zu lesen war, fand Mandela einen Weg ins Herz des Rugbykapitäns. Und der fühlte sich, als sei er bei seinem Lieblingsonkel. Pienaar hat es zu jenem Zeitpunkt wohl nicht geahnt, aber ihn für sich zu gewinnen – und mit ihm die ganze Mannschaft der *Springboks* seiner Liste eroberter Afrikaaner hinzuzufügen – war für Mandela ein wichtiges Ziel. Denn Mandela hatte – auf seine typische halb berechnende, halb instinktive Art – verstanden, dass die Weltmeisterschaft, wenn man sie richtig inszenierte, viel bei der großen Aufgabe, eine Nation von Südafrikanern zu schaffen, helfen konnte.

Bei diesen ersten Treffen hielt Mandela seine Absicht noch halb verborgen, doch er bewegte sich auf den entscheidenden Punkt zu, als er auf seine Erinnerungen an die Olympischen Spiele in Barcelona zu sprechen kam, die er 1992 besucht hatte. „Er sprach über die Macht des Sports, Menschen zu bewegen, was er bald nach seiner Freilassung bei der Olympiade in Barcelona gesehen hatte. Er erinnerte sich besonders an einen Moment, in dem er aufgestanden sei und gespürt habe, wie das ganze Stadion vibrierte", sagte Pienaar, in dessen Geist Mandela fest die Vorstellung einpflanzte, dass er dies im folgenden Jahr auch in einem südafrikanischen Stadion spüren wollte. Pinaar nahm es zwar nicht so wahr, aber in Mandelas Version des Treffens war die Botschaft glasklar.

„François Pienaar war der Rugbykapitän, und wenn ich Rugby benutzen wollte, so musste ich mich mit ihm verbünden", sagte mir Mandela. „Bei unserem Treffen konzentrierte ich mich darauf, ihm zu der Rolle zu gratulieren, die er spielte und spielen konnte. Und ich erklärte ihm, was ich für den Sport tat und warum ich es tat. Ich fand ihn sehr intelligent." Ich fragte ihn, was er seinerzeit „im Sport" tat, und er betonte wieder den absoluten Vorrang der Politik. Er antwortete, dass seiner Ansicht nach die Zeit gekommen war, das alte Bild von den *Springboks*-Spielern als „Feinden" zu verabschieden und sie als Landsleute und Freunde zu sehen. Die Botschaft lautete in seinen Worten: „Lasst uns den Sport für den Aufbau der Nation und die Stärkung aller Ideen nutzen, die unserer Meinung nach zu Frieden und Stabilität in unserem Land führen."

Pienaar war der jüngste Afrikaaner, der von Mandela eingewickelt wurde", wie er es selbst ausdrückte, doch er wurde nicht über Nacht zum Missionar. Er war ein einfacher Rugbyspieler, für den große Begriffe wie „Aufbau der Nation" nur wenig Bedeutung hatten. Die Botschaft, die er vom Treffen mitnahm, war einfach: Geht raus und gewinnt, tragt euer Trikot mit Stolz, meiner Unterstützung könnt ihr gewiss sein. Die Verabschiedung zwischen beiden fiel noch herzlicher aus als die Begrüßung.

Mandela kehrte zu seiner Arbeit zurück, Pienaar zu seiner, und keiner von beiden war sich der frappierenden Ähnlichkeit zwischen ihnen bewusst. Pienaar, für den die Aufgabe eines Kapitäns neu war, wurde von einem Teil der Rugbybruderschaft, der an seinem Charakter und an seinen Fähigkeiten zweifelte, mit Argwohn betrachtet. Vor ihm lag eine schwierige Aufgabe: seine Autorität als Kapitän zu stärken und sein Rugbyteam zusammenzuschweißen. Das erforderte ein hohes Maß an politischen Fähigkeiten, denn bei den *Springboks* spielten große Männer mit einem großen Ego, die aus Provinzmannschaften stammten und einander bei der südafrikanischen Meisterschaft, dem *Currie Cup*, normalerweise als erbitterte Feinde gegenübertraten.

Die afrikaanisch-englische Verschiedenheit stellte ein weiteres beständiges Problem dar. James Small, einer der talentiertesten „Engländer" des südafrikanischen Rugbys in die Schranken zu weisen, war eine erste Probe für Pienaars Führungsqualitäten. Small war mit 1,82 Metern und 200 Pfund ein relativ kleines und leichtes Mitglied der Mannschaft, aber einer der schnellsten Läufer – und einer der unbeständigsten Charaktere. Pienaars Freude über den Sieg gegen England in der Woche vor dem Treffen mit Mandela wurde getrübt durch die Erinnerung an eine Äußerung Smalls auf dem Spielfeld während des Spiels. Ein Fehler von Small hatte dazu geführt, dass England einen Strafstoß bekam. Pienaar bestrafte ihn mit einem unwirschen, „Los, James!" Darauf hatte Small erwidert: „Fuck off!" Pienaar war entsetzt. In vielen Sportarten hat die Position des Kapitäns nur eine formale Bedeutung, aber im Rugby ist sie außerordentlich wichtig. Der Kapitän bestimmt im Spiel nicht nur die Taktik, indem er Spielzüge ansagt und in Sekundenbruchteilen Entscheidungen trifft, die im Football von den Trainern an der Seitenlinie gefällt werden. Im Rugby hat der Kapitän auch eine besondere mystische Ausstrahlung. Der Rest der Mannschaft soll sich ihm gegenüber so verhalten wie Schüler einem Schuldirektor oder Soldaten einem Offizier gegenüber. Smalls „Fuck off!" war ein Akt der Auflehnung, der Pienaars Autorität in der gesamten Mannschaft zu zerstören drohte, wenn er nichts dagegen unternahm. Pienaar, der Small überragte, nahm ihn nach dem Spiel beiseite und sagte ihm sehr deutlich, dass er sich keine Schimpfworte auf dem Spielfeld gefallen ließe. Small hatte einen Ruf als Kneipenschläger, doch er hatte seinen Kapitän klar und deutlich gehört. Er benutzte keine Schimpfworte mehr.

Südafrika konnte mit einer Serie von Länderspielen die verlorenen Jahre der Isolation aufholen. Die Mannschaft reiste im Juli 1994 zum ersten Mal seit 13 Jahren nach Neuseeland und verlor ein Spiel gegen die *All Blacks* knapp, während das andere unentschieden endete. Die neuseeländischen *All Blacks* galten bereits als Favoriten der Weltmeisterschaft im nächsten Jahr. Im Oktober absolvierten die *Springboks* zu Hause zwei Spiele gegen Argentinien, ebenfalls eine starke Rugbymannschaft, und gewannen beide. Während der nächtlichen Feiern nach dem zweiten Sieg geriet Small – nicht zum ersten und nicht zum letzten Mal in seinem Leben – in eine Schlägerei. Anlass für den Zwischenfall war, dass eine Frau Small in einer Kneipe in den Hintern gekniffen hatte. Die Presse berichtete ausführlich über das Ereignis. Small wurde von einer Reise nach Großbritannien einen Monat später ausgeschlossen, auf der Südafrika überzeugend gegen Schottland und Wales gewann und alle einschüchterte, die die wilde Entschlossenheit der Mannschaft auf dem Spielfeld erlebten.

Die *Springboks* waren vollständig auf den Sport konzentriert. Sie hatten nur noch die im nächsten Jahr Ende Mai stattfindende Weltmeisterschaft im Kopf. Weder Pienaar noch Small noch ein anderer Spieler kümmerte sich darum, was in der südafrikanischen Politik geschah. Doch der November war der heikelste von Mandelas ersten sechs Monaten als Präsident. Die harte Arbeit, Wohnraum, Bildung, Strom und Wasser für diejenigen zu beschaffen, denen die Apartheid diese Grundversorgung eines menschenwürdigen modernen Lebens versagt hatte, überließ Mandela seinen Ministern. Seine eigene Aufgabe bestand darin, Vater der ganzen Nation zu werden. Er wollte alle fühlen lassen, dass er ihre Identität und ihre Werte symbolisierte. Daher hatte er immer ein Auge auf die rechten Afrikaaner, die widerspenstigen Mitglieder dieser neuen Familie. Und dies hieß auch, die Polizei im Blick zu haben. Mandela machte sich wenig Sorgen über die *South African Defence Force*, deren afrikaanischen Generälen er frühere Befehlshaber von *Umkhonto we Sizwe* zur Seite gestellt hatte. Außerdem waren die Generäle der *SADF* diszipliniert. Die Polizei war weniger diszipliniert, und die meisten Polizeispitzen waren aus der Zeit der Apartheid im Amt geblieben. Der staatliche Geheimdienst, der bis dahin die Linke überwacht hatte, konzentrierte sich nun auf jene 50 Prozent von General Constand Viljoens früheren Anhängern, die sich nicht an den April-Wahlen beteiligt hatten und aus denen sich die Bombenattentäter in der Zeit vor den Wahlen rekrutiert hatten. Die vorherrschende Stimmung unter den weißen Südafrikanern nach Mandelas

Vereidigung war Erleichterung. Die Apokalypse war eingetreten und vorübergegangen und das Leben hatte sich kaum geändert. Die Guillotinen waren nicht aufgestellt worden, und die meisten Beamten behielten zu ihrer großen Verwunderung ihre Stelle. Dennoch schüttelten die Weißen ihre ureigenste mit Schuld gemischte Angst nicht über Nacht ab. Sie begannen sich zu fragen, ob das nicht nur die Ruhe vor dem Sturm war. Vielleicht würde sich die Arbeitsplatzpolitik für Weiße im öffentlichen Dienst rasch ändern, wenn die Schwarzen, was viele für unausweichlich hielten, sofortigen wirtschaftlichen Ausgleich forderten. Geschichten, die zeigten, wie wenig die Weißen die Intelligenz ihrer schwarzen Nachbarn schätzten, begannen die Runde zu machen: von schwarzen „Putzmädchen" und „Gartenjungen", die ins Wohnzimmer ihrer „Madams" und „Masters" kamen und den Schlüssel zu ihrem Haus verlangten. In Wahrheit waren die meisten schwarzen Südafrikaner klug und geduldig genug, um zu wissen, dass Rom nicht in einem Tag erbaut worden war. Sie vertrauten darauf, dass die Regierung ihnen irgendwann etwas zusprechen würde, und sie verstanden auch, dass es niemandem nützen würde, wenn sie die Weißen ins Meer trieben. Aus diesem Grund hatten sie den *ANC* und nicht den *PAC* gewählt. Dies entging einem Großteil der weißen Bevölkerung, von der kaum jemand die geringste Ahnung hatte, was im Geist des schwarzen Südafrika vor sich ging. General Viljoen, der zufällig Politiker geworden war, machte sich auch immer noch Sorgen und war immer noch unsicher, ob er das Richtige für sein Volk getan hatte, als er den Burenstaat verworfen und sich Mandelas *ANC* angeschlossen hatte. Er machte sich auch Sorgen über das Gewaltpotential, das von seinen gut bewaffneten und in einigen Fällen fast fanatischen Verbündeten ausging. Mandela, der diese Dinge mit Viljoen regelmäßig beim Tee besprach, sah seine Befürchtungen am Abend des 5. November bestätigt.

Es war derselbe Tag, an dem die *Springboks* das walisische Team so stilvoll und leidenschaftlich geschlagen hatten, dass sein Trainer Kitch Christie erklärte, seit diesem Tag sei er überzeugt, dass die *Springboks* die Weltmeisterschaft gewinnen können. Möglicherweise war auch Johan Heyns wie eine Vielzahl von Afrikaanern zu diesem Schluss gekommen. Aber er sollte die Weltmeisterschaft nicht mehr erleben. An diesem Abend saß er in seinem Haus in Pretoria und spielte Karten mit seiner Frau und seinen zwei acht und elf Jahre alten Enkeln, als er erschossen wurde. Ein Schütze traf ihn von der Straße her mit einer Kugel in den Hinterkopf.

Professor Johan Heyns, der 66 Jahre alt war, war eine Stütze der Apartheid gewesen. Von 1986 bis 1990 war er Vorsitzender der Holländisch Reformierten Kirche. Aber er war auch ein Befürworter politischen Wandels. Er beendete einen 30-jährigen Konflikt zwischen Braam Viljoen und der kleinen Gruppe von Theologen, die wie er selbst dachten, indem er die weiße Fahne der Kapitulation hisste und zugab, dass es falsch sei zu glauben, die Apartheid ließe sich mit der Bibel rechtfertigen. Das war 1986. 1990, bald nach Mandelas Freilassung, erklärte er offen, Apartheid sei eine Sünde. Das bedeutete seine Trennung von der größten afrikaanischen Kirche. Ich habe ihn im Januar 1990 interviewt. Er sagte, er habe seine private Konversion vollzogen, als er Anfang der 1980er Jahre länger in Europa war. „Ich bin mit der Vorstellung aufgewachsen, dass die Schwarzen den Weißen kulturell unterlegen sind. Dass ich in Europa wissenschaftlich höchst anerkannte Schwarze kennengelernt habe, hatte eine nachhaltige Wirkung auf mich."

1990, als die ersten Regungen des weißen Widerstands zu spüren waren, sagte er: „Was wir derzeit erleben, sind die Geburtswehen einer Nation. Und diese Nation wird unzweifelhaft geboren. Aber eine Geburt wird normalerweise von Schmerzen begleitet, manchmal sogar vom Tod."

Der Mord an Heyns führte zu keiner mit dem Mord an Chris Hani vergleichbare Gefahr für das ganze Land, aber er erfüllte die Menschen mit bösen Vorahnungen. Wer hatte ihn verübt? Wer würde der nächste sein? Konnte es ein ehemaliger Angehöriger der Polizei oder der Todesschwadronen sein? Auf jeden Fall war der Mord professionell ausgeführt worden. Die Tatwaffe war ein hochkalibriges Gewehr, das aus einer Entfernung von rund 20 Metern durch das Fenster abgefeuert worden war. Niemand zweifelte daran, dass die extreme Rechte die Tat begangen hatte. Aber niemand wusste, wer es gewesen war. Oder warum.

Mandela war wütend und traurig. Heyns, den er mehrmals getroffen hatte, war sein Lieblingstyp von Afrikaaner. Er war moralisch und körperlich tapfer, vollkommen ehrlich und hatte im Alter den Mut gehabt, die Irrtümer seines Lebens einzugestehen. Mandela beklagte den „Verlust für die ganze südafrikanische Nation, ob weiß oder schwarz". Dann aber, drei Tage nach Heyns' Tod, ging er in die Offensive. Er kündigte ein hartes Vorgehen gegen Rechtsextreme an und beschuldigte die frühere Regierung, viel zu wenig gegen die Bedrohung von rechts getan zu haben. Er begann bei der Polizei, in deren Rängen er Komplizen des Heyns-Mörders sowie fehlende Bereitschaft, die Schuldigen wirklich zu fassen, vermutete. Mandela war bis dahin vorsichtig mit der Polizei umgegangen, weil er Gegenreaktionen befürchtete. Er hatte bewusst darauf verzichtet, hochrangige Polizisten zu entlassen, obwohl es seine innerste Überzeugung verlangte. Unter denjenigen, die sechs Monate nach Mandelas Vereidigung immer noch im Amt waren, befand sich auch der Polizeichef, *Com-*

misioner Johan van der Merwe, der früher Chef der Sicherheitspolizei gewesen war und im Verdacht stand, an schmutzigen Operationen gegen den *ANC* beteiligt gewesen zu sein, die bis zum Mord reichten. Mandela war bereit gewesen, für die Sache des Friedens eine Menge zu schlucken. Er ernannte sogar den Chef der *Inkatha*, Mangosuthu Buthelezi, zum Innenminister. Aber Heyns' Tod war zuviel. „Wir dürfen es nicht zulassen, dass sich die Polizei zur Gegnerin der Regierung entwickelt", erklärte er. Er ging so weit, Teile der Polizei zu beschuldigen, dem *ANC* „den Krieg erklärt" zu haben. Namentlich beklagte er, dass van der Merwe, der in den 1980er Jahren Chef der berüchtigten Sicherheitspolizei gewesen war, die demokratische Regierung nicht unterstützte. Ein paar Tage später machte Mandela seine Drohungen wahr und entließ ihn.

Mandela erwartete eine Gegenreaktion. Zwei Monate später erhielt er Berichte über etwas, das nach einem ernsten Schlag gegen die Regierung aussah. „Ich habe herausgefunden, dass es einen Plan des rechten Flügels gab, sich mit der *Inkatha Freedom Party* zu verbünden und den *ANC* anzugreifen. Als das geschah, begab ich mich nach Pretoria. Ich habe es dem *ANC* gar nicht gesagt. Ich bin nach Pretoria gegangen, da das Ganze dort stattfand. Ich habe mich immer wieder beim Geheimdienst rückversichert und Folgendes herausgefunden: Eine Gruppe Rechtsextremer sagte: ‚Verbünden wir uns mit der *Inkatha* und greifen den *ANC* an. Die Vereinten Nationen werden nicht eingreifen, weil Schwarze gegen Schwarze kämpfen. Sie werden nichts machen. Und wir müssen diese Regierung stürzen, weil sie eine kommunistische Regierung ist'. Andere Rechtsextreme meinten hingegen: ‚Nein, das könnt ihr nicht machen! Seht, was sie für Rugby getan haben – wir können im internationalen Rugby mitspielen.'"

Dann tauchten Einzelheiten über den Plan in der Afrikaans-Presse auf. Die konservative Zeitung *Rapport* veröffentlichte schon bald einen Artikel, der bestätigte, was Mandelas Quellen berichtet hatten. Sie berichtete, dass es Pläne gab, den Zulu-König Goodwill Zwelethini umzubringen. Das sollte einen Aufstand gegen den *ANC* auslösen. Mandela setzte umgehend seine Geheimdienstler und seine vertrauenswürdigsten Polizisten auf den Fall an. Er ging in die politische Offensive und benutzte dabei erneut Rugby als Instrument, als Köder.

Doch es gab ein Problem. Alle Angehörigen der Führung des *ANC*, der bei weitem die stärkste Partei in Mandelas Koalitionsregierung war, hatten sich mit der Idee der Austragung der Rugby-Weltmeisterschaft in Südafrika angefreundet. Allerdings konnten viele nicht akzeptieren, dass die südafrikanische Mannschaft den Namen *Springboks* behielt. Sie waren die alte Fahne losgeworden, sie hatten zur Hälfte die alte Hymne losgeworden, und dieses dritte große Symbol der Apartheid durfte nicht das Emblem einer Mannschaft bleiben, die das neue Südafrika vertrat. Die Pläne der *ANC*-Führung, den Namen zu ändern, wurden bekannt, und die Bruderschaft der rugbyfanatischen Afrikaaner probte den Aufstand.

Mandela sagte, dass er anfangs damit einverstanden gewesen sei, den Rugby-*Springbok* abzuschaffen. Doch die Spannungen, die durch den Tod von Heyns ausgelöst worden waren, und die Entlassung des Polizeichefs, gefolgt von den neuesten Nachrichten über einen geplanten Anschlag des rechten Flügels, ließen ihn zögern. Er behielt das größere Ziel im Auge und entschied, dass er etwas unternehmen müsste, um die unruhige Rechte zu besänftigen.

„Ich traf die Entscheidung zu handeln. Ich gab eine Erklärung ab. Ich schlug vor, dass wir den *Springbok* behalten müssten."

Die Führung des *ANC* hatte ein Jahr zuvor kleinlaut auf seinen Tadel in der Frage der Nationalhymne reagiert, doch dieses Mal reagierte sie unverhohlen aufsässig.

„Das können Sie sich gar nicht vorstellen! Leute wie Arnold Stofile! Sie sind einfach aufgestanden und haben mich angegriffen! Also habe ich sie einen nach dem anderen belehrt. Ich habe ihnen die Situation erklärt." Für Mandela hatte der *Springbok* nur kosmetische Bedeutung, aber für Leute wie Stofile war er eine Herzensangelegenheit und Gegenstand aufgestauter Empörung. Sie konnten die amüsante Seite des Streits nicht sehen wie Mandela.

Mandela rief Stofile an und bat ihn zu sich nach Hause. ‚Ich möchte, dass wir über das Tier sprechen', sagte er. ‚Ich bin nicht deiner Meinung', antwortete ich. ‚Du kennst', meinte er, ‚dieses Sporttier.'"

Sie trafen sich am darauffolgenden Tag und nach einigem Ringen gab Stofile, der von Mandela informiert worden war, dass es sich um eine Frage der nationalen Sicherheit handelte, nach. „Aber am Ende einigten wir uns. Besser gesagt, wir einigten uns, dass wir anderer Meinung waren", sagte Stofile. Das tat auch der Rest der Rugbyrebellen des *ANC*. Mandela hatte wieder einmal seinen Willen durchgesetzt. Der *Springbok* war rechtzeitig zur Weltmeisterschaft gerettet worden.

KAPITEL 13
SPRINGBOK-SERENADE

Die Frage war, ob die *Springboks* Mandela retten konnten. Er hatte sich für die Rugby-Gemeinschaft aus dem Fenster gelehnt, und nun sollte sie sich erkenntlich zeigen. Stofile und andere Mitglieder des *National Executive Committee* des *ANC* konnten die Erinnerung an die Reaktion des Rugbyverbands auf ihre Entscheidung drei Jahre zuvor, Rugby wieder auf internationaler Ebene zuzulassen, nicht vergessen. Rugby ist immerhin eine der bedeutendsten Sportarten in Südafrika und spielt dort an Schulen und Universitäten eine weit größere Rolle als Fußball in europäischen Ländern.

Vor dem Länderspiel gegen Australien im Jahre 1992 hatte der Chef des südafrikanischen Rugbyverbands, Louis Luyt, die Menge aufgefordert, die vom *ANC* gestellten Bedingungen zu missachten, alte Fahnen zu schwingen und die alte Nationalhymne zu singen. Luyt, ein Riese und ehemaliger Rugbyspieler, war nach einer in relativer Armut verbrachten Kindheit zu einem schwerreichen Kunstdünger- und Biermagnaten aufgestiegen. Bescheidenheit war nicht gerade der Hauptcharakterzug dieses *Selfmademan*. Der 62-jährige war dreist, laut, herrisch und hasste es, sich von irgendjemandem etwas vorschreiben zu lassen, erst recht nicht von einem Schwarzen. Dementsprechend war auch seine Reaktion auf diese *ANC*-Regeln von 1992.

Doch in Südafrika hatte sich in kurzer Zeit viel verändert, und auch Luyt hatte sich verändert. Er hatte, besänftigt durch Mandela, wie es alle Afrikaaner zu sein schienen („Er war so nett, respektvoll und charmant zugleich, beim unserem ersten Treffen."), eine neue Einsicht für politische Verantwortung gewonnen. Dazu hatten auch die internationalen Rugbyverbände beigetragen. Diese wollten verhindern, dass die Weltmeisterschaft von 1995 in Südafrika am Rassismus scheiterte.

Luyt ernannte Edward Griffiths, einen liberalen ehemaligen Journalisten, zum Vorsitzenden des Rugbyverbands. Morné du Plessis, den ehemaligen Kapitän, der Mandela bei den Feiern in Kapstadt am Tag seiner Freilassung gesehen hatte, machte er zum Manager der Nationalmannschaft. Griffith erntete Lob für das Geschick, mit dem er die Weltmeisterschaft managte. Der von ihm kreierte Slogan „Ein Team, ein Land" regte nicht nur die Phantasie der Südafrikaner an, sondern traf genau den Geist, den Mandela mit der Weltmeisterschaft fördern wollte.

War Griffith der Kopf hinter der Bühne, so war Morné du Plessis die Seele des Unternehmens. Seine Aufgabe war es, die Theorie in die Praxis umzusetzen. Er musste das Team dazu bringen, sich so zu verhalten, dass das ganze Land, und besonders das schwarze Südafrika, den Slogan nicht für eine hohle Phrase hielt. Trainer Kitch Christie war für alles verantwortlich, was unmittelbar mit dem Spiel zu tun hatte und was auf dem Spielfeld geschah, angefangen mit der Auswahl der Spieler. Du Plessis musste sich hingegen um alles kümmern, was außerhalb des Spielfelds stattfand und war damit eine Art Teamchef. Für ihn war es die Gelegenheit, eine Siegermannschaft zu schmieden. Darüber hinaus konnte er auch sein früheres Versagen kompensieren, als Kapitän der *Springboks* nie etwas getan oder gesagt zu haben, um das Los der schwarzen Südafrikaner zu verbessern.

Du Plessis beschränkte sich nicht auf bloße Logistik. Ihm lag daran, dass die Spieler verstanden, dass sie nicht nur für das weiße Südafrika spielten, sondern für das ganze Land. Dabei sprach seine Glaubwürdigkeit für ihn. Er war ein sanfter Riese und eine lebende Legende für die Afrikaaner. Für sie blieb er der sensationelle Rekordhalter als Kapitän der *Springboks* und sie hatten seine Führungsrolle und sein Können beim spektakulären Sieg gegen den traditionellen Rugby-Erzfeind Neuseeland 1976 nie vergessen.

Der *ANC* war von Luyts Entscheidung für du Plessis beeindruckt, da dessen liberale politische Haltung weithin bekannt war. Doch vor ihm lag eine heikle Aufgabe, und er wusste das. „Als ich die Stelle im Februar 1995 antrat, erkannte ich ziemlich schnell, dass man alles mit einem dummen Fehler zerstören konnte, wenn man zum Beispiel etwas Falsches sagte oder nicht den rechten Ton traf."

Genau aus dem Wunsch heraus, den richtigen Ton zu treffen, kam du Plessis kurz vor dem Beginn des Turniers auf die Idee, jemanden zu suchen, der den *Springboks* die „schwarze" Hälfte der neuen Nationalhymne, *Nkosi Sikelele*, beibrachte. Mandela und er wollten beide das Unmögliche Wirklichkeit werden lassen: die schwarze Bevölkerung dazu bewegen, eine historische Wende zu vollziehen und die Mannschaft der *Springboks* zu unterstützen. Mandela trug seinen Teil dazu innerhalb des *ANC* bei und vermittelte seinen Leuten, „*sie*" seien „*wir*". Du Plessis und seine Spieler trugen ihren Teil bei, indem sie sich in der Öffentlichkeit respektvoll verhielten. Du Plessis befürchtete, dass der eine oder andere Spieler in ein

Fettnäpfchen treten könnte, aber bislang hatte es keiner getan. Er war überzeugt. Wenn die Schwarzen sehen würden, dass die *Springboks* vor jedem Weltmeisterschaftsspiel leidenschaftlich den Text von *Die Stem* auf Afrikaans oder Englisch intonierten, aber sich nicht bemühten, *Nkosi Sikelele* zu singen, würde die Vision „Ein Team, ein Land“ zur Lachnummer verkommen. Die Spieler mussten also öffentlich das alte Befreiungslied singen. Nur so wäre das konventionelle Bild umzukehren, das die Schwarzen von den *Springboks* hatten: als Afrikaanerlümmel, die gewalttätige rassistische Lieder sangen.

Er hatte mit keinem der Spieler über Politik gesprochen, aber allen Grund zur Annahme, dass sie allesamt normale *Nat*-Wähler und dementsprechend mit Ignoranz und Vorurteilen behaftet waren. „Wir hatten ein paar waschechte Afrikaaner hier, und das Lied war auf Xhosa, der Sprache, die für viele, wenn nicht für die meisten weißen Südafrikaner die Sprache des Feindes war. Es war nicht unproblematisch, die Jungs zu bitten, ein Lied zu singen, das derartige Assoziationen hervorrief.“ Es war auch nicht einfach, ihnen die Aussprache von Xhosa- und Zulu-Vokabeln beizubringen. Nur zwei Spieler in der Mannschaft sprachen Xhosa. Mark Andrews, der zwei Meter groß war und 240 Pfund wog, war in der ländlichen östlichen Kapregion aufgewachsen, im Land der Xhosa, und von Geburt an mit dieser Sprache in Berührung bekommen. Hennie le Roux, der kleiner und schneller war und ebenfalls aus dieser Region stammte, sprach ebenfalls etwas Xhosa. Die anderen 24 Spieler hatten keine Ahnung von der Sprache. Glücklicherweise hatte du Plessis eine Freundin, eine Nachbarin in Kapstadt namens Anne Munnik, eine attraktive, lebhafte und englischsprachige Weiße in den Dreißigern, die ihren Lebensunterhalt als Xhosa-Lehrerin verdiente. Sie hatte die Sprache ebenfalls in der östlichen Kapregion gelernt und ihre Kenntnisse an der Universität von Kapstadt vervollkommnet, wo sie jetzt unterrichtete. Sie war zunächst überrascht, als du Plessis sie bat, den *Springboks* den Text von *Nkosi Sikelele* beizubringen, dann skeptisch, als sie darüber nachdachte, wie die großen, schweren Buren darauf reagieren würden. Aber du Plessis blieb beharrlich, und mit einem unguten Gefühl ließ sie sich schließlich überreden.

In der dritten Maiwoche 1995 wurde ein Abendtermin in dem Hotel in Kapstadt vereinbart, in dem die Mannschaft vor dem Eröffnungsspiel der Weltmeisterschaft gegen Australien untergebracht war, das in wenigen Tagen stattfinden sollte. Die Spieler wurden aufgefordert, sich nach dem Training im sogenannten Team Room einzufinden, einem sterilen Raum, in dem sonst Banken oder Marketingfirmen Seminare für ihre Angestellten abhielten und in dem jetzt Kitch Christie seinen Spielern Strategie und Taktik predigte. Diesmal warteten du Plessis und Anne Munnik an der Stirnseite des Raums auf die Spieler.

Du Plessis, der die attraktive Chorleiterin weit überragte, stellte sie den frisch geduschten *Springboks* als alte Freundin vor, die er seit 20 Jahren kannte. Die Spieler reagierten zunächst wie halbwüchsige Schuljungen. Kichern, Gesten, Nicken. „Als Morné sagte, er hätte mich oft auf meiner Farm besucht, war's das", erinnerte sich Anne Munnik. „Es ertönten überall ‚Oohs' und ‚Aahs' und Kichern und Gelächter und Andeutungen und Witze."

Die Andeutungen waren jedoch nicht bösartig. Dann wurde du Plessis ernst und sagte: „Los, Jungs, wenn ihr das Lied laut und stolz singt, haucht ihr dem Slogan ‚Ein Team, ein Land' Leben ein." Daraufhin schwiegen alle. Anne Munnik verfolgte das Spektakel mit Verblüffung. Sie hatte Gefallen an Rugby, aber nichts, was sie im Fernsehen erlebt hatte, hatte sie auf die wirkliche Statur dieser Männer vorbereitet. Die massiven, großen und muskulösen Männer wirkten wie die übertriebene Antwort auf die Suche Hollywoods nach 26 römischen Gladiatoren. Im Vergleich dazu wirkten die Schwarzhemden von *Iron Guard*, der militärischen *Afrikaner Weerstandsbeweging AWB*, wie Pfadfinder. Sie hatte ihre klassisch gutturalen Afrikaaner-Namen auf der Liste gelesen, die du Plessis ihr gegeben hatte: Kobus Wiese, Balie Swart, Os du Randt, Ruben Kruger, Hannes Strydom, Joost van der Westhuizen, Hennie Le Roux. Ihr Eindruck war, dass sie auch politisch mehr mit der extremen Rechten als mit dem *ANC* sympathisierten und lieber *Die Stem* als *Nkosi Sikelele* intoniert hätten.

Aber sie ließ sich nicht beirren, gab jedem Spieler ein Blatt mit dem Liedtext, ließ sie den Text lesen, die schwierigen Stellen wiederholen und die Klicklaute des Xhosa besonders üben, die kaum auszusprechen sind, wenn man sie nicht von Geburt an gelernt hat. „Als es dann ans Singen ging", sagte sie, „taten sie es mit großer Hingabe."

Einige mehr als andere. Kobus Wiese, Balie Swart und Hannes Strydom erwiesen sich als Naturtalente. Wiese und Strydom waren beide knapp zwei Meter groß und wogen 250 Pfund, während Swart zwar fast zehn Zentimeter kleiner aber genauso schwer und breit war wie ein Haus. Alle drei waren extrem fit – das mussten sie auch sein, um die besonders aggressive Form des Rugby zu spielen, für die die *Springboks* bekannt waren. Und sie sangen gerne – normalerweise natürlich Rugby-Songs, welche die Spieler, auch gemeinsam mit dem Gegner nach dem Spiel, in der sogenannten „dritten Hälfte" der Partie, in feucht-fröhlicher Runde singen. Wiese war der Komiker in der Mannschaft, mit einem scharfen Geist ausgestattet, der nicht zu seinem massigen Körper zu passen schien, er war kein Progressiver. Mandelas Freilassung hatte du Plessis bewegt, seinen Mitspieler Joel Stransky gefreut und Pienaar aufgewühlt, aber Wiese seiner eigenen Aussage nach kalt gelassen. Swart gehörte zu den schweigsamsten Spielern der Mannschaft, aber auch zu den am meisten respektierten, weil er älter war als die meisten und auch mehr Gewicht auf die Waage brachte. Wiese und Swart waren beste Freunde. Sie spielten nicht nur beide als Stürmer. Beide mussten während des Spiels einen enormen körperlichen Einsatz erbringen und in den verrückten Menschenhaufen, für die Rugby ehrwürdige Namen wie *„ruck“ („Offenes Gedränge“), „maul“ („Paket“)* oder *„scrum“* (angeordnetes *„Gedränge“*, nach einem Regelverstoß) hat, fast aneinander kleben. Sie waren beide zudem begeisterte Sänger und sangen seit Jahren gemeinsam in einem Chor.

Wiese war verblüfft, wie schnell die Melodie von *Nkosi Sikelele* beim ersten Mal, als er das Lied sang, alle Zweifel zerstreute. „Ich hatte das Lied natürlich schon einmal gehört“, sagte er. „Ich hatte im Fernsehen Bilder dieser schwarzen Menschenmassen gesehen, die mit Stöcken bewaffnet brennende Autoreifen durch die Straßen trieben, singen und tanzen und Steine werfen und Häuser anzünden. Und diese Bilder waren immer mit *Nkosi Sikelele* unterlegt. Für mich und für so ziemlich jeden Bekannten von mir war das Lied gleichbedeutend mit ‚swart gevaar‘ – der schwarzen Gefahr. Aber wissen Sie, ich singe gerne. Es hat mir immer Spaß gemacht. Und plötzlich war ich zu meinem Erstaunen gefangen, denn dieses Lied ist so herrlich!“

Os du Randt, mit 22 das Baby im Team, aber mit 1,90 Metern und 260 Pfund der schwerste Spieler, sang schüchtern, als wolle er nicht gesehen werden, was bei seiner Statur schwierig war. Er trug den Spitznamen *the Ox* (der Ochse) und hatte bei der Armee in einem Panzerregiment gedient, auch wenn man sich nicht vorstellen konnte, dass er in ein derartig enges Fahrzeug passte. Ruben Kruger, der mit 1,85 Metern und lächerlichen 224 Pfund – immerhin 112 Kilo – zu den kleinsten Spielern der Mannschaft zählte, spielte im Sturm und war stark wie ein wildes Tier. Er hatte seine Muskeln aufgebaut, indem er von Kindesbeinen an im Familienunternehmen ausgeholfen und Kartoffelsäcke geschleppt hatte. Pienaar wollte wie immer mit gutem Beispiel vorangehen und sang tapfer mit, aber, wie er später eingestand, fiel ihm die Aussprache des Textes schwer und die Melodie setzte sich in seinem Kopf weit weniger leicht fest – „ehrlich gesagt, kannte kaum einer von uns die Melodie" – als beim politisch unbedarften Wiese.

Er, Swart, Ruben Kruger, Pienaar, du Randt und Mark Andrews waren die Stars im Sturm. Die Spieler, die die Position des „*Dreiviertelspielers*" besetzten, der die spielerische Verbindung zwischen Stürmern und Flügelspielern herstellen und dementsprechend gleichermaßen robust und schnell sein muss, wirkten auf den ersten Blick wie eine eigene Gattung. Anne Munnik fiel der Unterschied sofort auf, obwohl alle harte Burschen waren. Die Flügelspieler hatten nicht nur eine normalere Statur, ihre Gesichter sahen auch weniger angsteinflößend aus. Ihre Nasen waren weniger deformiert, ihre Ohren weniger zerknittert als bei den Stürmern, die auch ihre Köpfe im Ringen um den Ball am Boden kraftvoll zum Einsatz brachten und dabei gegen dicke, haarige Schenkel, Ellenbogen und Körper gepresst wurden. Die Flügelstürmer waren die Idole der *Springboks*, die David Beckhams des südafrikanischen Rugby.

James Small, der Kleider entwarf, wenn er nicht Rugby spielte, war der *bad guy*, einer, der immer in Schwierigkeiten geriet. Nach einer Kneipenschlägerei hatte man ihn für die Reise nach Großbritannien aus dem Kader der Mannschaft gestrichen. Aber keiner, so Anne Munnik, sang das Lied mit tieferer Empfindung als er. „Die ganze Zeit war er den Tränen nahe", sagte sie. Der gewöhnliche südafrikanische Rugbyfan, der wusste, welchen Unsinn er außerhalb des Spielfelds anstellte, hätte es im Gegensatz zu seinen Mitspielern wohl kaum geglaubt. Jeder, der ihn kannte, wusste, dass er auf einem schmalen Grat wandelte. Hätte er nicht das Ventil, das Rugby für einen Teil seiner überschäumenden Emotionen darstellte, hätte er bei seinem unkontrollierten, gewalttätigen Wesen wohl einen Großteil seines Lebens im Gefängnis verbringen müssen. Er war der Erste, der es zugab: „Ich habe großes Glück gehabt. Ich war ein harter Typ, ich hätte im Knast landen können. Nachts war ich in den wildesten Johannesburger Clubs unterwegs. Ich hätte leicht eine Kugel abbekommen können."

Doch es gab einen Grund, warum er beim Singen der schwarzen Hymne so emotional reagierte. Er wusste, was es bedeutete, marginalisiert zu werden. Apartheid gab es auch im Rugby, unter den Weißen. „Ich weiß, wie es ist, unten zu stehen", sagte er mir. „Ich war ein Engländer, der das Spiel der Holländer spielte." Er wollte damit sagten, dass er sich die Leiden der schwarzen Südafrikaner vorstellen konnte, weil er selbst als Eindringling in die Welt der Afrikaaner galt. „Als ich auf Provinzebene angefangen habe, wurde mir von den Afrikaanern übel mitgespielt. Ich war weder meinem eigenen Team noch dem Gegner willkommen. Die Spieler in meiner Mannschaft haben versucht, mich durch einen Afrikaaner von meiner Position zu verdrängen. Sie haben mich ausgeschlossen und ich wurde auch ordentlich verprügelt. Als ich zu den *Springboks* kam, haben sie mich so in die Mangel genommen, dass mein Vater sie bei der Polizei anzeigen wollte. Der Punkt war, dass es für sie ein Afrikaanerspiel war und dass es da keinen Platz für einen Engländer gab. Ein Engländer war ein Eindringling." Pienaar hatte die Engländer in seiner Jugend genauso gesehen. Er war stolz darauf, dass seine Mannschaft in seiner Jugend nie gegen die Mannschaft einer „englischen"

Schule verloren hatte. „Aber ich nutzte all das als Ansporn", sagte Small, „und ich habe es letztlich geschafft. Ich wurde ein *Springbok*. Aber diese ganze Erfahrung hat mich Mitgefühl mit Außenseitern gelehrt, eine Sympathie für die Leute in meinem Land, die nicht die Chancen haben, die ich hatte."

Ein Afrikaaner, der Small gegenüber immer nett und respektvoll war, war Morné du Plessis. Sein Einfluss machte sich auch in Smalls Reaktion beim Erlernen der schwarzen Hymne bemerkbar. „Ich will ehrlich sein. Ein Jahr vorher habe ich die Dinge anders gesehen. Vor den Wahlen von 1994 wurde ich von der Angst angesteckt, die viele Weiße vor Chaos, Gewalt und Rache hatten. Daher habe ich zum ersten Mal in meinem Leben eine Pistole gekauft. Ich hatte Angst. Und ein Jahr später nun das … *Nkosi Sikelele* singen! Aber das wäre ohne Morné nicht passiert. Er war derjenige, der uns einschärfte, wir müssten Südafrika repräsentieren, wir müssten wirklich Südafrikaner in einem Südafrika sein, das nur ein Jahr alt war. Durch ihn habe ich verstanden, dass dazu gehörte, *Nkosi Sikelele* zu lernen."

Bei Anne Munniks Chorstunde reagierte ein Spieler deutlich weniger emotional als Small, nämlich Chester Williams. Wie Small war er ein kräftiger, schneller Spieler und spielte auf einer Flügelposition. Williams wirkte wegen seiner Zurückhaltung etwas unterkühlt. Er war der einzige Spieler in der Mannschaft, der nicht weiß war. Das heißt nicht, dass er leichter Xhosa oder Zulu lernte als die anderen. Er war nach den Maßstäben des unlängst außer Kraft gesetzten *Population Registration Act* ein „Farbiger". „Sogenannte Farbige" waren die politisch am wenigsten aktiven der vier großen Gruppen unter der Apartheid. Die drei anderen waren die Schwarzen, die Weißen und die Inder. Damit waren „Mischlinge" gemeint. In ihrer körperlichen Erscheinung entsprachen sie mehr dem

Bild eines schwarzen Afrikaners als dem eines weißen Europäers, aber diese Gruppe fühlte sich nicht den Zulus oder den Xhosas zugehörig, sondern den Afrikaanern, wohl vor allem deswegen, weil sie zu Hause dieselbe Sprache sprach. So auch Chester Williams: Er sah aus wie ein Afrikaaner, sprach Afrikaans und war politisch desinteressiert.

Die Afrikaaner hatten keine besondere Achtung vor ihnen. F.W. de Klerks Frau Marike hatte 1983 ein paar berüchtigte Sätze gesagt, die ihr später vorgehalten wurden, als ihr Mann sich um ein Image bemühte, das seinen Rassismus vergessen ließ. „Wissen Sie, sie sind eine negative Gruppe", sagte die spätere First Lady. „Der Definition im Bevölkerungsregister zufolge ist ein Farbiger jemand, der nicht schwarz und nicht weiß und auch kein Inder ist, also eine Nicht-Person. Sie sind Überbleibsel. Es sind Leute, die übrig geblieben sind, nachdem die Nationen eingeteilt waren. Sie sind der Rest."

Die Behandlung von Williams durch seine Mitspieler, seit er 1993, im Jahr der Gründung der Volksfront, der erste nichtweiße *Springbok* überhaupt wurde, bis zur Weltmeisterschaft zwei Jahre später, spiegelt den abrupten Wandel im Umgang der Weißen insgesamt und der Afrikaaner im Besonderen mit ihren dunkelhäutigeren Landsleuten wider. „Es war eine schwere Zeit für mich", sagte mir Williams, als er von seinen ersten Tagen bei den *Springboks* erzählte. „Die Leute haben mich nicht akzeptiert. Auch wenn man versucht hat, ein Gespräch anzuknüpfen – man ist allein geblieben."

In einem Buch, das Williams als Co-Autor verfasste, behauptete er sogar, dass unter anderem James Small ihm gegenüber das verhasste K-Wort benutzte, „Kaffer". Er war der Meinung, dass er nicht wegen seiner Leistung in die Mannschaft gekommen war, sondern als „Alibi-Schwarzer". Small verletzten diese Behauptungen, und Williams bemühte sich, sie zurückzunehmen. Small zufolge entschuldigte sich Williams später vor der ganzen Mannschaft und beide versöhnten sich. Als Williams einige Zeit nach dem Wirbel mit mir sprach, gab er zu, dass die Dinge im Buch vielleicht etwas übertrieben waren. Er beharrte aber darauf, dass er diskriminiert worden war. „Erst nach einiger Zeit veränderten sich die Leute und bezogen mich mehr mit ein. 1995 war ich wegen meiner Leistung als vollwertiges Mitglied der Mannschaft akzeptiert."

Die Mannschaft hatte im Grunde keine Wahl. Chester Williams war von den Marketingleuten des südafrikanischen Rugbyverbands als das Gesicht der *Rainbow Nation* für die Weltmeisterschaft ausgewählt worden. Für diesen zurückhaltenden Mann war es eine merkwürdige Situation. Überall, wo die Mannschaft in Südafrika hinkam, erblickte sie zu ihrer – und zu Williams' eigener – Überraschung sein Gesicht auf riesigen Reklametafeln. Für die schwarzen Südafrikaner war das nicht nur etwas verwirrend, sondern auch wenig überzeugend. Das lag nicht so sehr daran, dass Williams ein „Farbiger" war (auch wenn der *ANC* sie verurteilte, verschwanden diese „Schubladen" nicht einfach), sondern daran, dass er während der Apartheid Offizier in der *South African Defence Force* gewesen war. Williams, der kaum eine Beziehung zu den schwarzen Südafrikanern hatte und ihre Sprachen nicht verstand, hätte das viel deutlicher erkannt, als die Marketingleute, deren Kampagnen sich bei Schwarzen stärker auswirkten als bei Weißen und bei ausländischen Besuchern stärker als bei Südafrikanern insgesamt. Aus diesem Grund war Williams bei einer Auktion Anfang Mai völlig verblüfft, als sein Porträt für rund 50.000 Dollar verkauft wurde. Südafrika verkaufte der Welt ein Bild von sich, das die Welt gerne kaufte.

Sein Gesicht schien jetzt beim Versuch, Anne Munniks Anweisungen zu folgen, etwas von dieser Verblüffung auszudrücken. Joel Stransky war hingegen selbst erstaunt, wie sehr ihm diese Chorstunde gefiel. Der Traum, den er hatte, als er Mandelas Freilassung in einer französischen Kneipe im Fernsehen verfolgt hatte, war von der Wirklichkeit übertroffen worden. Er spielte nicht nur Rugby für sein Land, sondern er spielte sogar bei einer Weltmeisterschaft in einer entscheidenden Position, in der er als *fly-half* die Verbindung zwischen Sturm und Hintermannschaft zu gewährleisten hatte. Er gab nicht nur die Kommandos, sondern trug auch die große Verantwortung für die Ausführung der *penalty kicks*, der Straftritte, die nicht selten spielentscheidend sind. Er musste Nerven aus Stahl haben, was der Fall war. Außerdem durfte er keine Angst vor körperlichen Schäden haben. Er war gerade einmal 1,80 groß und 190 Pfund schwer, aber er musste die brutalen Attacken von weit größeren Männern abwehren, indem er die angreifenden Spieler seinerseits angriff und sie zu Fall brachte, so dass sie den Ball abgeben mussten. Dennoch hatte er Angst vor der Singstunde. Er wünschte sich, an einen anderen Ort. „Ich gehöre zu den Leuten, die es hassen zu singen", sagte er. „Es ist fast eine Phobie." Aber er überraschte sich selbst. Irgendwie kam er in den „*Vibe*". „Plötzlich lernte ich den Text dieses hochpolitischen Liedes, und es machte Spaß. Ich war überrascht. Wir alle kannten die Politik hinter dem Lied, wir hatten so oft davon gehört, und nun lernte ich den Text, und ich hatte das Gefühl von etwas ganz Besonderem."

Hennie le Roux, der eng mit François Pienaar befreundet war, folgte Anne Munniks Unterricht mit leidenschaftlichem Ernst. Le Roux war äußerst begabt und ein übermütiger Läufer, der vielseitigste Verteidiger in der Hintermannschaft der *Springboks*. Er war politisch nicht interessierter als seine Mitspieler, aber er verstand deutlich die nationale Pflicht, *Nkosi Sikelele* zu lernen. Er hatte dies wie andere Mitglieder des

Teams erkannt, als sie ein paar Tage zuvor im Kapstadter Hotel angekommen waren und die größtenteils schwarzen Angestellten sie in der Lobby begrüßt hatten. „Sie sangen und tanzten und machten und taten. Sie waren so froh, uns zu sehen, und so gastfreundlich. So etwas hatten wir in unserer ganzen Laufbahn noch nie erlebt. Diese Schwarzen vor uns begrüßten uns so begeistert wie jede weiße Menge von Rugbyfans. Es war ein großer Moment für uns alle." James Small meinte: „Wir schauten uns an und dachten, ‚Verdammt, hier passiert etwas.'" Le Roux erkannte in diesem Moment, dass er etwas zurückgeben musste. „Wenn sie uns unterstützten, war das Mindeste, was wir tun konnten, ihr Lied zu lernen. Die Erinnerung an die Szenen bei unserer Ankunft machte das Erlernen des Liedes noch viel bewegender für mich."

Pienaar war ebenso bewegt wie sein Freund. Er war von dem Wunsch beseelt, ein Bild seiner Mannschaft zu vermitteln, das Mandela gefallen würde. Er war das einzige Mitglied der Mannschaft, das ihn unter vier Augen getroffen hatte. Wie gewohnt überlegte er aber auch, in allen Einzelheiten, wie das, was die Mannschaft außerhalb des Spielfelds tat, ihre Leistung auf dem Feld verbessern konnte. Als er sich und die Mannschaft das Lied singen hörte, das er vorher nie als besonders bewegend empfunden hatte, kamen seine Gedanken in Bewegung. Pienaar wusste, dass der Sieg in einem hochrangigen Rugbyspiel zur Hälfte auf Psychologie beruhte und sah jenseits aller Politik die motivierende Kraft des Lieds für den Sport. „Ich habe sofort erkannt, dass uns Morné ein unerwartetes Plus gegeben hatte, dass es uns vor dem Spiel etwas Besonderes geben konnte, wenn wir es wahrnahmen und diese Energie in uns aufnahmen", meinte Pienaar, bevor er hinzufügte, „aber es ist … erstaunlich, sich das vorzustellen. Afrikaanerjungs singen diese Hymne!"

Anne Munik war gerade dabei, die Stunde zu beenden, als die drei größten Spieler des Teams, Kobus Wiese, Hannes Strydom und Balie Swart, sie baten, ob sie das Lied noch einmal singen zu dürfen – nur sie drei. „Ich sagte, ‚Natürlich!‘ und sie fingen an wie drei riesige Chorknaben, erst sanft, dann lauter zu den hohen Tönen. Die anderen Spieler standen mit offenen Mündern da. Kein Gelächter, keine Witze. Sie standen nur da und starrten sie völlig gebannt an.“

Für die Männer, die an diesem Tag eine ganz neue afrikanische Seele in sich entdeckten, war es ein Erlebnis, das einer Erleuchtung wohl am nächsten kam. Es war ein klarer Moment jenseits aller Logik, der ihre Auffassung von allem, was sie bis dahin für selbstverständlich gehalten hatten, für immer veränderte. „Ich konnte es nicht glauben! Meine Naivität war zerstört!“ rief Wiese aus. „Als ich den Text dieses Liedes gelernt habe, haben sich mir Türen geöffnet, Mann! Balie und ich hatten in der Schule Musikunterricht, und wir beide mochten das Lied wirklich und sangen es gern. Ich war stolz, *Nkosi Sikelele* und *Die Stem* zusammen zu singen, unsere neue doppelte Nationalhymne! Wissen Sie, wenn ich seither eine Gruppe von Schwarzen *Nkosi Sikele* singen höre, verschlägt es mir den Atem, Mann. Es ist so schön.“

Und es ist geradezu unglaublich, dass er, Balie Swart und Hannes Strydom das Lied mit einer derartigen Hingabe sangen. Ganz gleich, ob man den *Springboks* gegenüber so ablehnend gegenüberstand wie Justice Bekebeke oder so großzügig und offenherzig wie Mandela – jeder schwarze Südafrikaner, der in diesem Augenblick den Raum betreten hätte, hätte die Fassung verloren.

KAPITEL 14

SILVERMINE

Am 25. Mai 1995 trafen die *Springboks* im ersten Spiel in Kapstadt auf den amtierenden Weltmeister Australien. Am Tag zuvor traf sich die Mannschaft in Silvermine, einer alten Kaserne in einem bergigen Naturschutzgebiet auf der Halbinsel am Kap. Hier hatte das Team zwischenzeitlich sein Trainingslager aufgeschlagen. Silvermine liegt an der Ostseite der schmalen Halbinsel und ist einer der schönsten Orte der Erde. In Richtung Norden blickt man auf den ehrwürdigen Monolithen des Tafelbergs, in Richtung Süden auf die Felsen, an denen der Indische auf den Atlantischen Ozean trifft, und in allen anderen Richtungen sieht man Klippen, Wälder, Täler und das Meer.

Die Mannschaft hatte gerade ihr Nachmittagstraining beendet, als am Himmel ein großer Militärhubschrauber auftauchte und zur Landung ansetzte. Morné du Plessis, der über den Besuch informiert war, trug bereits einen Anzug. Er verkündete den Spielern, dass Mandela auf dem Weg zu ihnen war. Sie betrachteten mit offenen Mündern den Hubschrauber, der auf dem Feld aufsetzte, wie Kinder, die zum ersten

Mal den Film „*E. T.*" sehen. Ihre Münder blieben geöffnet, als Mandela unter den Rotorblättern auftauchte. Er hatte ein rotes Hemd um die Hüften gewickelt, wie es sein Stil geworden war. Während Mandela lächelnd auf sie zukam, drängten sich die Spieler wie Fotografen auf einer Pressekonferenz und reckten sich, um den besten Blick zu ergattern.

Mandela machte ein paar lockere Bemerkungen, die ein paar Lacher ernteten. Dann bat du Plessis um Ruhe, damit der Präsident zu den Spielern sprechen konnte.

Sie waren überrascht, dass Mandela mit denselben großen Themen begann, die er meist wählte, wenn er zu Weißen sprach. (Alle seine Zuhörer waren weiß, da Chester Williams eine Verletzung auskurierte.) Er erinnerte sie an das Versprechen des *ANC*, dass die neue Regierung am alten Oberbefehlshaber, Polizeichef, Zentralbankchef und Finanzminister festhalten würde. Dann wies er darauf hin, dass die Regierung ihr Versprechen auch ein Jahr nach den Wahlen immer noch hielt. Als Afrikaaner hatten sie vom *ANC* nichts zu fürchten. Auch nicht, so fügte Mandela mit einem breiten Lächeln hinzu, von ihrem Gegner am folgenden Tag.

„Ihr spielt gegen den Weltmeister, Australien. Das Team, das dieses Spiel gewinnt, wird bis zum Ende durchmarschieren", sagte er voraus. Dann fügte er feierlich hinzu: „Ihr habt jetzt die Gelegenheit, Südafrika zu dienen und unser Volk zu vereinen. Eure Leistungen sind Weltspitze. Aber wir spielen zu Hause und das ist das Entscheidende. Denkt daran, wir alle, schwarz oder weiß, stehen hinter euch."

Die Spieler applaudierten begeistert. Danach sprach Mandela mit jedem von ihnen. „Er fragte mich, warum ich mich für seinen Besuch so formell angezogen hätte", meinte du Plessis später. „Erstaunlich aber war die Chemie. Die Spieler fühlten sich sofort zu ihm hingezogen", gestand Kobus Wiese. „Ich weiß nicht, worüber wir lachten, aber ich weiß, dass wir die ganze Zeit mit Mandela lachten, während er da war."

Hennie le Roux, der kräftige mittlere Dreiviertelspieler, beschloss plötzlich, Mandela für die Mühen zu danken, die er mit seinem Besuch auf sich genommen hatte. Als der Präsident zu ihm kam, gab er ihm seine grüne *Springbok*-Kappe und sagte: „Bitte nehmen Sie sie, Mr. President, sie ist für Sie." Le Roux unterbrach sich und fügte dann hinzu: „Vielen Dank, dass Sie gekommen sind. Das hat eine große Bedeutung für die Mannschaft."

Mandela nahm die Kappe, lächelte und sagte: „Vielen Dank. Ich werde sie tragen." Er hielt sein Wort und setzte die Kappe sofort auf.

François Pienaar beschloss den Empfang auf dem Berg mit einer kurzen Abschiedsrede für Mandela. Mit Bezug auf das bevorstehende Spiel sagte Pienaar: „Wir wissen, dass wir jetzt für jemanden spielen müssen, und das ist der Präsident."

Das Treffen von Silvermine verwandelte die Gefühle der *Springboks* gegenüber ihrem Präsidenten und ihrem Land. Als er beschreiben sollte, wie Mandela den Hubschrauber bestiegen hatte und weggeflogen war, fand du Plessis kaum Worte: „Ich sah die Spieler an, während sie hoch zum Hubschrauber schauten und wie Kinder winkten. Sie waren voller Aufregung. Diese Leute hatten vorher schon unzählige Hubschrauber gesehen, aber Mandela ... nun, Mandela hatte ihre Herzen erobert."

Und er hatte auch etwas für den Teamgeist getan. Pienaar war wegen der Spannung besorgt, die am Vortag des Spiels die Mannschaft beherrscht. Normalerweise fand er einen Weg, sie zu beseitigen, aber diesmal hatte Mandela dies übernommen. Ein Jahr zuvor hatte ihn Mandela bei ihrem letzten Treffen in seinem Büro schon einmal beruhigt. Jetzt hatte er das ganze

Team beruhigt. „Er entspannte die Jungs. Sein Verhältnis zum Team war freundschaftlich. Immer lachte er, immer machte er kleine Witze. Und er hatte immer Zeit für jeden. Er blieb stehen und redete und die Spieler fühlten sich wohl. Das war vor dem Eröffnungsspiel etwas ganz Besonderes."

Mandela hatte den Stress der *Springboks* vielleicht verringert, aber er hatte ihn nicht vollständig beseitigen können. Nur wenige Menschen sind auf dem Rugbyfeld gestorben, aber kein Sport ist – in Bezug auf Schmerzen und Brutalität – so kriegerisch. Rugbyspieler gehen so hart miteinander um wie Footballspieler, aber ohne Helme, Schulterpolster und anderen Schutz. Die Angst vor körperlichem Schmerz lastete auf den Spielern jedoch weniger schwer als die Erwartungen der ganzen Nation. In weniger als 24 Stunden würden sie den australischen *„Wallabies"* gegenüberstehen, einer der fünf Mannschaften mit Titelchancen neben Frankreich, England, Neuseeland und Südafrika. Mandela hatte ihnen das Gefühl vermittelt, etwas Besonderes zu sein. Aber noch war nicht klar, ob die *Springboks* den Druck nutzen konnten oder ob sie unter ihm zusammenbrechen würden.

Es war auch noch nicht klar, wie sehr die schwarzen Afrikaner die *Springboks* unterstützen würden – wie erfolgreich Mandela seine Leute hatte überzeugen können, dass das grüngoldene Trikot auch das ihre war.

Die *Presidential Protection Unit* war ein guter Gradmesser für die Stimmung im Land. Das *PPU* gehörte zu denen, die genauso angespannt zu Bett gingen wie die *Springboks*. „Für das erste Spiel gegen Australien waren die Sicherheitsvorkehrungen enorm", sagte Linga Moonsamy, ein großer, vornehmer Mann indischer Herkunft, der seit Mandelas Amtseid dem *PPU* angehörte. „Wir hatten uns wochenlang auf diesen Tag vorbereitet. Wir haben jedes höhere Gebäude in Stadionnähe inspiziert. Wir platzierten Scharfschützen an strategischen Punkten auf den Dächern und wir platzierten Leute an den sensiblen Sicherheitsstellen im Stadion."

Das *PPU* war sich einig in seiner Aufgabe, aber gespalten zwischen Schwarzen und Weißen, zwischen früheren Angehörigen von *Umkhonto we Sizwe* wie Moonsamy und ehemaligen Mitgliedern der berüchtigten Sicherheitspolizei. „Die *Umkhonto*-Leute und die Polizei-Leute: Menschen, die buchstäblich Todfeinde gewesen waren – wir wollten uns über Jahre hinweg gegenseitig umbringen", meinte Moonsamy, „und sie hatten dabei mehr Erfolg als wir."

Diese Spaltung erstreckte sich auch auf Rugby. Da Moonsamy tagein, tagaus an Mandelas Seite gewesen war, lehnte er die *Springboks* nicht mehr völlig ab. Aber das machte ihn noch lange nicht zum Fan oder auch nur zu einem Kenner des Spiels.

„Es gab jede Menge Gerüchte, dass die weißen Rechten versuchen würden, die Weltmeisterschaft zu einem Terrorangriff gegen die junge Demokratie oder gegen Mandela selbst zu benutzen", erinnerte sich Moonsamy. „Unsere weißen Kollegen wussten das ebenso wie wir. Doch im Unterschied zu uns waren sie wegen des Spielausgangs noch aufgeregter. Wir schauten sie an, lächelten und schüttelten den Kopf. Wir konnten es einfach nicht verstehen."

Die Vorbereitungen des *PPU* zahlten sich aus. Die Partie Südafrika gegen Australien verlief ohne Zwischenfälle. Mandela wurde mit dem Hubschrauber von der Präsidentenvilla in Kapstadt zu einem Hochhaus in der Nähe des Stadions geflogen. Die Strecke vom Haus ins Stadion legte er in einem gepanzerten silberfarbenen BMW zurück. Moonsamy, der an diesem Tag Bodyguard Nummer eins war, saß auf dem Beifahrersitz vor Mandela. In all der Aufregung hatte Mandela die

Mütze von Hennie le Roux nicht vergessen. Er trug sie bei der Eröffnungszeremonie, zu der die 16 Mannschaften, die an der Weltmeisterschaft teilnahmen, zusammen mit 1.500 Tänzern (oder 1.501, da Mandela selbst lebhaft mittanzte) vor dem Eröffnungsspiel im Newlands Stadion auftraten. Er trug sie auch, als er auf das Feld kam, um den Spielern beider Mannschaften die Hand zu schütteln, wobei die größtenteils weißen Zuschauer Beifall jubelten und zahlreiche neue südafrikanische Fahnen schwenkten. Er trug sie immer noch, als die *Springboks* die beiden Nationalhymnen sagen, beide mit gleichermaßen starken Emotionen, auch wenn sie bei *Die Stem* den Text besser beherrschten.

Das Spiel selbst endete mit einem Sieg Südafrikas. Letztlich konnten die *Springboks* den Druck nutzen, unter dem sie standen, und sie schlugen Australien, das seit 14 Monaten nicht mehr verloren hatte, klarer, als es das Ergebnis – 27:18 – vermuten ließ. Joel Stransky war der Mann des Spiels. Er machte 22 Punkte für die *Springboks*, 17 mit Freitritten und einen Punkt durch einen Versuch. Gegen Ende des Spiels wurde im Publikum ein rasch angefertigtes Transparent ausgerollt, auf dem stand: „Vergesst das Rhinozeros, rettet das Wallaby!“ Die Australier waren faire Verlierer. „Es gibt keinen Zweifel daran, dass die bessere Mannschaft gewonnen hat“, sagte Bob Dwyer, der australische Trainer. „Jedes andere Ergebnis, auch wenn wir es irgendwie hinbekommen hätten, wäre ungerecht gewesen.“

Danach feierten die *Springboks* wie Rugbyspieler. Sie tranken bis vier Uhr morgens und wurden auf Schultern getragen. Kitch Christie, der Trainer, ersparte ihnen aber nicht das tägliche Lauftraining morgens um neun vom Stadtzentrum bis zum Meer. Die peinigenden Schmerzen wurden durch die Passanten gelindert, die jeden ihrer Schritte mit Jubelrufen begleiteten.

Am darauffolgenden Tag brummten die Schädel immer noch. Sie waren auf einer Fähre und fuhren nach Robben Island. Das war die Idee von Morné du Plessis'. Du Plessis hatte erkannt, welche Auswirkungen das Motto „Ein Team, ein Land“ haben konnte. Nicht nur im Hinblick auf den Nutzen für das Land, sondern auch auf den Nutzen für die Mannschaft.

„Zwischen dem Mandela-Faktor und unserer Leistung auf dem Spielfeld gab es ein Ursache-Wirkungs-Verhältnis“, meinte du Plessis. „Und das betraf Tausende von Einzelheiten. Es äußerte sich in der Fähigkeit der Spieler, die Schmerzgrenze zu überwinden, in einem extremen Siegeswillen, in Glück, weil man das Glück herausfordert, und in vielen anderen winzigen Details, die zusammen oder für sich genommen den Unterschied zwischen Sieg und Niederlage ausmachen. Alles fügte sich perfekt zusammen. Unser Wille, die Mannschaft der Nation zu sein, und Mandelas Wille, die Mannschaft zur Nationalmannschaft zu machen.“

Robben Island war immer noch ein Gefängnis, und alle Häftlinge waren entweder schwarz oder farbig. Zum Tagesprogramm gehörten Gespräche mit den Häftlingen, aber zuerst schauten sich die Spieler der Reihe nach die Zelle an, in der Mandela 18 seiner 27 Jahre in Gefangenschaft verbracht hatte. Die Spieler betraten die Zelle entweder einzeln oder zu zweit, mehr passten nicht hinein. Da sie Mandela gerade getroffen hatten, wussten sie, dass er so groß wie die meisten von ihnen war, wenn auch nicht so breit. Man brauchte nicht viel Phantasie, um sich die körperlichen und seelischen Strapazen vorzustellen, die ein Aufenthalt in einer derartig winzigen Zelle mit sich brachte. Pienaar, der etwas über Mandelas Vergangenheit gelesen hatte, wusste, dass in dieser Zelle oder zumindest in diesem Gefängnis die Pläne zum Boykott der internationalen Reisen der *Springboks* ihren Ursprung hatten. Morné du Plessis dachte noch heftiger daran, denn er war ja einer der *Springboks*-Spieler gewesen, die unter den Boykotten zu leiden hatten. Steve Tshwete, der damalige Sportminister, hatte du Plessis erzählt, dass die Gefangenen die Berichterstattung der *Springboks*-Spiele gegen die *British Lions* 1980 im Radio verfolgt hatten. Die Wachen hatten die Häftlinge angeschrien und ihnen verboten, die gegnerische Mannschaft anzufeuern, aber sie hatten weitergemacht. „Und wissen Sie was", sagte du Plessis zu mir, „wenn ich mir diese Zellen so anschaue und mir überlege, was wir ihnen angetan haben? Ich hätte auch die Lions angefeuert."

Nach der Besichtigung von Mandelas Zelle gingen die *Springboks*-Spieler in einen Hof, in dem Mandela Steine geklopft hatte. Dort wartete eine Gruppe von Häftlingen auf sie.

„Sie freuten sich sehr, uns zu sehen", sagte Pienaar. „Obwohl sie hier eingesperrt waren, waren sie ganz offenkundig stolz auf unsere Mannschaft. Ich sprach mit ihnen darüber, dass wir jetzt das ganze Land vertraten, sie eingeschlossen, und sie antworteten mit einem Lied. James Small stand – das werde ich nie vergessen – in einer Ecke, ich sah wie die Tränen über sein Gesicht liefen. James riskierte immer einen Konflikt mit dem Gesetz und dachte sicher: ‚Ich könnte auch hier sein.' Ja, er dachte, sein Leben hätte leicht eine andere Wendung nehmen können. Aber", fügte Pienaar hinzu und erinnerte sich an die Schlägereien seiner Jugendzeit, als er einmal meinte, jemanden getötet zu haben, „... mein Leben auch, oder? Ich hätte auch hier enden können."

Ich fragte Small, ob er sich an die Szene erinnern konnte. Er konnte sich erinnern. „Die Häftlinge sangen nicht nur für uns, sondern sie feuerten uns auch lautstark an und ich ... ich musste einfach weinen", sagte er. Seine Augen wurden bei der

Erinnerung erneut feucht. „In diesem Moment spürte ich wirklich, dass ich zum neuen Südafrika gehörte. Mir wurde die Verantwortung meiner Position als *Springbok* bewusst. Da stand ich und hörte, wie man mich anfeuerte. Gleichzeitig dachte ich an Mandelas Zelle und dass er 27 Jahre im Gefängnis verbracht hatte und voller Liebe und Freundschaft herausgekommen war. All das brach über mich herein, diese gewaltige Erkenntnis, alles auf einmal, und da rollten mir einfach die Tränen über das Gesicht."

KAPITEL 15
VIELE ZWEIFLER

„Meine eigenen Anhänger buhten mich aus! Sie buhten mich aus, als ich sagte, diese Jungs sind jetzt auf unserer Seite, umarmen wir sie!" Mandela runzelte bei der Erinnerung die Stirn. „Oh, es war sehr schwierig ..." Er erinnerte sich an eine entmutigende Begebenheit in der Endphase der Weltmeisterschaft, an eine Kundgebung des *ANC* im ländlichen KwaZulu. Sie war für ihn der Inbegriff der Schwierigkeit, die schwarzen Südafrikaner zur Unterstützung der *Springboks* zu bewegen. Justice Bekebeke war nur einer von ihnen. Er konnte die Vergangenheit nicht einfach vergessen: „Diese afrikaanischen Rugby-Leute, sie waren diejenigen – genau diejenigen – die uns am schlimmsten behandelt hatten. Sie waren es, die uns vom Bürgersteig hinunter auf die Straße stießen. Sie waren diejenigen – die großen weißen Gewalttäter – die sagten: ‚Geh' weg, Kaffer!'"

Doch nicht nur der Geist des Landes hatte sich verändert, sondern auch seine Situation. Nachdem er dem Strick entronnen war, stand er im Mai 1995 kurz davor, gegen Jahresende seinen BA in Jura zu machen. Bebebeke stimmte dem historischen Kompromiss, den Mandela erwirkt hatte, zu, aber es gab auch für ihn Grenzen.

„Ich war ein treues Mitglied des *ANC*", sagte er. „Ich glaubte an eine Philosophie, die jeden Rassismus ausschloss und bewunderte Mandela. Das Beispiel Anton Lubowski verhinderte, dass ich je Rassist wurde. Aber die *Springboks*, das Symbol der *Springboks*, auf das diese Leute so stolz waren: das hasste ich. Für mich war es ein mächtiges, abscheuliches Zeichen der Apartheid."

Genau dieses Symbol hielt Mandela mitten in seiner Rede vor den *ANC*-Anhängern auf der Kundgebung hoch. Es war die *Springboks*-Mütze, die Hennie le Roux ihm geschenkt hatte. Mandela war in diese Stadt gekommen, um den Jahrestag des Ereignisses zu feiern, das Auslöser der südafrikanischen Revolution gewesen war: Damals, als die Schüler von Soweto 1976 gegen ihre Apartheid-Herren aufgestanden waren. Aber seine Zuhörer buhten immer noch.

Dass Mandela gerade diesen Ort, Ezakheni, dafür wählte, war vielleicht doch etwas tollkühn. Erstens waren die Folgen des alten Systems in ländlichen Gebieten wie Ezakheni für die Menschen besonders schlimm spürbar. Mandela sprach das in seiner Rede auch an. „Hier", sagte er, „hat die Apartheid zu unbeschreiblichen Zuständen in den Gemeinden geführt." Zweitens dauerte das Jahrzehnt der Gewalt zwischen Zulu-Anhängern des *ANC* und Zulu-Anhängern der *Inkatha*, die von der Sicherheitspolizei des weißen Staates heimlich geschürt worden war, trotz der neuen Regierung weiter an. Mandela erklärte daher: „Die Ermordung von Zulus durch Zulus muss aufhören." Drittens hasste die Menge die weißen Farmer der Region. Einige von ihnen waren von der Sorte „Geh weg, Kaffer", von der Bekebeke gesprochen hatte, und alle von ihnen sympathisierten mit der *Inkatha*.

Buthelezi, der Führer der *Inkatha*, gehörte jetzt der Regierung an. Mandela hatte dem Machthunger Buthelezis nachgegeben und ihn zum Minister für innere Angelegenheiten ernannt. Wenn man bedenkt, dass er in geradezu obszönem Maße verräterisch gehandelt hatte, muss man Mandelas Großzügigkeit ihm gegenüber als moralisch grenzwertigen politischen Pragmatismus betrachten. Hier in Ezakheni waren die Wunden allerdings noch nicht verheilt – und Fraternisierung mit dem Feind rief keine Begeisterung hervor. Wenn man die Leute um Sympathie für die *Springboks* bat, war das schon fast eine Zumutung. Aber genau das tat Mandela. „Ihr seht, welche Kappe ich trage", sagte er zum Publikum. „Ich tue das zu Ehren unserer Jungs, die morgen gegen Frankreich spielen."

In diesem Augenblick wandte sich die Menge gegen ihn und buhte ihn aus. Mandela ließ sich nicht beeindrucken. „Seht her", ermahnte er sie, „unter euch sind Führer. Seid nicht kurzsichtig, lasst euch nicht von Gefühlen leiten. Eine Nation zu errichten heißt auch, dass wir einen Preis bezahlen müssen. So wie die Weißen einen Preis bezahlen müssen. Ihr Preis ist, dass sie auch Schwarze zum Sport zulassen. Sie bezahlen diesen Preis. Wir müssen den Preis bezahlen, dass wir die Rugby-Mannschaft unterstützen. Wir sollten das tun." Während die Buh-Rufe etwas nachließen, sprach er weiter: „Ich brauche Führer unter euch, Männer und Frauen, die aufstehen und diese Idee vertreten."

Als Mandela mir diese Geschichte erzählte, hörte er sich beinahe an wie ein Jäger, der über einen Beutezug spricht. „Es ist klar", sagte er mit dem Lächeln des Siegers, „irgendwann hatte ich die Menge auf meiner Seite." Ich selbst hatte es zweimal erlebt, wie er seine Zuhörer auf diese Weise verloren und dann zurückgewonnen hatte. Beim ersten Mal sprach er in einer Gegend, in der die *Inkatha* viele Menschenleben ausgelöscht hatte. Er wandte sich gegen den verständlichen Rachedurst der Menge und forderte sie auf, ihren Blick zu weiten und „ihre Waffen ins Meer zu werfen". Beim zweiten Mal war er in Katlehong, einer *Township* bei Johannesburg, wo die *Inkatha* ebenfalls die Zivilbevölkerung terrorisierte. Er brachte 15.000 Menschen zum Schweigen, die über seine Weigerung aufgebracht waren, sie mit Waffen zu versehen. Er fragte sie, ob sie ihn weiterhin zum Führer haben wollten. Wenn sie nicht tun würden, was er von ihnen verlangte, wenn sie keinen Frieden mit den Leuten schließen würden, die eher fehlgeleitet als böse seien, würde er zurücktreten. Natürlich wollten sie das nicht, und am Ende seiner Rede skandierten sie seinen Namen und tanzten Siegestänze. Sie feierten seine erfolgreiche Bitte an den klügeren Teil ihrer Natur.

Fast genauso schwierig war es, die Leute davon zu überzeugen, dass die *Springboks* die Weltmeisterschaft wirklich gewinnen würden. Alle Rugby-Experten waren sich einig, dass hierauf keine Hoffnung bestand. Mandela dachte anders: „Als ich zur Mannschaft nach Silvermine kam und ihr sagte, ich sei sicher, dass sie gewinnen würde, wollte ich Recht haben", sagte er. „Es war sehr wichtig, denn ich wusste, dass ein Sieg die vielen Zweifler zum Schweigen bringen würde. Deshalb wollte ich unbedingt, dass Südafrika den Titel holte! Es wäre der Lohn für all die harte Arbeit – durch das Land zu reisen und ausgebuht zu werden ..."

Er sprach tatsächlich von „harter Arbeit" und hatte auch das Wort „Kampagne" benutzt. Das zeigt, wie bewusst er das Ziel verfolgte, Rugby als politisches Mittel einzusetzen. Nicholas Haysom, während Mandelas Präsidentschaft sein Rechtsberater, war von Kindesbeinen an Rugbyfan und hatte selbst gespielt. Er entwickelte sich in den *Union Buildings* zu Mandelas persönlichem Rugby-Experten. Haysom gab zu, dass Mandela ganz klar das Potential der Weltmeisterschaft als Instrument im Hinblick auf das „höchste strategische Ziel der fünfjährigen Präsidentschaft“ erkannte. Aber das war nicht die ganze Wahrheit. Wieder einmal vermischten sich das Politische und das Persönliche, Kalkül und Spontaneität. „Als die Weltmeisterschaft begann“, erinnerte sich Haysom, „sprach er mir gegenüber von ‚den Jungs‘. Er sagte beispielsweise, ‚Die Jungs sind gut drauf‘, oder, ‚Die Jungs werden gewinnen.‘ Anfangs habe ich ihn gefragt: ‚Welche Jungs?‘ Und er schaute mich an, als hätte ich eine unglaublich dumme Frage gestellt, und antwortete: ‚Meine Jungs.‘ Schnell war mir klar, dass er damit die *Springboks* meinte.“ Mandela wusste zu Beginn der Weltmeisterschaft zwar nicht viel über die Geschichte des Rugby, er war aber mit dem Turnierverlauf immer besser informiert und immer leidenschaftlicher bei der Sache. „Ja, er hat die politische Chance erkannt, aber er reagierte nicht aus kalter Berechnung, weil er auch als Mensch von der Begeisterung mitgerissen wurde und sich in einen ganz normalen verrückten, patriotischen Fan verwandelte.“

Die schwarze Hälfte von Mandelas Leibwache brauchte länger, um sich mitreißen zu lassen. Moonsamy erinnerte sich daran, dass das erste Spiel gegen Australien enorme Herausforderungen an ihre professionellen Fähigkeiten stellte, für die Sicherheit des Präsidenten zu sorgen. Aber in sportlicher Hinsicht hatte das Spiel sie ziemlich kalt gelassen.

„Nach dem Abpfiff feierten die Weißen und flippten völlig aus! Wir schauten sie nur an und waren verblüfft. Wir verstanden das Spiel nicht, interessierten uns nicht dafür und blieben unbeeindruckt. Die *Springboks* waren immer noch ihr Team, nicht unseres.“ Mandelas Kampagne zur Entdämonisierung der *Springboks* hatte Moonsamys eingefleischte Abneigung gegen das Team nur gemildert. Aber Gleichgültigkeit war noch keine Unterstützung. Die Entwicklung Moonsamys und der anderen schwarzen Mitglieder des *PPU* im Verlauf der vierwöchigen Weltmeisterschaft spiegelte die Entwicklung wider, die alle schwarzen Südafrikaner gegenüber dem alten grün-goldenen Feind durchliefen."

„Als die *Springboks* ihr zweites Spiel gewannen, wurden wir etwas neugieriger", meinte Moonsamy. Es ging, verglichen mit dem Spiel gegen Australien, um den relativ leichten Gegner Rumänien. „Die Aufregung unserer weißen Kollegen faszinierte uns natürlich. Daher fragten wir sie über das Spiel aus. Zu unserem Erstaunen verband uns das Thema Rugby immer mehr." Das *PPU* unterzog sich alle zwei Wochen einem Training, um seine Fähigkeiten aufzufrischen und fit zu bleiben. Seine Mitglieder übten Schießen, unbewaffneten Kampf und anderes. Beim Training nach dem Australien-Spiel zeigte ihnen Kallis, ein großer weißer Angehöriger des *PPU*, eine entschärfte Form des Spiels, die als *Touch Rugby* bezeichnet wird. Es wird mit weniger Körpereinsatz und Härte gespielt und dient dem Ausbau der taktischen Fähigkeiten einer Mannschaft. In diesen Trainingseinheiten lernten sie die Feinheiten des Spiels kennen.

Sie lernten, dass jede Mannschaft 15 Spieler hat; dass acht von ihnen vorne als Stürmer und sieben hinten als Flügelspieler und Verteidiger spielen; dass man fünf Punkte für einen „Versuch" bekommt – bei dem man den Ball wie beim American Football über die gegnerische Grundlinie, die sog. Mallinie, trägt –; dass man zwei Punkte für eine „Erhöhung" erhält, das heißt, wenn man nach einem erfolgreichen „Versuch" den Ball zwischen den beiden Malstangen hindurchschießt, wiederum wie beim American Football; dass man drei Punkte für einen Straftritt, einen *penalty kick*, erhält, wenn man dabei den Ball zwischen die beiden Malstangen bekommt und ebenfalls drei für einen Treffer aus dem Spiel heraus, bei dem man einen *drop kick* machen muss – das heißt, man lässt den Ball zu Boden fallen und schießt genau in dem Moment, in dem er den Boden berührt. Das nennt man dann einen Sprungtritt. „Genau so wichtig aber war, dass wir ein Gefühl für Rugby entwickelten. Wir spielten zwar *Touch Rugby*, aber wir gingen wirklich zu Sache. Manchmal hauten wir einander um. So verstanden wir das Spiel mit der Zeit und fanden zu unserer großen Überraschung Gefallen daran."

Am 2. Juni, einen Tag vor dem Spiel gegen Kanada, zeigte das Fernsehen in Südafrika und in vielen Teilen der Welt Bilder, die auch Moonsamy eine gewisse Sympathie für die *Springboks* vermittelten. Die gesamte Mannschaft besuchte eine kleine *Township* namens Zwide nahe der Großstadt Port Elizabeth am östlichen Kap. Moonsamy war wie jeder andere, der sie sah, von den Bildern bewegt, die zeigten, wie große weiße Männer mit schwarzen Kindern redeten. Rund 300 Kinder waren für eine Trainingseinheit auf einem knochentrockenen Feld zusammengekommen. Morné du Plessis teilte die Jungen in Gruppen zu 15 Spielern ein, aber Mark Andrews zog die ganze Aufmerksamkeit auf sich: einerseits weil er so riesig war, andererseits weil er – erstaunlicherweise – Xhosa sprach. Auch Balie Swart war dabei und zeigte den Kindern, wie man Pässe wirft. Ihre verblüfften Eltern mussten erkennen, dass auch riesige Buren Freunde sein konnten. Am selben Abend besuchte du Plessis dann mit einer Gruppe von Spielern ein Spiel von zwei lokalen schwarzen Mannschaften, das in einem baufälligen Stadion stattfand. James Small stand als Star sofort im Mittelpunkt. Small blieb anderthalb Stunden und gab Erwachsenen und Kindern Autogramme.

Als Südafrika im *Boet Erasmus Stadion* von Port Elizabeth 20:0 gegen Kanada gewann, jubelten ganz Zwide, Linga Moonsamy jubelte mit. Das nächste Spiel war das Viertelfinale gegen die harten und talentierten Männer aus West-Samoa. Die großen Männer von den Rugby-begeisterten pazifischen Inseln waren ein weit schwierigerer Gegner. Der dunkelhäutigen Mannschaft wäre früher gewiss die Unterstützung der schwarzen Südafrikaner sicher gewesen. Chester Williams war der Mann des Spiels und wurde seinem bis dahin vielleicht übertriebenen Ruf gerecht. Er erzielte vier Versuche und trug mit 20 Punkten zum 42:14-Sieg bei. „Alle Zweifel, die ich oder der Rest der Mannschaft oder irgendjemand anders an mir hatte, verflogen an diesem Tag", meinte Williams später. „François und Morné haben mich auf dem Spielfeld und außerhalb sehr unterstützt. Von da an war ich in aller Augen ein voll akzeptiertes und respektiertes Mitglied der Mannschaft. Die ganze Geschichte nahm an dem Tag eine neue Wendung. Die Tatsache, dass ich nicht weiß war, hatte nun keine Bedeutung mehr."

Eine Woche später fand das Halbfinale statt, wirklich ein sehr hartes Spiel. Es ging gegen einen der Titelfavoriten, Frankreich. Austragungsort war das *King's Park Stadion* von Durban, wo Pienaar zwei Jahre zuvor seinen Einstand bei den *Springboks* gefeiert hatte, einen Tag nach dem Attentat der Volksfront auf das *World Trade Center*. Die politische Stimmung vor diesem Spiel hätte unterschiedlicher nicht sein können.

Als die Mannschaft vom Hotel zum Trainingsort und zurück fuhr, waren die Straßen von Menschenmengen gesäumt. Unter ihnen waren viele Schwarze. James Small erinnerte sich, dass „wir einander ansahen und dachten: Mensch, Präsident Mandela hatte Recht! Vielleicht steht wirklich das ganze Land hinter uns."

Hennie le Roux nahm Mandelas Worte über den Sieg wieder auf. „Wir konnten sehen, dass das ganze Land sich wirklich hinter uns stellte, und durch einen Sieg würde diese Einheit noch stärker. Je besser unsere Leistung auf dem Spielfeld war, desto stärker wirkte sie nach außen."

Die dramatischen Umstände vor und während des Spiels gegen Frankreich trugen ebenfalls dazu bei. Es hätte gut sein können, dass das Spiel abgebrochen und zugunsten Frankreichs gewertet würde. In der klimatisch milden Stadt Durban am Indischen Ozean hatte es eines der gelegentlichen subtropischen Gewitter gegeben, und das *King's Park Stadion* stand unter Wasser. Wurde das Spiel an diesem Tag nicht ausgetragen, ging der Sieg den Regeln der Weltmeisterschaft zufolge an Frankreich, weil Südafrika bis dahin mehr Strafen kassiert hatte. (Als einzige Mannschaft hatte Südafrika in dem sehr kampfbetonten Spiel gegen Kanada einen Platzverweis kassiert.) Das ganze Land schaute besorgt zu, wie die Offiziellen mit Unterstützung von Soldaten verzweifelt versuchten, das Spielfeld rechtzeitig bespielbar zu machen. Militärhubschrauber versuchten, das Spielfeld von der Luft aus trocken zu bekommen, entscheidend war am Ende ein Bataillon Frauen, die mit ihrem heroischen Einsatz von Wischmops und Eimern den Schiedsrichter zum Anpfiff bewegen konnten.

Dennoch war das Spiel ein einziges Schlammbad mit einem glitschigen, von feuchter Erde braun verfärbten Ball, dem zunehmend erdfarben verschmutzte große Männer verbissen hinterherrannten. Zwei Minuten vor Spielende führte Südafrika 19:15. Dann war ein Franzose marokkanischer Herkunft namens Abdelatif Benazzi von der Statur eines Kobus Wiese der Meinung, den Ball über die Linie gebracht zu haben, was dem Schiedsrichter aber nicht eindeutig genug war. Hätte der Franzose Recht gehabt, wäre das der Sieg für Frankreich gewesen. Stattdessen sprach der Schiedsrichter den Franzosen ein Gedränge zu. Dabei stehen die acht Stärksten jeder Mannschaft einander keilförmig gegenüber – fünf Meter von der südafrikanischen Mallinie entfernt. Wenn es den erschöpften Franzosen gelänge, die nach fast achtzigminütigem Dauereinsatz nicht minder verausgabten

Springboks über die Linie zu schieben, hätten sie gewonnen. Frankreich wäre im Endspiel. Und für die Nation des Regenbogens wäre das Turnier zu Ende. Bei der Formierung der Gedrängeaufstellung feuerte der zwei Meter große Kobus Wiese, der in der zweiten Reihe des Keils stand, die *Springboks* an. Er rief seinem besten Freund Balie Swart, der die vordere Position einnahm, seine afrikaanische Version des Schlachtrufs der Passionaria im spanischen Bürgerkrieg – „*No pasarán!*" – zu: „Hör' zu, Balie, in diesem Gedränge gehst du nicht zurück. Du kannst nach vorne gehen, du kannst hochgehen, du kannst untergehen. Aber du gehst nicht zurück!"

So sehr die französischen Stürmer drängten und schoben: Die *Springboks* bewegten sich nicht zurück, und Südafrika stand im Endspiel. „Das war vor allem ein Kampf des Willens", meinte Morné du Plessis später. „In diesem Spiel spürten wir wirklich, dass die Mandela-Magie uns auf dem Spielfeld beeinflusste. Wir hatten von Mandelas Rede am Vortag hier in KwaZulu gehört. Wir hatten gehört, dass er an einem Ort, an dem Menschen gestorben war, eine Rede gehalten und gesagt hatte, dass ganz Südafrika jetzt die *Springboks* unterstützen müsse. Und dass er das mit seiner *Springboks*-Mütze auf dem Kopf gesagt hatte: Das hat die Mannschaft wirklich bewegt."

Linga Moonsamy war ebenfalls stärker mitgenommen, als er je gedacht hätte. „Wir waren während des Spiels so aufgeregt", erinnerte er sich. „Wir waren einander am Ende so nah. Die Schwarzen und die Weißen in unserer Einheit: Wir waren jetzt nicht mehr zu unterscheiden. Wir alle waren völlig verrückt vor Erleichterung und Freude."

Einige Jahre später traf Morne du Plessis auf Benazzi, den großen französischen Stürmer, der das Spiel fast gewonnen hatte. Natürlich sprachen sie über das Spiel. Benazzi beharrte darauf, dass es ein Versuch gewesen war und der Ball die Linie überquert und den Boden berührt hatte. Aber Benazzi sagte auch zu du Plessis: „Wir haben furchtbar geweint, als wir gegen euch verloren haben. Aber als ich am nächsten Wochenende zum Endspiel gegangen bin, habe ich wieder geweint, weil ich wusste, dass es wichtiger war, dass wir nicht dabei waren, dass damals etwas Wichtigeres passiert ist als ein Sieg oder eine Niederlage in einem Rugbyspiel."

KAPITEL 16

DAS TRIKOT MIT DER NUMMER SECHS

24. Juni 1995 – morgens

Einen Tag vor dem Endspiel der Rugby-Weltmeisterschaft gegen Neuseeland wollte François Pienaar nach der letzten Trainingseinheit in der Kabine gerade seine Schuhe ausziehen. Da läutete sein Handy in der Sporttasche. „Hallo, François, wie geht's?" Gut gelaunt wie immer wollte Mandela der Mannschaft viel Glück wünschen. Morné du Plessis sorgte dafür, dass die Presse davon erfuhr. Mandela freute sich, am Morgen des Endspiels in der Zeitung du Plessis' Version von der Geschichte zu lesen. „Mr. Mandela sagte François, dass er fast aufgeregter als die Mannschaft sei", zitierten die Zeitungen du Plessis. „Diese Anrufe beweisen, dass er jetzt Teil unseres Lagers und unserer Kampagne ist."

Alles deutete darauf hin, dass dieser Tag gut enden würde und die Südafrikaner einen Schritt nach vorne gemacht hatten, dass eine neue Zeit politischer Reife angebrochen war. Aber man konnte nie wissen. Wenn man mit Niël Barnard, dem alten burischen Meisterspion, gesprochen hätte, wie ich es tat, hätte man erfahren, dass im Juni 1995 „die politische Situation noch ziemlich schwierig war. Viele Weiße fühlten sich ihrer Identität beraubt, ausgeschlossen." Es war kaum vorherzusagen, wie diese Weißen, von denen sicher viele im Stadion wären, reagieren würden. Mandela bemerkte: „Ich war nie gut darin, Dinge vorherzusagen." Das war seine Art, Befürchtungen zu äußern. Was, wenn er trotz seiner Bemühungen, die Stimmungslage der Afrikaaner falsch eingeschätzt hätte? Was, wenn einige Fans die Hymne *Nkosi Sikelele* verhöhnten? Was, wenn Zuschauer die Fahnen des alten Südafrika schwenkten, wie sie es bei dem unseligen Spiel gegen Neuseeland drei Jahre zuvor getan hatten?

Diese Fragen gingen ihm durch den Kopf, als er sich an seinen mit Papaya, Kiwi, Mango-Haferbrei und Kaffee gedeckten Frühstückstisch setzte, den er jeden Morgen in seinem Houghtoner Haus vorfand. Er war besorgt, aber es wäre übertrieben, wenn man sagte, die Sorgen hätten ihn aufgefressen. Die guten Nachrichten überwogen die schlechten. Mandela machte an diesem Morgen nicht wie üblich um 4.30 Uhr einen Spaziergang, unter anderem, um die Tageszeitungen zu studieren. Normalerweise konzentrierte er sich auf die Politikberichterstattung und überflog den Sportteil. Heute war beides gleich wichtig. Noch nie zuvor hatte ihm die Zeitungslektüre eine derartige Freude bereitet wie an diesem Morgen. Die landesweite Einheit, die er durch die *Springboks* hatte schaffen wollen, spiegelte sich in dem einmütigen Ton der Leitartikel und politischen Analysen wider. Südafrika klopfte sich auf die Schulter. Der Ausgang des Spiels zwar war nach wie vor unsicher, was sich in dem Respekt vor den neuseeländischen *All Blacks*, der legendärsten aller Rugby-Mannschaften, zeigte (Eine Zeitung wie *Die Burger* meinte: „Die *All Blacks* stehen den *Boks* gegenüber wie der Himalaya"), trotzdem glaubte man daran, dass das Schicksal auf der Seite Südafrikas stand. Die Titelzeile der wichtigsten Zeitung Kapstadts, *Argus*, brachte die überschwängliche Stimmung im Land zum Ausdruck. „*Viva the Boks!*", hieß es da. „*Viva*" war jahrzehntelang der Ruf des schwarzen Widerstands gewesen, der ihn irgendwann von der kubanischen Revolution übernommen hatte. Noch besser als der Titel war jedoch der Artikel direkt darunter, der aus der „Politikredaktion" der Zeitung stammte.

„Die Rugby-Weltmeisterschaft hat laut Meinungsforschern und Sozialwissenschaftlern der nationalen Einheit aller Rassen in Südafrika einen sensationellen Aufschwung verschafft." Dann zitierte die Zeitung einen bekannten Afrikaaner und Hochschullehrer, Willie Breytenbach, der gesagt hatte, die Bedrohung durch rechtsextremen Terror sei „nahezu ausgerottet" und die Forderung nach einem eigenen Afrikaaner-Staat deutlich geschwächt. „Gleichzeitig sind die hauptsächlich schwarzen Straßen von Johannesburg bemerkenswert leer, wenn die *Springboks* spielen. Die Bewohner der *Townships* pilgern nach Hause, um die Spiele im Fernsehen zu verfolgen ... Rugby, das erstaunliche neue Phänomen der nationalen Einheit, hat die Beobachter verblüfft. Alle Rassen fiebern mit dem Ereignis mit, das eine Welle des latenten Patriotismus freigesetzt hat, obwohl der Sport in Südafrika traditionell mit weißen, männlichen Afrikaanern in Verbindung gebracht wird.

Dann nannte der *Argus* fünf „Schlüsselfaktoren" dafür, dass Rugby „ein Katalysator" für die Einheit werden konnte: Mandelas beredsame Unterstützung „unserer Jungs" und seine *Springboks*-Mütze; Tutus öffentliche Unterstützung; das Handeln der Mannschaft nach dem Motto „Ein Team, ein Land"; der Erfolg der Mannschaft auf dem Spielfeld; das Singen der neuen gemeinsamen Nationalhymne und das Schwenken der neuen Fahne.

Die Arbeit, die Mandela hinter den Kulissen geleistet hatte, trug nun Früchte. Er freute sich, dass alle Zeitungen dieselben Punkte ähnlich heraushoben. Sehr froh war er darüber, dass die schwarzen Zeitungen sich darin ebenfalls anschlossen. Besonders bemerkenswert war das im Fall des auflagenstarken *Sowetan*, weil er ein neues südafrikanisches Wort schuf, das die Phantasie des ganzen schwarzen Südafrikas anregte – *AmaBokoBoko*, ein neuer Name für die *Springboks*, mit der sich die Schwarzen der Mannschaft zugehörig fühlen könnten. Die größte Befriedigung erfuhr Mandela allerdings beim Lesen der Afrikaans-Zeitungen, weil sie ihre Begeisterung darüber, wie das schwarze Südafrika sich hinter die *Springboks* gestellt hatte, kaum verhehlen konnten. *Die Burger* zitierte die berühmte radikale *ANC Youth League*: „Holt den Cup nach Hause, *Boks*! Wir warten!" *Der Beeld* zitierte den Hauptunterhändler des *ANC* bei den Verhandlungen über die Verfassung, den früheren Chef der Gewerkschaft Cyril Ramaphosa: „Wir sind stolz auf unsere Nationalmannschaft, die *Springboks*." Mandela freute sich ebenfalls sehr darüber, dass er selbst auf den Titelseiten von *Beeld* und *Die Burger* zitiert wurde. „Nie zuvor war ich so stolz auf unsere Jungs", las Mandela sich selbst. „Ich hoffe, wir alle werden sie zum Sieg anfeuern. Sie werden für das gesamte Südafrika spielen."

Das Wort „hoffen" verriet Besorgnis. Noch nie in seinem Leben war er vor eine furchterregendere Menge getreten als heute. Unten im *Newlands Stadion* von Kapstadt, im ersten Spiel gegen Australien, war das ganz anders gewesen. Das Kap war die Hochburg der liberalen Weißen in Südafrika. Dort waren die Afrikaaner milder. Sie stammten von den Buren ab, die nicht den großen Marsch nach Norden angetreten hatten und sich nicht so sehr gegen die Entscheidung des *British Empire*, die Sklaverei abzuschaffen, gewehrt hatten. Bei den Transvaalern in *Ellis Park* hingegen hatten sich Piet Retief und den *Battle of Blood River* in die *DNA* eingeschrieben. Viele von diesen Leuten hatten den Anschlag auf das *World Trade Center* bejubelt. Für sie gehörte, wie Bekebeke bitter bemerkt hatte, der Ausruf „Aus dem Weg, Kaffer!" zum Alltag dazu. Das waren Leute, die ihr ganzes Leben lang *Nat* gewählt hatten und seither zum Teil noch weiter nach rechts gerückt waren. Von den 62.000 Zuschauern, die an diesem Nachmittag das Stadion bevölkerten, sahen viele, wenn nicht die meisten so aus, als kämen sie direkt von einer burischen Protestkundgebung. Sie trugen ihre Wildhüteruniformen und wollene Kniestrümpfe und hatten riesige Bäuche, in denen unzählige Flaschen *Castle*-Bier und ebenso viele *Boerewors*-Würste verschwunden waren. Mandela war bei mehr Massenveranstaltungen die Hauptattraktion gewesen als jeder andere lebende Mensch, aber einer solchen Menge hatte er sich noch nie gegenüber gesehen.

Als er aus seinem Wohnzimmerfenster sah, erblickte Mandela seine Leibwächter draußen in der Auffahrt, die ihre Waffen überprüften, unter die Motorhauben der Fahrzeuge schauten und freundlich miteinander sprachen. Er hatte bemerkt, dass seine schwarzen und weißen Bodyguards bis vor wenigen Wochen noch ein Symbol der Apartheid gewesen waren. Jetzt sah er, wie sie miteinander sprachen, begeistert gestikulierten, lächelten und lachten. Sie sprachen zweifellos über das heutige Endspiel.

„Wir plauderten über das Spiel und was wir tun konnten, um die *All Blacks* zu stoppen. Einige meinten, wir hätten keine Chance, andere waren der Auffassung, wir würden an diesem Tag besser spielen", sagte Moonsamy. „Mittendrin hatte ich die Idee, dass es toll wäre, wenn der Präsident im Stadion das grün-goldene Trikot der *Springboks* tragen würde." Die Idee verfehlte ihre Wirkung bei seinen Kollegen nicht. „Sie fanden sie super. Sie waren wirklich begeistert. Wir hatten dann folgendes abgemacht: Wenn ich zu ihm ging, um ihm seine Sicherheitsanweisungen zu geben, was immer die Aufgabe des ersten Sicherheitsbeamten des Tages war, sollte ich ihm die Idee unterbreiten und seine Reaktion abwarten."

Der Aufbruch zum Stadion war auf 13.30 Uhr angesetzt. Um 12 Uhr ging Moonsamy ins Haus, um Mandela vorzubereiten. Und dann, als die Sicherheitsformalitäten durchgesprochen waren, sagte er „*Tata*" – das war der Kosename, den die schwarzen Bodyguards für ihn verwendeten und der Großvater bedeutet – „wir haben uns gefragt, warum tragen Sie heute nicht das grün-goldene Trikot?"

Mandela setzte üblicherweise einen ernsten, sphinxähnlichen Gesichtsausdruck auf, wenn ihm jemand einen vollkommen neuen Vorschlag unterbreitete, besonders wenn dieser politische Auswirkungen haben konnte und sein öffentliches Image betraf, auf das er immer sehr viel Wert legte. Doch diesmal antwortete er ohne zu zögern. Er lächelte breit. „Er erstrahlte", sagte Moonsamy. „Er fand die Idee fabelhaft."

Mandela hatte den Wert dieser Geste sofort erfasst. „Ich entschied mich für dieses Trikot", erklärte mir Mandela, „weil ich der Meinung war, ‚Wenn die Weißen sehen, dass ich das Rugby-Trikot der *Springboks* mit der Nummer sechs trage, erkennen sie, dass dieser Mann vollkommen hinter unserer Mannschaft steht.'"

Doch es gab ein Problem. Er hatte kein Trikot und es blieben nur noch eineinhalb Stunden Zeit vor der Abfahrt zum Stadion. Mandela ging direkt von Moonsamy zu seiner Sekretärin, Mary Mxadana und forderte sie auf, sofort Louis Luyt, den Vorsitzenden der *South African Rugby Football Union*, anzurufen. Er sagte ihr, dass er nicht irgendein Trikot wolle, sondern – und dies war seine eigene Idee – Pienaars Trikot mit der Nummer sechs und eine *Springboks*-Mütze. (Le Roux' Mütze hatte er in seinem Haus in Kapstadt gelassen.)

Eine Stunde nachdem Moonsamy den Vorschlag gemacht hatte, war das Trikot in Mandelas Haus und wurde von seiner Hausangestellten gebügelt. Jetzt wandte sich Mandela dem Spiel zu. Seine Bedenken, wie die aller *Springbok*-Fans und -Spieler, galten einem sehr großen schwarzen Mann namens Jonah Lomu.

Neuseeland hatte zweifellos eine großartige Mannschaft, eine der besten aller Zeiten. Mit ihrem Kapitän Sean Fitzpatrick und den Veteranen Zinzane Brooke, Frank Bunce, Walter Little und Ian Jones hatten sie Spieler, die nicht nur überall, wo Rugby gespielt wurde, berühmt waren, sondern auch auf ihren jeweiligen Positionen die Besten der Welt waren. Aber ihre Geheimwaffe war der 20-jährige Jonah Lomu, der bereits als bester Rugbyspieler aller Zeiten gehandelt wurde. Er war ein Maori, ebenso dunkelhäutig wie Mandela, über 1,90 Meter groß und 260 Pfund schwer. Er war massiger als der Brecher der *Springboks*, Kobus Wiese, und er konnte viel schneller rennen als Wiese – 100 Meter in weniger als 11 Sekunden. Eine Zeitung bezeichnete ihn als „Rhinozeros in Ballettschuhen". Im Halbfinale der *All Blacks* gegen England, die zu den Favoriten auf den Titel gezählt hatte, war er praktisch nicht zu stoppen gewesen. Er überquerte die Linie viermal und machte 20 Punkte. Die Londoner Zeitungen schrieben, dass er die englische Mannschaft wie kleine Jungs habe aussehen lassen.

Bei den *Springboks* spielte Small die Position, die für Lomu zuständig war. Die Zeitungen druckten Tabellen, in denen die Statistiken beider Spieler verglichen wurden, als seien sie Boxer, die im Ring gegeneinander kämpften. Small – der ausnahmsweise seinem Nachnamen gerecht wurde – war zehn

Zentimeter kleiner und 60 Pfund leichter als sein Gegenspieler.

In den Zeitungen las Mandela seine eigenen Ratschläge, wie man den Koloss der *All Blacks* unter Kontrolle bringen könnte. „Strategisch wäre es ein Fehler, sich nur auf ihn zu konzentrieren, sie müssen sich auf die ganze Mannschaft konzentrieren“, hatte Mandela gesagt. Dann fügte er hinzu, als sei er über seine Ratschläge in fremden Dingen überrascht: „Aber ich bin mir sicher, dass die *Springboks* die Sache vollständig geklärt haben.“

Nur wenige teilten seinen Optimismus, vor allem unter neutralen Beobachtern. Der australische Trainer, Bob Dwyer, wurde auf allen Sportseiten mit der Vorhersage zitiert, dass die „fitten und schnellen“ *All Blacks* die schweren Stürmer der *Springboks* den ganzen Nachmittag ins Leere laufen lassen würden. Der *Sydney Morning Herald* schrieb, dass die *Springboks* „ausgetrickst“ und „nicht einmal in die Nähe eines Sieges kommen“ würden. Ein früherer Star der *All Blacks*, Grant Batty, fasste die vorherrschende Meinung der Experten zum Spiel zusammen, als er sagte, dass „nur ein Elefantentöter“ den Sieg von Lomu und seiner Mannschaft verhindern könne.

Ein Elefantentöter – oder eine übermenschliche Anstrengung des kollektiven Willens. Etwas in dieser Art entdeckten die Spieler der *Springboks*, als sie an diesem Morgen im *Sandton Sun and Towers Hotel*, einem Fünf-Sterne-Palast in einer reichen Einkaufsgegend von Johannesburg, etwa zehn Autominuten nördlich von Mandelas Haus, aufwachten.

Der große Kobus Wiese teilte das Zimmer mit seinem ebenso großen Freund und Chorkollegen Balie Swart. Wiese hatte jenen markerschütternden Schlachtruf im Gedränge während des Halbfinales gegen Frankreich ausgestoßen. Jetzt aber schwieg er. „Der Druck“, meinte Wiese später, „war überwältigend. Er war gigantisch. Am Vorabend hatte ich meine Mutter angerufen. Es war nichts Bestimmtes, ich wollte nur ihre Stimme hören, die mir beim Abschalten hilft. Aber jetzt verspürte ich Angst – Angst davor, dass ich die Millionen von Fans enttäuschen könnte. Wir kannten die Erwartungen und spürten, dass zum ersten Mal das ganze Land hinter uns stand. Das war ziemlich überwältigend. Es war super und auch wieder nicht. Es machte einem Angst, gab einem aber auch Energie. Ich hatte das tiefe Gefühl, dass jetzt alles, was ich je im Leben getan hatte, zusammenkam.“

Die Spieler frühstückten in einer Atmosphäre unerträglichen Drucks und unerträglicher Erwartungen. Sie fühlten sich, als seien sie in einer Luftblase, außerhalb der Zeit. Oder wie Astronauten vor dem Start. Sie mussten Dampf ablassen, um nicht zu explodieren. Dazu diente der „Kapitänslauf“. Vormittags trafen sich alle im Foyer des Hotels und joggten zwei Kilometer in der Umgebung des Hotels, mit Pienaar als Anführer. François Pienaar erinnerte sich: „Die Jungs waren so nervös und angespannt, aber dann liefen wir in einer dichten Gruppe links aus dem Hotel und ich hörte Lärm und Rufe. Vier kleine schwarze Kinder, die Zeitungen verkauften, hatten uns erkannt und liefen uns hinterher. Sie riefen unsere Namen – sie kannten fast jeden Spieler der Mannschaft – und ich bekam eine Gänsehaut. Ich weiß nicht einmal, ob diese Kinder lesen konnten, aber sie erkannten uns und wir waren ihr Team. In diesem Moment spürte ich noch deutlicher als zuvor, dass diese Sache viel größer war, als wir uns je vorgestellt hatten.“

Mandela schaute sich mit seinem neuen grünen Trikot im Spiegel an, setzte seine Kappe auf und mochte, was er sah. Kurz nach 13.30 Uhr verließ er sein Haus durch die Eingangstür, um seinen gepanzerten Mercedes zu besteigen und ins Stadion zu fahren. Spielbeginn war um 15 Uhr. Normalerweise dauerte die Fahrt nach *Ellis Park* kaum mehr als 15 Minuten, aber da viel Verkehr sein würde, wollten sie früh abfahren. Die Bodyguards strahlten Ruhe, Konzentration und Kraft aus. Je später es wurde, desto weniger redeten sie und desto mehr schwiegen und arbeiteten sie. Sie verfolgten den Fahrtweg noch einmal auf der Karte – einen Fahrtweg, den sie in der Vorwoche ein Dutzend Mal überprüft hatten, um jede mögliche Gefahr im Auge haben zu können. Sie waren in ständiger Verbindung mit der Polizei und stellten sicher, dass alle Scharfschützen rund um das Stadion in Position waren. Sie versicherten sich bei der Motorradstaffel, die sie begleiten würde, und beim Sicherheitspersonal von *Ellis Park*, das den Eingang bei der Ankunft des Präsidentenkonvois freihalten sollte.

Als Mandela das Haus verließ, unterbrachen seine Leibwächter plötzlich ihre konzentrierten Vorbereitungen und bewunderten sein neues grünes Trikot. „Wow!“, hörte Moonsamy sich sagen. Ihre Überraschung belustigte Mandela. Er machte einen Witz darüber, und sie nahmen ihre Arbeit wieder auf, geleiteten Mandela zum Auto, schlossen die Türen und nahmen ihre Plätze im Konvoi ein. Linga Moonsamy hatte die Rolle des Bodyguards „Nummer eins“, wie schon beim Eröffnungsspiel gegen Australien. Das bedeutete nicht nur, dass er mit vollster Aufmerksamkeit auf dem Beifahrersitz vor Mandela saß. Er würde auch den ganzen Tag nicht von Mandelas Seite weichen. Die Polizeimotorräder warteten vor dem Tor. Sie fuhren an und die Räder quietschten in der Auffahrt. Die Männer des *PPU* setzten ihre humorlosen Leibwächtergesichter auf, aber im Innern glühten sie. „Wir schauten ihn an, in seinem grünen Rugbytrikot“, sagte Moonsamy, „und wir waren so stolz, weil er selbst so stolz aussah.“

Mandela war nicht der einzige Schwarze, der an diesem Tag ein *AmaBokoBoko*-Trikot trug. In ganz Südafrika zeigten sich Schwarze freudig im Symbol der alten Unterdrücker, wie Justice Bekebeke zu seiner Verwunderung am Morgen des Endspiels feststellen musste.

Als Mandela in der Überzeugung aufgewacht war, dass er alle Schwarzen zu Anhängern der *Springboks* gemacht hatte, so hatte er die Rechnung ohne jenen Mann gemacht, den er fünf Jahre zuvor beinahe im Todestrakt getroffen hätte. Mandela machte sich Sorgen über die *Bitter Enders* der Weißen und hatte vergessen, dass es auch *Bitter Enders* der Schwarzen gab.

„Zu Beginn der Weltmeisterschaft unterstützte ich die *All Blacks* mit derselben Leidenschaft, die ich für sie schon als Kind an den Tag gelegt hatte, als sie nach Upington kamen", sagte Bekebeke zu mir. „Ich war zufrieden mit der politischen Einigung, die wir mit den Weißen erreicht hatten. Ich akzeptierte, dass wir vorläufig eine Koalitionsregierung haben mussten, in der auch Leute wie de Klerk saßen. In Ordnung. Ich sah das alles. Ich begrüßte es. Aber meine Position lautete: ‚Verlangt nicht von mir, die *Springboks* zu unterstützen.' Hier war ich zu keinem Kompromiss bereit. Ich hatte genug verziehen."

Bekebeke konnte nicht verstehen, dass es in Paballelo offenbar kaum Leute gab, die seine Meinung teilten. Nicht einmal Selina, seine Freundin, die Liebe seines Lebens, die während seiner Haftzeit zu ihm gehalten und zur Finanzierung seines Studiums beigetragen hatte. Auf dem Papier war sie noch radikaler als er. Sie war nicht nur Mitglied im *ANC*, sondern auch in seinem extremen Flügel, der *South African Communist Party*. Dennoch hatte auch sie sich Mandela angeschlossen, die berechtigten Vorurteile eines ganzen Lebens abgelegt und die *Springboks* zu „unserer Mannschaft" erklärt. Die Spieler waren zwar fast allesamt weiß und größtenteils Buren, aber sie würde sie im Spiel dieses Nachmittags mit derselben patriotischen Begeisterung unterstützen, als wären sie schwarz wie sie.

Bekebeke sah sich einem Dilemma gegenüber: Wie sollte er den Rest des Tages verbringen? Selina war wild entschlossen, das Spiel anzuschauen, aber er wusste nicht, was er tun sollte. Er wollte das tun, was er sein ganzes Leben lang getan hatte. Er wollte die Gastmannschaft, Neuseeland, unterstützen. Er könnte aber diesmal auch eine Ausnahme machen und kein Interesse am Spiel zeigen.

„Je später es wurde, je mehr Zeitungen ich sah, je mehr Radio ich hörte und je mehr ich die Aufregung meiner Freundin anwachsen sah, desto mehr begann ich, unsicher zu werden. Ein Teil von mir dachte, es wäre wohl am besten, das verdammte Spiel nicht anzuschauen. Aber dann dachte ich, alle schauen es an. Meine Freundin schaut es an. All meine Freunde schauen es an. Selbst meine Kameraden, die mit mir im Gefängnis waren. Ich kann es nicht verpassen."

Eine Sache stand für Bekebeke fest. Er sollte das Spiel nicht mit Selina allein anschauen. „Ich hatte Angst, dass wir dann in einen ernsthaften Streit geraten würden", sagte Bekebeke. „Glücklicherweise ergab sich die Gelegenheit, das Spiel bei ein paar Freunden anzuschauen. Sie hatten einen *braai,* eine Grillparty, zu diesem Anlass organisiert. So dachte ich, dass ich, wenn ich das Spiel schon anschauen musste, wenigstens durch das Essen entschädigt würde." Vier Paare sollten außer ihnen dabei sein. Die drei anderen Männer waren mit Bekebeke im Gefängnis gewesen; einer von ihnen – Kenneth Khumalo, „Angeklagter Nummer eins" – hatte mit ihm im Todestrakt gesessen. Das ermutigte Bekebeke, da er jetzt sicher sein konnte, mit seinen Zweifeln an der *Springboks*-Geschichte nicht allein zu sein. Er war zuversichtlich, dass Selina mit ihrer

Begeisterung in der Gruppe allein bleiben würde. Sie war schon vor ihm dort, um bei den Vorbereitungen zu helfen. Daher kam er allein, etwas zur selben Zeit, zu der Mandela ins Stadion aufbrach.

„Nie zuvor habe ich eine derartige Überraschung erlebt", sagte Bekebeke. „Die Tür öffnet sich. Ich gehe ins Haus, und was sehe ich? Alle sieben tragen das grüne *Springboks*-Trikot!"

KAPITEL 17

„NELSON! NELSON!"

24. Juni 1995 – nachmittags

Alles ereignete sich in den sechzig Minuten zwischen zwei Uhr, als Mandela in *Ellis Park* ankam, und drei Uhr, als das Spiel begann. Erst gab es ein Lied, dann einen Jumbo-Jet und schließlich einen Schrei, der die Welt erbeben ließ.

Das Lied hieß *Shosholoza*. Mandela kannte es sehr gut. Das taten auch fast alle anderen schwarzen Südafrikaner. Es wurde ursprünglich von schwarzen Wanderarbeitern gesungen, die von den ländlichen Gebieten im südlichen Afrika kamen, um in den Goldminen der Umgebung von Johannesburg zu arbeiten. Es war ein mitreißendes, kraftvolles Lied, das den Rhythmus einer Dampflok nachempfand. *Shosholoza* wurde manchmal mit „Platz machen", manchmal mit „Voran" und manchmal mit „schnell reisen" übersetzt. Auf jeden Fall aber war das Lied dynamisch – und überaus beliebt bei den fast ausschließlich schwarzen Fußballfans. Mandela hatte es mit Walter Sisulu und anderen Häftlingen während der Arbeit im Steinbruch auf Robben Island gesungen. Nur vier Monate zuvor hatte er es wieder gesungen, als er und Hunderte andere frühere Sträflinge für eine Zeremonie ins Gefängnis zurückgekehrt waren. Und jetzt hatte Louis Luyts Rugbyverband *Shosholoza* zum offiziellen Song der Weltmeisterschaft erklärt, ein weiteres deutliches Zeichen für den raschen Wandel in Südafrika. Die weißen Fans hatten sich den Song fröhlich zu Eigen gemacht.

Allerdings brauchten sie hinsichtlich von Musik und Text etwas Hilfe. Sie brauchten einen Lehrer, wie ihn die *Springboks* in *Nkosi Sikelele* hatten. An dieser Stelle betrat Dan Moyane die Bühne. Moyane wurde 1959 in Soweto geboren und hatte in seiner Kindheit nicht das geringste Interesse an Rugby gehabt. „Ich registrierte nur", erzählte er mir, „dass es ein Symbol der afrikaanischen Herrschaft war." Nach den Studentenaufständen von 1976 wanderten die meisten seiner Freunde ins Exil oder ins Gefängnis. Auch er wurde von der Sicherheitspolizei verfolgt, verließ das Land und überquerte die Grenze nach Mosambik, wo er sich 1979 dem *ANC* anschloss. Dort arbeitete er unter anderem als Journalist für Radio BBC und Reuters. Nachdem er die Angriffe der grenzüberschreitenden Sonderkommandos von General Constand Viljoen in den 1980er Jahren überlebt hatte, kehrte er 1991 nach Hause zurück, ein Jahr nach Aufhebung des Verbots des *ANC*. Fast sofort bekam er einen Job bei Radio 702 in Johannesburg (wo Eddie von Maltitz später sein Telefongespräch mit Mandela führte), und bald hatte er zusammen mit einem ehemaligen Rugbyspieler namens John Robbie aus Irland, der 1980 mit den *British Lions* gegen die *Springboks* gespielt hatte, eine Show, die morgens von sechs bis neun Uhr gesendet wurde. Das Duo war sehr erfolgreich. Die Mischung von Smalltalk und ernster politischer Diskussion war ein erfreulicher Beitrag der Zivilgesellschaft und zu den politischen Veränderungen in Südafrika. Sie brachten ihren Zuhörern – vor allem den weißen – eine größere Offenheit gegenüber den neuen Zuständen in Südafrika bei.

Die Weltmeisterschaft gab ihnen reichlich Gesprächsstoff. Für Robbie war es die Verwirklichung eines Traums, die Möglichkeit, seine beiden Leidenschaften zu verbinden, Rugby und die Aussöhnung der Rassen in Südafrika. Moyane war anfangs zwiespältig. Für ihn war es nicht einfacher als für andere Schwarze, die mit den *Springbroks* verbundenen Assoziationen abzuschütteln. Robbie und er diskutierten im Radio über Rugby. Bis zum Eröffnungsspiel gegen Australien.

„Als ich hörte, dass Nelson Mandela anwesend wäre, konnte ich es kaum glauben", sagte Moyane. „Aber wir schalteten den Fernseher an und da sahen wir ihn. Und meine Frau sagte zu mir: ‚Nun, wenn Mandela die *Springboks* unterstützt, müssen wir das wohl auch. Wir müssen dieses Rugby anschauen!' Das war ein erstaunlicher Gedanke, aber genau das passierte, und ich glaube, dass genau dieses Gespräch so oder so ähnlich in allen schwarzen Haushalten im ganzen Land ablief."

Die Sendungen des folgenden Monats bestanden dann hauptsächlich aus Fragen des naiven Moyane an den Rugbykenner Robbie. Eines Tages spielten sie *Shosholoza*, eine Version, die unlängst von der international bekannten, männlichen Gesangsgruppe *Ladysmith Black Mambazo* aufgenommen worden war. Die Aufnahme war sehr schön, aber als Robbie von Moyane wissen wollte, was er davon hielt, erwiderte dieser, dass dies nicht dem rauen Geist des Liedes entspräche. „Es ist ein Lied von Mut und Hoffnung, gesungen von Männern, die weit entfernt von ihren Familien arbeiteten, aber in absehbarer Zeit den Zug nach Hause nehmen würden." Moyane sagte Robbie, dass es seiner Meinung nach kein Lied für glatte Musikarrangements sei. „Dieser Song musste mit Leidenschaft und Entschlossenheit gesungen werden, mit Herz und Seele." Daraufhin sagte Robbie: „OK, warum singst du ihn dann nicht, Dan? Zeig' uns, wie man's macht." Und Dan Moyane stieß ein paar Töne hervor. „Das war das erste Mal, dass ich so im Radio gesungen habe, und innerhalb weniger Sekunden liefen die Telefonleitungen heiß. Schwarze und Weiße riefen an, um zu sagen, dass es ihnen gefiel."

Bald darauf riefen lokale Musikproduzenten Moyane an. Innerhalb von zehn Tagen hatte er eine eigene Version von *Shosholoza* mit einem Chor aus Soweto aufgenommen. „Plötzlich musste ich Autogramme geben. Der Song war ein Hit." Das alles war ziemlich erstaunlich, aber nichts verglichen mit dem, was noch kommen sollte. Eine Woche vor dem Endspiel, nach dem Sieg über Frankreich, baten ihn die Organisatoren der Weltmeisterschaft, mit den Fans in *Ellis Park* eine Stunde vor dem Spiel gegen die *All Blacks* den Song einzuüben.

Dan Moyane schien von Natur aus nicht für eine derartige emotionale Angelegenheit geeignet zu sein. Er war mittelgroß, sportlich gebaut, hatte ein weiches, rundes Gesicht und entsprach weder in seiner Physiognomie noch in seiner Stimmung den durchschnittlichen weißen, südafrikanischen Rugbyfans. Dennoch agierte er in dieser Stunde, als sei er dafür geboren.

Um 14 Uhr erschien er auf dem Spielfeld. Moyanes Version von *Shosholoza* hatte aus den Lautsprechern getönt, während die Fans ins Stadion strömten. Jetzt sollten sie alle gemeinsam singen. Moyane trat ans Mikrofon und fragte: „Hört ihr mich?"

60.000 Fans brüllten: „JA!"

„OK, um sicher zu sein, dass ihr mich wirklich hört, bitte ich um Ruhe." *Ellis Park* war plötzlich still. Dann erschien der Zulu-Text des Liedes auf den beiden Bildschirmen, die an den Enden des Stadions angebracht waren.

Moyane sprach in die Stille: „Wir werden den Song so singen, dass wir die *All Blacks* aus dem Stadion spülen!“ Ein gigantischer Jubelruf erscholl. Erst las Moyane den Text laut mit der Menge, dann begannen alle zu singen.

Er bewegte die Nachkommen von Piet Retief zu zwei begeisterten Durchgängen des Zulu-Songs. „Alle möglichen Emotionen und Gedanken liefen in meinem Kopf ab“, sagte Moyane. „Es kamen Bilder von 1976, als meine Freunde inhaftiert wurden, Menschen, die von genau diesen Leuten – oder zumindest ihnen ähnlichen Leuten – gefoltert und ermordet wurden. Dann aber dachte ich auch, welch großartige Geste von ihnen! Sie entschädigten uns dafür, dass sie das grüne Trikot behalten durften. Das war ein schwarzer Straßensong, ein Fußballsong, ein Wanderarbeitersong, ein Gefangenensong. Es war ein erstaunliches Beispiel für die Überwindung von Grenzen und dafür, dass Grenzen überschritten werden können und ein Bewusstseinswandel möglich ist.“

Diese Menschen brachte das große Spiel in Stimmung. Dann wurde es noch etwas lauter. Die Ursache lag im Protagonisten des zweiten Aktes der Show, einem Piloten der *South African Airways* namens Laurie Kay.

Der 1945 in Johannesburg geborene Kay war in einer völlig anderen Welt als Dan Moyane aufgewachsen. Er gehörte zu den zwei Millionen Englisch sprechenden Weißen, die durch einen Zufall an die Südspitze Afrikas geraten waren. Er war von Kindesbeinen an vom Fliegen besessen. Er trat allerdings nicht in die *South Africa Air Force*, sondern in die britische *Royal Air Force* ein, eher aus praktischen als aus politischen Gründen. Es war leichter für ihn, in die *Royal Air Force* zu kommen. „Ich bin heute nicht stolz darauf“, sagte er zu mir, „aber in Wahrheit war ich ein völlig unpolitischer Weißer, der *Nat* wählte.“

Ein erstes politisches Bewusstsein keimte in ihm, als er kurz nach Mandelas Freilassung eine Boeing 747 von Rio de Janeiro nach Kapstadt flog. „Es war meine erste und letzte Begegnung mit Nelson Mandela. Man benachrichtigte mich, dass er mich sehen wollte. Also verließ ich das Cockpit. Seine Frau Winnie war bei ihm. Sie saßen auf den Plätzen 1D und 1F – das werde ich nie vergessen“, meinte Kay. „Als er mich sah, stand er auf. Ich sagte, „Nein, bitte“, aber er beharrte darauf, stand auf, begrüßte mich und schüttelte meine Hand. Das hatte ich vorher noch nie bei einem Passagier erlebt. Es veränderte mich. Die Höflichkeit und der Respekt, die in dieser Geste lagen.“ Mandela hatte Kobie Coetsee und Niël Barnard sofort für sich eingenommen und später auch General Viljoen. Aber das waren Politiker, bei denen man wissen konnte, was man zu erwarten hatte. Bei Kapitän Kay war dies anders. Dennoch trat der Effekt automatisch ein. „Er stand auf und hatte mich in der Tasche. Ich hatte ihn mir anders vorgestellt. Bis dahin war er nur ein weiteres schwarzes Gesicht, ein weiterer Name, der meine Lebensweise bedrohte. Ich war der Afrikaans-Mentalität ausgesetzt, und sie formte mich, auch wenn ich mir kaum Gedanken über Politik machte.“

Charme war für Mandela oft ein Selbstzweck. Aber ziemlich oft wollte er auch etwas dafür haben. Manchmal handelte es sich um etwas Persönliches, manchmal um etwas Politisches. Diesmal bat Mandela um einen Gefallen. „Er erklärte, dass der Rest seiner Delegation in der *Economy Class* saß, und er wollte fragen, ob sie kein *Upgrade* bekommen könnten.“ Kay zögerte keinen Augenblick. „Ich ließ sie sofort hoch in die *First Class* bringen.“

Mandela hatte ihn ganz offensichtlich manipuliert. Kay erkannte dies zwar, doch änderte es nichts an seiner Bewunderung. Er erklärte es so: „Sie sollten manche dieser kalten, hochnäsigen, arroganten Typen sehen, die *First Class* fliegen! Aber es reichte tiefer. Dieser Tag veränderte mich für immer. Er ist zweifellos ein Magier. Meiner Ansicht nach haben einige Menschen eine Aura. Eugene Terreblanche: Ich bin einmal neben ihm zu einem Flugzeug gelaufen. Er hatte eine Aura des Bösen. Mandela hat eine Aura des Guten."

Kays und Mandelas Wege kreuzten sich ein weiteres Mal – oder beinahe – am Tage des Endspiels der Rugby-Weltmeisterschaft.

South African Airways hatte ein paar Wochen zuvor mit dem Rugbyverband Kontakt aufgenommen, um auszuloten, ob sich das Großereignis nicht zu Marketingzwecken nutzen ließ. Anfangs diskutierte man über ein kleines ferngesteuertes Flugzeug in den Farben von *South African Airways*, das über das Stadion hinwegfliegen sollte. Aber mit den weiteren Verhandlungen wurden die Pläne ambitionierter. Irgendwann rief ein Manager der Fluggesellschaft bei Kay an und fragte ihn, ob er es sich vorstellen könnte, eine 747 mit den Worten „*Go Bokke*" („Los *Boks*" auf Afrikaans) am Bauch des Fliegers über das Stadion zu fliegen. Kay musste nicht lange überlegen. Wenn man von Mandela sagen konnte, er habe sich sein ganzes Leben auf diesen Augenblick vorbereitet, so galt das auch für ihn. Er war nicht nur der erfahrenste 747-Pilot der Fluggesellschaft, sondern hatte auch 30 Jahre lang Stunts geflogen. Er hatte an Flugshows teilgenommen und sogar einmal einen Looping für einen Film mit dem Kampfkunst-Schauspieler Jackie Chan aus Hongkong gedreht.

Der Unterschied bestand darin, dass er diesmal nicht nur sich selbst in Lebensgefahr bringen würde. Es ging nicht nur um die 62.000 Menschen im Stadion, sondern auch um die unzähligen Menschen außerhalb. *Ellis Park* lag mitten in Johannesburg. Überall in der Umgebung waren Wohn- und Bürogebäude.

Laurie Kay bereitete sich in der Woche vor dem Endspiel minutiös auf den wagemutigsten Überflug der Geschichte vor. Er traf sich mehrmals mit den Vertretern der Flugüberwachung und der städtischen Behörden, die jetzt unter der Führung des früheren Häftlings von Robben Island, des charismatischen Tokyo Sexwale, standen. „Wir haben einen militärischen Tower auf das Dach von *Ellis Park* gesetzt und den Himmel innerhalb von fünf nautischen Meilen vom Stadion am Tag des Endspiels für steril erklärt, also zu einer Zone mit Flugverbot", sagte Kay. Er und seine Kollegen von *South African Airways* mussten auch mit der *SABC* sprechen, die das Ereignis live in alle Welt übertrug, um sicherzustellen, dass der Überflug genau im richtigen Moment der Fernsehübertragung stattfand. „Sie sagten, ich sollte genau um 14.32 Uhr und 45 Sekunden vorbeifliegen. Das war machbar. Dann aber sagten sie, ich sollte nach 90 Sekunden noch einmal fliegen. Das verblüffte mich, weil ich nicht wusste, ob ich eine so große Maschine so schnell manövrieren konnte. Aber ich übte am Flugsimulator und fand heraus, dass ich es konnte."

Allerdings konnte ihn kein Programm auf dem Simulator auf das Manöver vorbereiten, das er im Auge hatte. „Ich verbrachte eine Menge Zeit auf dem Dach von *Ellis Park* und auf den Hügeln der Umgebung, um den besten Einflugswinkel zu ermitteln und mir vorzustellen, was die Fans sehen würden. *Ellis Park* liegt in einer Senke und ist schwer anzufliegen. Mir wurde klar, dass ich recht aggressiv fliegen musste."

In jener Zeit herrschte in Südafrika etwas von der Pionierzeit des Wilden Westens. Es veränderte sich so viel und dem Land schienen unzählige Möglichkeiten offenzustehen. Mit dieser Einstellung begegnete Laurie Kay der gefährlichsten Herausforderung seines Berufslebens.

„Die zivile Flugbehörte hat Regeln für Flüge über bebaute

Gebiete und öffentliche Versammlungen. Ich glaube, die Mindesthöhe beträgt 2.000 Fuß. Natürlich waren diese Regeln kurzfristig außer Kraft gesetzt. Ich konnte selbst entscheiden, wie tief ich fliegen würde." Kay, seine Copiloten und sein Ingenieur hoben ab und flogen wie ein Bomber im Zweiten Weltkrieg auf ihr Ziel zu."

„Wir waren zu dritt im Cockpit, aber als wir uns auf den Anflug vorbereiteten, sagte ich: ‚OK, Jungs, ich übernehme jetzt die volle Verantwortung.' Denn es machte keinen Sinn, so hoch zu fliegen, dass uns die Leute kaum hörten. Daher kam ich in einem flachen Winkel, damit die Zuschauer die Worte auf der Unterseite auf jeden Fall lesen konnten, und flog mit der geringsten Geschwindigkeit, die gerade noch möglich ist. Mit 140 Knoten. Ich flog langsam, damit wir die maximale Kraft einsetzen konnten, um wieder aufzusteigen, wenn wir über dem Stadion waren. Als wir ankamen – die Zeit über dem Ziel betrug zwei bis drei Sekunden – rissen wir die Maschinen hoch, brachten sie wirklich auf die maximale Lautstärke und erzeugten einen Schub, der die höchstmögliche Lautstärke und Energie in das Stadion pumpte."

Kay verstieß damit gegen alle Regeln der Flugbehörde. Er flog nur 200 Fuß über den höchsten Sitzen des Stadions – dieselbe Länge wie die Spannweite des Flugzeugs. „Und wir haben es gut geschafft, rechtzeitig für den zweiten Überflug zurückzukehren, in knapp 80 Sekunden", sagte Kay. Bescheiden fügte er hinzu: „Es gab Faktoren zu unseren Gunsten. Die Sicht war super. Es war windstill. Vor allem aber wollte ich die Nachricht runter ins Stadion schicken, dass wir stark waren und gewinnen würden. Wir haben tatsächlich unsere ganze Kraft ins Stadion gepumpt."

Die erste Reaktion der Menge war Angst. Die brüllenden Flugzeugmotoren der Boeing 747 ließen die Ohren jedes Menschen im Stadion vorübergehend taub werden und die Wände des Stadions wackeln. Es war, als sei eine riesige Bombe explodiert. Zu diesem Zeitpunkt war Louis Luyt in der Präsidentensuite neben Mandela.

„Mich hat es vom Sitz gehauen", rief Luyt aus. „Und Mandela auch!" Und jeden anderen Besucher im Stadion ebenfalls. „Der Bastard!", sagte Luyt grinsend über Kapitän Kay. „Er hatte uns nicht gesagt, dass er so tief fliegen würde. Auf 200 Fuß! Ich habe solch einen Schreck bekommen! Er hätte fast das Stadiondach berührt."

Überraschung und Schreck verwandelten sich in tosenden Beifall. Die Kraft, die Kapitän Kay ins Stadion gepumpt hatte, erfüllte alle anwesenden Zuschauer bis zum Ende des Spiels. Aber das war noch nichts verglichen mit dem dritten Akt der Show.

Fünf Minuten vor Anpfiff kam Nelson Mandela auf das Spielfeld und schüttelte den Spielern die Hand. Er trug die grüne *Springboks*-Mütze und das grüne *Springboks*-Trikot, das er bis obenhin zugeknöpft hatte. Zuerst wurde es totenstill in der Menge. „Es war, als trauten sie ihren Augen nicht", sagte Luyt. Dann begann der Gesang, zuerst leise, dann wurde er jedoch schnell lauter und heftiger.

Morné du Plessis hörte ihn, als er aus der Kabine durch den Spielertunnel auf das Spielfeld kam. „Ich kam hinaus in die grelle, harte Wintersonne und konnte erst nicht erkennen, was los war, was die Leute riefen, warum eine derartige Aufregung herrschte, obwohl das Spiel noch gar nicht begonnen hatte. Dann erkannte ich die Worte. Diese Menge von Weißen, von Afrikaanern, skandierte wie ein Mann, wie eine Nation: ‚Nel-son! Nel-son! Nel-son!' Immer wieder: ‚Nel-son! Nelson!' Das war wirklich …" Tränen traten in die Augen des großen Mannes, als er nach Worten suchte, um den Moment zu beschreiben. „Ich glaube nicht", fuhr er fort, „ich glaube nicht, dass ich je wieder so einen Augenblick erleben werde. Es war ein magischer Augenblick, ein Augenblick des Wunders. In diesem Augenblick erkannte ich, dass dieses Land wirklich funktionieren konnte. Dieser Mann zeigte, dass er vergeben konnte, vollständig, und jetzt zeigten sie – das weiße Südafrika, das weiße Rugby-Südafrika – im Gegenzug, dass sie auch etwas zurückgeben wollten, und das taten sie, indem sie schrien: ‚Nelson! Nelson!' Das war großartig. Das war der Stoff, aus dem Märchen gemacht sind. Es war so wie Sir Galahad einst sagte: Ich habe die Stärke von zehn Männern, weil mein Herz rein ist."

„Dann schaute ich auf Mandela in seinem grünen Trikot, wie er die Kappe schwenkte und sein breites, besonderes Lächeln zeigte. Er war so glücklich. Er war der Inbegriff des Glücks. Er lachte und lachte, und ich dachte, wenn wir ihn nur für diesen einen Augenblick glücklich gemacht haben, dann ist das genug."

Rory Steyn, einer von Mandelas Leibwächtern, hatte auch einen Platz in der ersten Reihe. Steyn war Chef der Abteilung, die für die Sicherheit der *All Blacks* verantwortlich war, was bedeutete, dass er auf dem Feld neben ihrer Bank war. „Nelson Mandela in diesem Trikot zu sehen, ist das Unglaublichste, was ich je erlebt habe", sagte Steyn, ein ehemaliger Sicherheitspolizist, dessen Aufgabe es viele Jahre lang gewesen war, den *ANC* und seine Verbündeten zu verfolgen. „Die Botschaft der schwarzen Bevölkerung nahmen wir mit Dankbarkeit und Erleichterung auf. Sie sagten, wir teilen eure Euphorie; wir vergeben euch die Vergangenheit." Mandela formte mit diesem einen Akt der Großzügigkeit ganz Südafrika zu einer neuen Nation. Das war nicht nur eine Gelegenheit für den Wandel.

In diesem Moment veränderte sich das Land wirklich. Die Botschaft der schwarzen Bevölkerung an die weiße, überbracht von Mandela, war eine der äußersten Großzügigkeit, die die Weißen nicht nur mit dankbarem, sondern auch mit erleichtertem Gefühl aufnahmen. Sie vermittelte uns: Wir teilen eure Freude, wir vergeben euch für die Vergangenheit, wir halten zu euch."

Mit der Vergebung ging allerdings die Sühne einher. Auch das bedeuteten die Rufe: „Nelson! Nelson!" Indem sie sich vor dem Mann verneigten, dessen Haft eine Metapher der Versklavung des schwarzen Südafrika gewesen war, bekannten sie ihre Schuld und ihre Erleichterung darüber war spürbar.

Linga Moonsamy, der einen Schritt hinter Mandela auf dem Rasen stand, sog alles ein und seine Sinne waren überreizt. Einerseits kostete er den Traum aus, dem er sein Leben als junger *ANC*-Kämpfer gewidmet hatte, andererseits hatte er eine nüchterne Aufgabe. „Da stand ich, direkt hinter seinem Rücken, und da waren dieser Aufruhr und die Rufe: ‚Nelson! Nelson!' Ich war mitgerissen, tiefer berührt als je zuvor in meinem Leben und ich hatte einen Job zu tun. Ich war vollkommen wachsam und beobachtete die Menge. Und dann sah ich in der rechten Ecke des Feldes, wie ein paar alte südafrikanische Flaggen geschwenkt wurden, und das hat eine völlig entgegengesetzte Reaktion in mir hervorgerufen. Es lief mir kalt den Rücken herunter. Es war eine plötzliche, ernste Warnung vor einem Sicherheitsproblem. Ich wusste, wir mussten diesen Bereich der Menge im Auge behalten, und ich wollte es so bald wie möglich dem Rest des Teams mitteilen. Dennoch war ich hin- und hergerissen, weil mich die Erkenntnis der enormen politischen Bedeutung der Sache umwarf."

Die Symbolik, die im Spiel war, war nicht weniger verblüffend. Jahrzehntelang hatte Mandela all das verkörpert, wovor sich das weiße Süfafrika am meisten gefürchtet hatte. Das *Springbok*-Trikot blieb lange Zeit für die schwarzen Südafrikaner ein verhassteste Symbol. Und plötzlich, vor den Augen ganz Südafrikas, verschmolzen die beiden negativen Symbole zu einem neuen, das positiv, konstruktiv und gut war. Mandela hatte diese Verwandlung herbeigeführt, sie wurden zum Inbegriff von Großzügigkeit und Liebe statt von Hass und Angst.

Louis Luyt hätte dies alles zu einem früheren Zeitpunkt nicht erkannt, aber jetzt verstand er es ebenfalls. „Er wusste, dass das die politische Gelegenheit seines Lebens war, und, bei Gott, er nahm sie wahr! Als diese Menge explodierte, war klar: An diesem Tag war er Südafrikas Präsident – ohne Gegenstimme. Ja, die Vereidigung des Präsidenten ein Jahr vorher war toll gewesen, aber das war der Abschluss einer Wahl, bei der einige gewonnen und andere verloren hatten. Hier waren alle auf derselben Seite. Es gab keine Gegenstimme. An diesem Tag war er unser König."

Das war der Punkt. Mandela hatte die Wirkung seiner Geste genau richtig eingeschätzt, als er gesagt hatte, das Trikot „würde einen großen Einfluss auf die Weißen ausüben". Er war der König aller an diesem Tag. Er war schon einmal gekrönt worden, im Fußballstadion von Soweto am Tag nach seiner Freilassung. An jenem Tag war er das Oberhaupt des schwarzen Südafrika gewesen. Fünf Jahre später fand seine zweite Krönung im heiligsten Heiligtum der Afrikaaner statt, im nationalen Rugbystadion.

Zyl Slabbert, das Jugendidol von Morné du Plessis und Braam Viljoens Chef beim *Think Tank* in Pretoria, war auch im Stadion. „Sie können sich nicht vorstellen, was es für mich bedeutete, diese klassischen Buren um mich herum zu sehen, mit ihren Bierbäuchen, ihren Shorts und Kniestrümpfen, echte *AWB*-Typen zu sehen, die Brandy und Cola tranken, zu sehen, wie diese Typen, diese Rednecks aus dem nördlichen Transvaal *Shosholoza* sangen, angeführt von einem jungen Schwarzen, als hinge ihr Leben davon ab; und sie dann zu sehen, als Nelson Mandela in seinem Trikot herauskam, wie sie schrien und sangen und jubelten. Das können Sie sich nicht vorstellen!", meinte Slabbert und verlor sich in der Erinnerung an die Szene. „Wie der Mann erstaunlich klar und intuitiv erkannte, was in einer bestimmten Situation notwendig war, um Gemeinschaft, Hingabe und gemeinsamem Patriotismus zu erzeugen! Fünf Jahre nach seiner Freilassung, als die Weißen wirklich Angst hatten, erreichte er diese außerordentliche Einheit in *Ellis Park*. Man hätte gedacht, dass er nach seinem Amtsantritt als Präsident sagen würde: ‚Euch werde ich's heimzahlen …!' Aber nein, er widerspricht jedem Stereotyp von Rache und Vergeltung."

Ironie des Schicksals: Erzbischof Tutu, der als Kind immer nach *Ellis Park* gepilgert war, um die Spiele anzuschauen, und dazu die Sandwiches seiner Mutter gegessen hatte, konnte ausgerechnet bei diesem Spiel nicht anwesend sein, weil er vorher in den Vereinigten Staaten zu tun hatte. Er schaute es frühmorgens in einer Bar in San Francisco an.

„Nelson Mandela hat das Talent, genau das Richtige zu tun und die Ernte souverän einzufahren. Ein anderer politischer Führer oder Präsident wäre, wenn er etwas Ähnliches versucht hätte, direkt aufs Gesicht gefallen. Aber es war genau das Richtige. Dieser Sport war so weiß und so ein Inbegriff des Afrikaaners. Jeder, der mit den *Springboks* sympathisierte, sollte vernichtet werden, und er kam heraus und trug ein *Springboks*-Trikot … Das war ein faszinierender Augenblick. Es war nichts, was man sich hätte ausdenken können … Ich glaube, das war ein bestimmender Augenblick für das Leben unseres Landes."

Niemand erkannte diese umwerfende Veränderung deutlicher als Tokyo Sexwale, der wegen Terrorismus und Umsturzplänen 13 Jahre auf Robben Island verbracht hatte, vom Gefängnis aus der beste Freund des später ermordeten Chris Hani geworden war und sich als Premierminister der Provinz Gauteng (vorher Transvaal) zu einer der halben Dutzend bekannten Figuren im *ANC* entwickelt hatte.

„In diesem Augenblick habe ich klarer als je zuvor erkannt, dass der Freiheitskampf unseres Volkes nicht so sehr darauf abzielte, die Schwarzen aus der Sklaverei zu befreien", meinte Sexwale zu mir. Er bezog sich auf die wichtigste Lektion, die er von Mandela im Gefängnis gelernt hatte. „Noch mehr zielte er darauf ab, die Weißen von ihrer Angst zu befreien. Und hier war es. ‚Nelson! Nelson! Nelson!' Die Angst schmolz dahin."

Und wie verhielt es sich mit dem letzten Zweifler? Was machte Justice Bekebeke, der einzige der acht Partygäste in Paballelo, der kein *Springboks*-Trikot trug? Auch in seinem Leben war es ein entscheidender Augenblick. Schließlich musste er kapitulieren. Er konnte der Welle südafrikanischer Gefühle, die Mandela ins Rollen gebracht hatte, nicht widerstehen.

„Eine Stunde vor dem Spiel war ich immer noch unentschlossen und verwirrt", sagte er. „Aber dann stellten wir den Fernseher an, und wir sahen, wie diese Leute *Shosholoza* sangen, dann jenen erstaunlichen Überflug und dann den alten Mann, meinen Präsidenten, der ein *Springboks*-Trikot trug. Nun, das war kraftvoll! Ich konnte meine alten Ressentiments und Hassgefühle immer noch nicht ganz abschütteln, aber etwas geschah mit mir und ich erkannte, dass ich mich veränderte, dass ich weicher wurde, bis ich einfach aufgeben musste, ich musste kapitulieren. Und ich sagte zu mir, das ist eben die neue Realität. Es gibt keinen Weg zurück: Die südafrikanische

Mannschaft ist nun mein Team, wer auch immer die Spieler sind und welche Hautfarbe sie auch haben mögen.

Das war eine Wasserscheide für mich. Für mein ganzes Verhältnis zu meinem Land, zu den weißen Südafrikanern. Von diesem Tag an änderte sich alles. Alles wurde neu definiert."

KAPITEL 18
BLUT IN DER KEHLE

„Ich konnte die Nationalhymne nicht singen", gestand François Pienaar. „Ich traute mich nicht." Er wollte unbedingt ein Beispiel geben und Mandela nicht im Stich lassen. Er hatte die Szene immer wieder im Geist geübt. Aber als sich die beiden Mannschaften vor dem Spiel in einer Reihe aufstellten und die Kapelle die ersten Noten von *Nkosi Sikelele* spielte, bekam er seinen Mund nicht auf.

„Denn ich wusste, wenn ich es tat, würde ich zusammenbrechen. Ich wäre auf der Stelle in Stücke zerbrochen. Es war so emotional", sagte der Kapitän der *Springboks*, „dass ich hätte weinen können. Sean Fitzpatrick, der Kapitän der *All Blacks*, hat mir später erzählt, dass er zu mir hinüberschaute und dass er sah, wie eine Träne mein Gesicht hinunterlief. Das war aber nichts im Vergleich zu dem, was sich in meinem Innern abspielte. Es war so ein stolzer Augenblick in meinem Leben. Ich stand da und das ganze Stadion bebte. Es war einfach zu viel. Ich versuchte, meine Verlobte auszumachen und mich auf sie zu konzentrieren, aber ich konnte sie nicht finden.

Also biss ich mir einfach auf die Lippen. Ich biss so stark zu, bis ich das Blut in der Kehle spürte."

Was Pienaar an diese emotionale Grenze gebracht hatte, war Mandelas Besuch in der Kabine der *Springboks* zehn Minuten zuvor. Zwischen dem Überflug des Jumbo-Jets und dem Auftritt im grünen Trikot hatte Mandela Louis Luyt gebeten, ihn in die Katakomben des Stadions zu führen, um den Spielern ein paar Worte mit auf den Weg zu geben.

Pienaar erinnerte sich. „Ich war gerade fertig. Wir befanden uns alle in einem solchen Zustand der Anspannung, der uns völlig unbekannt war. So viel ging uns durch den Kopf, ich wusste, dass das die größte Sache überhaupt war – ein Schuss, eine Gelegenheit, all das zu bekommen, was ich immer gewünscht hatte. Ich dachte über all das nach, aber gleichzeitig konzentrierte ich mich auf alle Einzelheiten des Spiels, und dann war er plötzlich da. Ich wusste nicht, dass er kommen würde, und noch weniger ahnte ich, dass er das *Springboks*-Trikot tragen würde. Er sagte, ‚Viel Glück', und dann drehte er sich um, und auf seinem Rücken war die Nummer sechs, und das war ich …

Wissen Sie, die echten Fans, die tragen das Trikot ihrer Mannschaft. Und jetzt sehe ich ihn, wie er in die Kabine kommt, in diesem einzigartigen Augenblick, gekleidet wie jeder echte Fan, aber dann sehe ich, dass er mein Trikot trägt. Es gibt keine Worte für die Gefühle, die mich geradezu körperlich überwältigten."

Wie zuvor in Silvermine hatte Mandela die *Springboks* überrascht. Morné du Plessis erinnert sich, dass im Raum absolute Stille herrschte, bevor er hereinkam. „Plötzlich sahen ihn die Spieler und alle lachten, grinsten und klatschten. Die Spannung fiel einfach von ihnen ab. Diesmal war Mandelas Rede noch kürzer und direkter als vor dem Spiel gegen Australien.

‚Seht, Leute', sagte er. ‚Ihr spielt gegen die *All Blacks*. Sie gehören zu den stärksten Teams der Rugby-Welt, aber ihr seid stärker. Denkt einfach daran, dass diese ganze Menge, Weiße und Schwarze, hinter euch steht und dass ich hinter euch stehe.'

Dann ging Mandela durch den Raum und schüttelte jedem Spieler die Hand und sprach ein paar Worte mit ihm. Als er den Raum verließ, rief François Pienaar: ‚Sir, mir gefällt Ihr Trikot.'"

Mandela war klar, dass dieser Besuch den Blutdruck der *Springboks* gefährlich hätte ansteigen lassen könnten. Aber, so meinte er später, die Worte „waren so gewählt, dass sie ihnen Mut machten".

Sie waren jedenfalls wieder richtig gewählt. Stransky, der an jenem Tag als *fly-half* an einer taktisch wichtigen Position vermutlich den größten Stress hatte, bestätigte es: „Er traf genau die richtige Stimmung. Er inspirierte uns. Ich hätte gedacht, dass es unmöglich wäre, unsere Gefühle vor dem Spiel noch zu steigern, aber Madiba tat es. Er steigerte noch unsere Motivation."

Louis Luyt, der Mandela in die Kabine begleitet hatte, stimmte zu: „Er sagte ihm, das ganze Land stünde hinter ihnen. Es war eine kurze Rede, aber sie sorgte, bei Gott, dafür, dass diese Jungs hinausgingen und alles gaben."

Drei Minuten später, als die „Nelson! Nelson!"-Rufe immer noch durch das Stadion hallten, war es Zeit für die Spieler, die Bühne zu betreten. Nun waren sie dran. Mandela hatte alles getan, was er konnte. Er hatte die größte Herausforderung seines Lebens bereits gemeistert, er hatte seine „Weltmeisterschaft" gewonnen. Jetzt lag die Verantwortung in den Händen der Spieler. In den nächsten anderthalb Stunden zählte nichts anderes mehr. Wenn Südafrika verlor, gab es immer noch Dinge, die die Situation retten konnten. Dazu gehörte die Ehre, es bis ins Endspiel geschafft zu haben. Ferner war die Nation zusammengerückt wie nie zuvor. „Ein Team, ein Land“, war kein cleverer Marketingspruch mehr. Aber wenn Südafrika verlieren würde, endete die Sache mit einem Tiefpunkt, einer bittersüßen Erinnerung, die man am besten bald vergaß. Der großartige „Nelson! Nelson!“-Moment würde fortleben, aber ohne die freudigen Assoziationen eines Sieges, die man mit Beethovens Neunter verbindet.

Um den Tag unvergesslich zu machen, mussten die *Springboks* das Unwahrscheinliche schaffen und gewinnen. Das bedeutete, dass sie Jonah Lomu unter Kontrolle bringen mussten. Sie sahen ihn zum ersten Mal leibhaftig, als sie aus der Kabine in den Spielertunnel kamen und sich darauf vorbereiten, neben der anderen Mannschaft aufs Spielfeld zu laufen. Die *All Blacks* hatten eine ausgezeichnete Mannschaft mit lauter bekannten Namen. Aber alle Augen richteten sich auf Lomu. Auch die Gedanken der *Springboks* waren auf ihn gerichtet, seit der riesige Sprinter den Stolz Englands eine Woche zuvor zu Staub pulverisiert hatte.

Stransky sagte: „Er war so groß. Es war unmöglich, ihn nicht zu bewundern. Im Tunnel konnte ich meine Augen nicht von ihm lassen. Er sah aus wie ein Berg. Ein Berg, den wir besteigen mussten!“

Genauer gesagt, ein Berg, den James Small überwinden musste. Er meinte: „Ich sah Jonah und dachte ‚Oh, Scheiße!‘“ Der ganzen Mannschaft war die Last bewusst, die Small, Lomus Gegenspieler, zu tragen hatte. Sie hatten bemerkt, dass er im Bus zum Stadion stiller als sonst gewesen war und die ganze Zeit überlegt, wie er Lomu stoppen könnte. „Ich dachte fast nur daran. Ich wusste, dass er, wenn er mir zwei oder drei Meter voraus war, nicht mehr einzuholen war. Aber die anderen Spieler standen mir wirklich zur Seite. Sie betonten, dass sie bereit waren, mich zu unterstützen, wenn Jonah den Ball hatte." Chester Williams, dessen früherer Streit mit Small in diesem Augenblick vergessen war, war der erste, der ihn seiner Unterstützung versicherte: „Alles, was du tun musst, ist, ihn aufzuhalten, und dann sind wir zur Stelle. Keine Angst. Ich stärke dir den Rücken."

Im Laufe der Vorwoche hatte sich in der südafrikanischen Presse eine neue Art des Rugbyexperten entwickelt, der Lomuloge. Alle hatten ihre Theorie, wie man ihn stoppen konnte. Eine davon war der direkte Angriff, für den Chester Williams eintrat. Wenn es Small nur gelang, ihn eine Sekunde lang aufzuhalten und aus dem Tritt zu bringen, könnte sich der Rest der Mannschaft auf ihn stürzen. Andere meinten, dass Lomu mental nicht so stark sei wie körperlich. Vielleicht hatte er etwas von Sonny Liston, dem ängstlichen Schwergewichtsboxer, den Muhammad Ali besiegte, indem er ihm mentale Fallen stellte und sein schwaches Selbstbewusstsein brach. Zwei Tage vor dem Spiel hatte die südafrikanische Presse lang und breit die Worte eines ehemaligen australischen Rugby-Kapitäns zitiert, dass es der Schlüssel zur Kontrolle Lomus sei, „seinen Mut möglichst früh zu brechen". Man meinte, Lomu sei nicht mehr aufzuhalten, wenn er erst einmal glaubte, nicht mehr gestoppt werden zu können. Der Australier sagte, dass es beispielsweise hilfreich wäre, wenn Stransky ein paar hohe, schwierige Bälle in seine Richtung schoss und ihn dadurch zwang, sie fallen zu lassen. Am besten wäre es, ihn in den ersten zehn Minuten ein oder zwei Mal kräftig zu Boden zu werfen. Vom Anpfiff an müsse das Ziel der *Springboks* darin bestehen, „den Großen zu verwirren, ihm ein oder zwei mentale Rückschläge zu verpassen".

Es gibt Hinweise darauf, dass Mandela selbst versuchte, Lomu ein oder zwei mentale Rückschläge zu verpassen. Linga

Moonsamy erzählte später, dass Mandela vor seinem Besuch in der Kabine der *Springboks* in die der *All Blacks* ging. „Aus der Nähe war Jonah Lomu riesig", erinnerte sich Moonsamy. „Aber man sah sofort, dass er etwas ängstlich war. Er fürchtete sich sozusagen vor Mandela. Die Neuseeländer waren alle oben ohne, und als er neben Lomu stand, hörte ich Mandela sagen: ‚Wow!'" Er schüttelte allen Spielern die Hand und wünschte ihnen Glück. Mandela meinte es ganz aufrichtig, und die *All Blacks* wussten es. „Es gab eine Kleinigkeit, die den Neuseeländern auffallen musste", sagte Moonsamy kichernd. „Er trug das grüne *Springboks*-Trikot! Hinterher fragte ich mich wirklich, ob er mit seinem Besuch nicht absichtlich ein doppeldeutiges Signal aussenden wollte."

15 Minuten später schritt Mandela die Reihe der neuseeländischen Spieler ab und schüttelte jedem die Hand. Als Mandela zu Lomu kam, begrüßte er den Mann, den er gerade zum ersten Mal kurz gesehen hatte, wie einen verloren geglaubten, alten Freund. „Ah, hallo, Jonah! Wie geht's dir?" Mandela strahlte. Ein Fernsehjournalist, der in der Nähe stand, sagte: „Lomu sah aus, als würde er sich in die Hose machen!"

Die letzte Zeremonie vor dem Spiel war der traditionelle Haka der *All Blacks*. Die Mannschaft hatte dieses Ritual vor internationalen Spielen schon mehr als 100 Jahre lang zelebriert. Es handelte sich um einen Kriegstanz der Maori, der die Feinde in Angst und Schrecken versetzen sollte. Die 15 Männer der *All Blacks* stehen in einer breiten Formation breitbeinig und leicht gehockt. Mit einem Schrei des Kapitäns beginnt der Tanz. Die Tänzer streckten ihre Zungen heraus, knurrten, stampften, schlugen sich auf die Schenkel und die Brust, vollführten andere Drohgebärden und brachten einen Gesang hervor, der im Maori-Original auf dem Spielfeld weitaus gefährlicher klingt als in der englische Übersetzung. Der Schluss lautet: „*Tēnei te tangata pūhuruhuru/Nāna nei i tiki mai whakawhiti te rā / Ā upane, ka upane/Ā upane, ka upane/ Whiti te rā, hī!*" Übersetzt bedeutet das: „Dieser haarige Mann steht hier/Der die Sonne brachte und scheinen ließ/Ein Schritt nach oben, noch einer nach oben/Ein Schritt nach oben, noch einer nach oben! Die Sonne scheint!"

Die *All Blacks* hatten das Glück, dass ihre Gegner normalerweise die Übersetzung nicht kannten. Üblicherweise versuchten die Gegner, sie durch Starren, Grinsen oder Verachtung zu verunsichern oder indem sie Gleichgültigkeit vortäuschten. Nichts davon war je ganz überzeugend, weil das Spektakel so beeindruckend und furchterregend ist. In diesem Fall wurde das Protokoll geringfügig aber entscheidend verändert. Nach der Hälfte des Rituals, das etwa eine Minute und 20 Sekunden dauert, brach Jonah Lomu aus der Formation aus und bewegte sich langsam, aber zielgerichtet und starrend auf James Small zu. Dann geschah etwas, das wenige Leute im Stadion oder am Fernseher, aber alle Spieler auf dem Feld sahen. Kobus Wiese, der neben Small stand, veränderte seinerseits das Protokoll und machte zwei oder drei Schritte auf Lomu zu, diagonal vor Small vorbei. „Kobus ging vorüber, als wolle er zu Lomu sagen: ‚Um an ihn ranzukommen, muss du erst an mir vorbeikommen'", erinnerte sich Pienaar. Das waren kleine Gesten von zwei großen Männern, die ziemlich infantil erschienen, aber sie verfehlten ihre Wirkung nicht. Noch bevor der Schiedsrichter das Spiel anpfiff, lautete der Spielstand *Springboks* 1, Lomu 0.

Die *Springboks*-Fans konzentrierten sich zwar auf James Small, aber der größte Druck lastete auf Stransky. Denn er wusste, dass er – infolge der Position, die er als Spieler und als Kicker innehatte – mehr im Rampenlicht stehen würde als jeder andere Spieler. François Pienaar und Kobus Wiese konnten sich bis zu einem gewissen Grad im Getümmel des Gedränges in der Menge der Spieler verstecken. Wenn sie einen Fehler machten, würden das außer den Spielern und den Experten nur wenige bemerken. Die Kehrseite der Medaille war, dass sie nur selten das Lob bekamen, das sie verdienten. Was hingegen Stransky gelang oder nicht gelang, konnte niemandem entgehen. Stranskys Position als *fly-half* war die am deutlichsten sichtbare in der Mannschaft. Außerdem war er für die Kicks zuständig. Oft hängt das Spiel davon ab, ob der Schuss zwischen den Malstangen hindurchgeht oder nicht – dafür gibt es zwei oder drei Punkte. Wenn Stransky traf, war er der Held. Wenn nicht, riskierte er, für immer der Sündenbock zu sein oder sich bestenfalls ein ganzes Leben lang Vorwürfe zu machen. Es ist, wie wenn man beim Fußball einen entscheidenden Elfmeter verschießt. Und wie beim Fußball hängt sehr viel von sehr wenig ab.

Rugby kann für Zuschauer ziemlich spektakulär sein, selbst wenn sie nicht mit den Feinheiten vertraut sind. Es vereint die Taktik, Kraft und Geschwindigkeit des American Football mit dem Ereignisfluss, der Breite, der gemeinschaftlichen Aktion und der individuellen Ballbeherrschung des Fußballspiels. Um Rugby auf höchstem Niveau zu spielen, muss man Kraft mit Fitness verbinden, so wie es der Fußball erfordert. Wenn Rugby gut, schnell und geschickt gespielt wird, erweckt es Bewunderung. Sind beide Mannschaften gleich gut, wird es noch besser, weil sich dann Schönheit und Dramatik verbinden.

Das Endspiel um die Weltmeisterschaft von 1995 war eher dramatisch als kunstvoll. Es war ein hartes Spiel. Es war Kampf. Es war ein Grabenkrieg. Es war nicht schön anzuschauen. Aber an Dramatik war es kaum zu übertreffen.

Ganz Südafrika war gebannt. Gleich welcher Rasse, Religion oder Stammeszugehörigkeit, alle waren an den Fernseher gefesselt. Von Kobie Coetsee, der das Spiel in einer Kneipe nahe seinem Haus in Kapstadt anschaute, über Constand Viljoen, der es mit Freunden ebenfalls in Kapstadt sah, Tutu, der es mit Fremden in Kalifornien anschaute, Niël Barnard, der es zu Hause in Pretoria mit seiner Frau und den drei Kindern verfolgte, und Justice Bekebeke mitsamt seinen alten Freunden und Kameraden in Paballelo bis hin zu Richter Basson, dem Mann, der Mandela zum Tod verurteilt hatte und jetzt das Spiel zu Hause in Kimberley anschaute. Endlich gehörten alle zum selben Team. Sogar einschließlich Eddie von Maltitz, der das Spiel mit seinen alten Burenkommandos auf seiner Farm im Orange Free State verfolgte. Er stand jetzt ebenso entschlossen hinter den *Springboks* und Nelson Mandela wie seinerzeit hinter Eugene Terreblanches *AWB*.

„Wir haben an jenem Tag gebetet, Mann“, vertraute er mir an. „Wir waren so aufgeregt. Gebetet und gebetet haben wir. Wenn wir diese neuseeländische Mannschaft schlagen konnten, so waren wir als Nation zu vielem fähig. Es war ein so wichtiger Tag. Wir waren so ..., so vereint. Und jetzt bestand die Möglichkeit, dass wir noch vereinter wurden. Es war so wichtig, dass Südafrika gewann.“

Es war so wichtig, dass die Straßen menschenleer waren, was der Pilot Laurie Kay und seine Besatzung bezeugen können. Er landete das Flugzeug, bevor das Spiel begann, aber es war kein Bodenpersonal am Flughafen, um ihn zu empfangen. Und sie konnten schließlich nicht die Rutschen, die für Notlandungen vorgesehen waren, zum Aussteigen benutzen. Endlich kam ihr Fahrer, fand eine, wie Kay sie nannte, „Mickey Maus Treppe“ und rollte sie zum Flugzeug. „Überhaupt niemand war auf der Straße. Es war wie im Roman ‚Das letzte

Ufer‘, der in der Welt nach einem Atomkrieg spielt. Ich war in genau zehn Minuten zu Hause.“ Das bedeutet, dass er auf der Straße schneller fuhr, als er mit dem Flugzeug *Ellis Park* überflogen hatte.

Das Spiel selbst war hingegen eher zähflüssig. Es kam nicht in Schwung, weil Südafrika Jonah Lomu nicht zur Entfaltung kommen ließ. James Small hätte sich keine Sorgen machen müssen, denn das ganze Team bearbeitete Lomu. Wenn der erste Verteidiger ihn nicht zu Boden brachte, tat es der zweite, dritte oder vierte. Es gab Augenblicke im Spiel, in denen Lomu wirkte wie Großwild, das von einer Gruppe Löwen angegriffen wird. Bevor die *Springboks* Lomu angriffen, gab es ein paar individuelle Leistungen. Innerhalb der ersten zehn Minuten, als Lomu zum ersten Mal den Ball bekam, brachte einer der leichtesten südafrikanischen Spieler, der Gedrängehalbspieler Joost van der Westhuizen, Lomu mit einem Griff um die Schienbeine mit einem Krachen zu Fall. („Das war ein Vorzeichen“, meinte Pienaar.) Etwas später hatte es den Anschein, als hätte Lomu Raum gefunden, um sich zu entfalten, wurde aber auf ähnliche Weise von Japie Mulder zu Boden geworfen, der zusammen mit Hennie le Roux in der mittleren Dreiviertelreihe spielte. Als der große Mann aufstehen wollte, drückte Mulder – der neben ihm wie ein Pygmäe aussah – dessen Gesicht in den Rasen von *Ellis Park*.

„Das war ziemlich unhöflich von ihm“, sagte Morné du Plessis ohne ein Anzeichen von Missbilligung. „Aber es zeigte unseren Verteidigungswillen an jenem Tag. Er sandte ein Signal an Lomu und die anderen *All Blacks*. Wir sind da. Und heute hält uns nichts auf. Niemand durchbricht unsere Reihen.“

Das traf zu. Die *All Blacks* hatten im Turnier unzählige Versuche platziert – Lomu allein konnte im vorangehenden Spiel vier verbuchen – aber gegen die *Springboks* gelang ihnen kein einziger. John Robbie, der frühere Rugbykommentator im Radio, hat es gut zusammengefasst. „Die *Springboks* spielten sehr körperbetont und extrem motiviert. Sie brachten das Spiel zum Stillstand, kämpften um jeden Zentimeter und verteidigten wie verrückt. Und gegen eine Mannschaft, die auf jeder Position besser besetzt war, verschaffte das die einzige Chance auf den Sieg."

Das Problem bestand nur darin, dass den Südafrikanern auch keine Versuche gelangen. Die Reihen der *All Blacks* hielten so gut wie die der *Springboks*. Es war wie im Ersten Weltkrieg. Keine Durchbrüche, die Linien bewegten sich nicht, Schüsse wurden auf beiden Seiten abgefeuert. Das Spiel wurde durch *kicks* entschieden. *Penalty kicks* und *drop goals*, die jeweils drei Punkte zählen, waren die einzigen Punkte des Tages.

Zur Halbzeit hatte Joel Stransky den Ball dreimal zwischen die Pfosten gebracht, während Andrew Mehrtens, der *fly-half* der *All Blacks*, zweimal getroffen hatte. Der Spielstand am Ende der 40 Minuten langen ersten Hälfte, als es die obligatorische, 10 Minuten dauernde Pause gab, lautete 9:6 für Südafrika. Aber Mehrtens glich in der zweiten Hälfte aus, und das Spiel endete mit unerträglicher Spannung, da sich alles auf einen Schlag für die eine oder die andere Seite entscheiden konnte, mit 9:9. Zum ersten Mal in einer Rugby-Weltmeisterschaft mussten die Mannschaften in die Verlängerung, die zweimal zehn Minuten dauert. Kein Spieler hatte je diese Grenze überschritten. Alle waren körperlich und mental erschöpft. Noch mehr aber litten die Fans, nicht zuletzt Mandela, auch wenn ihm – wie den meisten neuen schwarzen Anhängern des Spiels im Land – einige Details entgangen waren. „Er wusste nicht viel über das Spiel, aber genug, um ihm folgen zu können", erinnerte sich der grimmige Louis Luyt, der neben ihm saß. „Er stellte Fragen wie: ‚Wofür war dieser *penalty kick*?'

Was er jedoch besser als jeder andere verstand, war die Bedeutung des Spiels für das ganze Land, falls Südafrika gewinnen sollte. Und das war echt spannend! Unglaublich spannend! Es stand auf Messers Schneide!"

Mandela bestätigte Luyts Vermutungen über seine Gefühle. „Sie wissen nicht, was ich an diesem Tag durchmachte! Sie können es sich nicht vorstellen!", sagte er und sprach dabei auch für seine Mitbürger. „Ich hatte noch nie ein Rugbyspiel gesehen, bei dem es keine Versuche gab. Es gab nur *penalty kicks* und *drop goals*. So etwas hatte ich noch nie gesehen. Als sie aber beschlossen, uns noch einmal zehn Minuten zu geben, glaube ich, in Ohnmacht zu fallen." Ich lachte, als er das sagte, aber er schaute mich mit starrem Blick an. „Nein. Ernsthaft. Ich war noch nie so angespannt."

Morné du Plessis, der selbst Hundert Rugbyschlachten geschlagen hatte, war ebenfalls der Ohnmacht nahe, als er sich an die Stelle der Spieler versetzte. „Dass diese jungen Leute diese Verantwortung übernehmen mussten, nun …! Das war mehr als ein Rugbyspiel, und alle Spieler wussten das – es war, als würde man eine Gruppe von Soldaten, die gerade aus dem Trauma des Schlachtfelds zurückgekehrt waren, gleich wieder direkt an die Front schicken."

Pienaar, der 28 Jahre alte „General", rief seinen Mitspielern in der kurzen Unterbrechung vor der Verlängerung dieses höhere Ziel ins Gedächtnis. „Seht euch um", sprach er zu seinen ermüdeten Soldaten. „Schaut die Fahnen an. Spielt für diese Leute. Das ist die Chance. Wir müssen das für Südafrika tun. Lasst uns Weltmeister werden."

Das hinderte die *All Blacks* nicht daran, mit einem Schuss von Mehrtens nur eine Minute nach Beginn der Verlängerung in Führung zu gehen. Neuseeland führte 12:9, aber kurz vor dem Halbzeitpfiff, nach zehn Minuten der Verlängerung, versenkte Stransky einen weiteren *penalty kick* zwischen den Pfosten. Es stand 12:12. Dann war Halbzeit. Fünf Minuten später zogen die Spieler mit bleiernen Füßen noch ein letztes Mal in die Schlacht. Vor ihnen lagen die letzten zehn Minuten des Spiels.

„Ein paar Tage vor dem Endspiel sagte Kitch zu mir, ‚Vergiss nicht die *drop goals*'", erinnerte sich Joel Stransky. *Drop goals* sind Kicks, die aus dem Spielgeschehen heraus zum Erfolg führen. „Er ließ mich in den Tagen vor dem großen Spiel *drop kicks* üben – zum Glück.

Ich erinnere mich nur noch an drei der fünf Tore, die ich an diesem Tag erzielt habe. Das letzte gehörte dazu. Sieben Minuten vor Schluss stand es immer noch 12:12. Wir bekamen ein Gedränge 25 Yards von ihrer Linie entfernt. François kündigte einen *back-row move* an. Einen, den wir immer wieder trainiert hatten."

Das bedeutete, dass die Stürmer versuchen würden, die dichten Linien der *All Blacks* zu durchbrechen. „Aber Joel nahm meine Ansage zurück", meinte Pienaar. „Er sagte, dass er den Ball sofort wollte. Also machten wir das." „Joel brauchte ein bestimmtes Gedränge, wir mussten uns in eine bestimmte Richtung bewegen, damit er seinen *drop kick* anbringen konnte", erinnerte sich Wiese. „Wir waren ziemlich erschöpft, aber wir probierten es und es hat geklappt."

Der Ball tauchte aus dem Menschenknäuel des Gedränges auf und Joost van der Westhuizen, der Gedrängehalbspieler, der die Stürmer und die Hintermannschaft verbindet, warf den Ball scharf hinüber zu Stransky, der 30 Sekunden Zeit gehabt hatte, um sich klarzumachen, dass das der größte Augenblick in seinem Leben und in dem vieler anderer Menschen sein könnte. Der mentale Druck, die überwältigende Verantwortung in Kombination mit der körperlichen Schwierigkeit, den Ball fallen zu lassen und im Moment des Auftreffens sauber mit dem Schuh so zu treffen, dass er hoch und geradeaus fliegt, im vollen Bewusstsein der Tatsache, dass zwei oder drei Brecher mit unedlen Absichten auf einen zurasen … Stransky hatte sich freiwillig für eine der gefährlichsten Aufgaben gemeldet.

„Ich bekam den Ball sauber und schoss ihn so ungeheuer sanft“, sagte Stransky und erlebte den schönsten Augenblick seines Lebens erneut. „Er behielt seine Flugbahn. Er drehte sich richtig und flatterte gar nicht. Und ich habe noch nicht einmal hingeschaut, ob er traf. Ich wusste in dem Moment, in dem er meinen Fuß verließ, dass er zu sanft war, um vorbeizugehen. Ich verspürte absolute Freude.“

Das galt auch für jeden anderen Südafrikaner, der zuschaute: Justice Bekebeke, Constand Viljoen, Arnold Stofile, Niël Barnard, Walter Sisulu, Kobie Coetsee, Tokyo Sexwale, Eddie von Maltitz, Nelson Mandela – alle zusammen. Aber es waren noch sechs Minuten zu spielen. Und Lomu war immer noch auf dem Feld. Neben ihm standen die anderen 14 *All Blacks*, die dem London *Daily Telegraph* zufolge die beste Rugbymannschaft aller Zeiten bildeten.

Pienaar feuerte seine Männer an durchzuhalten und alles zu tun, um den Ball in der neuseeländischen Hälfte zu halten, sie festzunageln und nicht den Hauch von Morgenluft schnuppern zu lassen.

Mandela erzählte: „Als Joel Stransky diesen Dropkick machte, sagte ein Brite in meiner Nähe, ‚Das war bestimmt die Entscheidung‘“. „Aber ich wagte es nicht zu glauben. Und die Spannung, diese Spannung! Ich sage Ihnen, das waren die längsten sechs Minuten meines Lebens! Ich schaute immer wieder auf meine Uhr und dachte: ‚Wann kommt endlich der Schlusspfiff, Mann?‘“

Die sechs Minuten gingen vorbei, die Reihen der *Springboks* hielten, und der Pfiff ertönte. François Pienaar sprang aus einem Gedränge hervor und streckte die Arme in die Luft. Dann sank er plötzlich nieder auf die Knie und presste sein Gesicht in seine Fäuste, und die anderen Spieler knieten sich um ihn nieder. Einen Augenblick beteten sie, dankten Gott mit mehr Emotionen als je zuvor oder je wieder, standen auf und umarmten sich. Das taten auch alle anderen Menschen im Stadion, unter ihnen Nelson Mandela, der normalerweise nicht der Typ für Umarmungen war.

„Er stand auf dem Dach der Welt", sagte Moonsamy. „Ich habe Nelson Mandela fünf Jahre lang begleitet, seine ganze Präsidentschaft hindurch, und habe ihn nie glücklicher gesehen. Er war so aufgeregt, so ekstatisch. Beim Abpfiff tobte die ganze Loge. Wenn die Leute glauben, dass wir Leibwächter Roboter sind – bei Mandela waren wir zu viert, zwei Schwarze und zwei Weiße –, dann hätten sie uns beim Abpfiff sehen sollen. Die Emotionen waren überwältigend. Auch wir umarmten uns, einige weinten."

Als er sich an diesen Augenblick erinnerte, lachte Mandela so sehr – so sehr widersprach es seiner Art eines viktorianischen Gentleman, so wenig würde er physisch je einem dicken Buren wie Luyt ähneln –, dass er kaum ein Wort herausbrachte. „Als der Pfiff ertönte", sagte er, „stellten Luyt, Louis Luyt und ich … plötzlich fest, dass wir … uns umarmten! Ja, umarmten!"

Luyt bestätigte es. Es war keine Phantasie eines übermäßig erregten älteren Mannes. „Als der Abpfiff erklang und die Spieler auf die Knie fielen, umarmten wir uns. Wir umarmten uns wirklich! Und wir sagten: ‚Wir haben es geschafft, Mann! Wir haben es geschafft!' Wir haben uns so umarmt, dass ich ihn – was er vermutlich nicht erwähnte – hochgehoben habe! Das stimmt wirklich."

Auf den Tribünen wiederholten über 60.000 jubelnde Fans noch einmal den Schrei: „Nel-son! Nel-son!" Die Begeisterung des Sieges machte den Ruf noch lauter und markiger als beim ersten Mal. Auf dem Spielfeld sog Kobus Wiese die Herrlichkeit des Augenblicks ein, umhüllt von der Ekstase der Menge, seiner Mitspieler und seiner eigenen Emotionen. „Mir war so deutlich, dass nur ein paar Auserwählte je dieses Gefühl haben und so etwas erleben. Ich vergoss Freudentränen. Ich glaube, wir haben alle geweint. Ja, wir alle haben geweint. Man nimmt nur die Emotionen dieser Momente nach dem Sieg in sich auf und man spricht nicht. Man umarmt sich nur, und niemand muss etwas sagen. Wir haben auf dem Spielfeld gespürt, dass wir jetzt Geschichte geschrieben haben."

„Es war unmöglich, etwas zu sagen, das unsere Gefühle ausdrücken könnte. Wir alle sprangen einfach, sprangen und lachten und lachten", sagte Joel Stransky lächelnd. „Ich lächelte eine ganze Woche lang. Ich habe nie aufgehört zu lächeln."

KAPITEL 19
LIEBE ZUM FEIND

„Als das Spiel vorbei war“, sagte Morné du Plessis, „drehte ich mich um und rannte zum Tunnel. Da war Edward Griffiths, der den Slogan ‚Ein Team, ein Land‘ erfunden hatte. Der sagte zu mir: ‚Die Dinge werden nie wieder wie früher sein.‘ Und ich stimmte sofort instinktiv zu, weil ich schon da wusste, dass das Beste hinter uns lag, dass das Leben nichts Besseres mehr bieten konnte. Ich sagte ihm: ‚Wir haben heute alles gesehen.‘“

Du Plessis hatte jedoch Unrecht. Es gab mehr. Mandela kam in seinem Trikot aufs Spielfeld, um seinem Freund François den Pokal zu überreichen. Da erscholl wieder der ekstatische Schrei: „Nelson! Nelson! Nelson!“ Mandela tauchte an der Linie auf, lachte von einem Ohr zum anderen und winkte zur Menge hin. Dann ging er zum kleinen Podest in der Mitte des Spielfelds, wo er François Pienaar den Weltmeisterpokal überreichen würde.

Van Zyl Slabbert, der liberale Afrikaner, der im Stadion von bierbäuchigen *AWB*-Typen umgeben war, wunderte sich über die neue südafrikanische Begeisterung seiner Landsleute. „Sie hätten die Gesichter all der Buren in meiner Umgebung sehen sollen. Ich erinnere mich an einen, dem die Tränen die Wangen herabliefen. Er sagte immer wieder auf Afrikaans: ‚Das ist mein Präsident … Das ist mein Präsident …'"

Die Menschen applaudierten unter Tränen. Ein TV-Reporter trat auf dem Spielfeld auf Pienaar zu und fragte: „Wie hat es sich angefühlt, hier im Stadion 62.000 Fans hinter sich zu haben?" Ohne zu zögern antwortete der: „Wir hatten nicht 62.000 Fans hinter uns. Wir hatten 43 Millionen Südafrikaner hinter uns."

Linga Moonsamy, der einen Schritt hinter Mandela über das Feld ging, musterte die Menge, als der alte Feind den Namen seines Chefs rief und musste sich mit aller Macht daran erinnern, dass er heute arbeitete, dass er konzentriert bleiben musste. Er hatte nicht vergessen, dass er vor dem Spiel in der rechten Ecke des Stadions alte südafrikanische Flaggen gesehen hatte. Daher schaute er noch einmal in diese Ecke. „Aber nein", erzählte er, „diese Fahnen waren jetzt weg. Es gab nur neue südafrikanische Fahnen. Und die Leute in dieser Ecke weinten und umarmten sich wie alle anderen. Also entspannte ich mich ein wenig und ließ die Gedanken zu, wie bedeutend dieser Augenblick für das Land war, was ich als junger Mensch getan hatte, welche Risiken ich eingegangen war, und dass ich genau dafür gekämpft hatte. Ich hätte nie gedacht, dass es sich in diesem Maßstab ausdrücken würde."

Tokyo Sexwale, der auch im Stadion war, teilte Moonsamys Gefühle. „Du sitzt da und weißt, dass es sich gelohnt hat. All die Jahre im Untergrund, in den Gräben, ohne Rücksicht auf sich selbst, fern der Heimat, die Zeit im Gefängnis, es hat sich gelohnt. Das hatten wir alle sehen wollen. Und dann wieder: ‚Nelson! Nelson! Nelson!' Wir standen da und wussten nicht, was wir sagen sollten. Ich war stolz, neben diesem Mann zu stehen, mit dem ich inhaftiert gewesen war. Schaut, wie weit er es gebracht hat! Und du bist so stolz, mit den Göttern gespeist zu haben …"

Die Götter des Augenblicks waren Mandela und Pienaar, der alte Mann in grün, das gekrönte Oberhaupt Südafrikas, der Pienar den Pokal überreichte, dem jungen Mann in grün, der an diesem Tag das spirituelle Oberhaupt eines neugeborenen Afrikaanertums war.

Als der Kapitän kurz mit den Händen über den Pokal vor ihm strich, legte ihm Mandela die linke Hand auf die rechte Schulter, schaute ihn feierlich an und sagte: „François, vielen Dank für das, was du für unser Land getan hast."

Pienaar erwiderte Mandelas Blick und sprach: „Nein, Mr. President. Ich danke Ihnen für das, was Sie für unser Land getan haben."

Er hätte keine treffenderen Worte finden können. Desmond Tutu sagte: „Diese Antwort wurde im Himmel gemacht. Wir Menschen tun unser Bestes, aber diese Worte in diesem Moment … für die hätte es kein Drehbuch geben können."

Ein Drehbuchautor aus Hollywood hätte die beiden sich vielleicht umarmen lassen. Diesen Impuls hatte Pienaar nur mit Mühe unterdrücken können, wie er später gestand. Stattdessen sahen sich beide nur an und lachten. Morné du Plessis, der daneben stand, betrachtete Mandela und den afrikaanischen verlorenen Sohn, er sah, wie Pienaar den Pokal hoch über seine Schultern hielt, während der lachende Mandela seine Fäuste in die Luft erhob, und er konnte seinen Augen kaum trauen. „Ich habe nie so vollkommene Freude gesehen", meinte du Plessis. „Er schaut François an und lacht gewissermaßen nur … und François schaut Mandela an und … es gibt ein Band zwischen ihnen."

All das war zuviel für den harten Slabbert, der zahllose politische Schlachten gefochten hatte. „Als François Pienaar das ins Mikrofon sagte, während Mandela zuhörte, lachte und der Menge winkte und seine Mütze schwenkte", sagte Slabbert, „da weinte *jeder.*"

Im ganzen Land blieb kein Auge trocken. Der alte Justizminister des großen Krokodils weinte in seiner überfüllten Kneipe von Kapstadt. Kobie Coetsee musste dauernd an sein erstes Treffen mit Mandela zehn Jahre zuvor denken. „Das ging über Politik hinaus. Es ging über alles Geleistete hinaus. Es verband das ganze Land. Es war der Moment, in dem meine Leute, seine Feinde, Mandela umarmten. Damals kam es mir so vor, als sei es ein Moment, der mit der Gründung der amerikanischen Nation vergleichbar war. Es war Mandelas größte Leistung. Ich sah ihn und Pienaar, und ich weinte. Ich sagte zu mir: ‚Jetzt hat es sich gelohnt. All die Leiden, alles, das ich erlebt hatte, hat sich gelohnt. Das besiegelt das Wunder.' Das waren meine Gefühle damals."

Weit weg im staubigen Paballelo hatte Justice Bekebeke dieselben Gefühle. Fünf Jahre zuvor hatte er in der Todeszelle gesessen, in die ihn einer von Coetsees Richtern geschickt hatte, aber das war jetzt plötzlich weit weg. „Ich war im Himmel!", sagte er. „Im Himmel!"

„Als Joel Stransky den Dropkick verwandelt hat, feierten die anderen und jubelten wie verrückt, und dieser Zweifler schloss sich ihnen an. Ich fühlte mich 100 Prozent südafrikanisch, südafrikanischer als je zuvor. Ich war so euphorisch wie alle anderen im Zimmer. Wir drehten total durch. Und nach dem Abpfiff, nachdem Mandela Pienaar den Pokal überreicht hatte, rannten wir auf die Straße. Das taten auch alle anderen in Paballelo. Hupen ertönten und die ganze *Township* war draußen, tanzte, sang, feierte."

In diesen Straßen hatte Bekebeke den Polizisten getötet, der auf ein Kind geschossen hatte, dort war die Sicherheitspolizei am Vorabend der Todesurteile gegen die Upington 14 durchgedreht und hatte alle Menschen zusammengeschlagen, die in ihre Nähe kamen. Von ihnen waren 20 ins Krankenhaus eingeliefert worden.

„Es war unwirklich. Man musste sich vorstellen, dass sich diese Szenen im ganzen schwarzen Südafrika abspielten, nur fünf Jahre nach Nelson Mandelas Freilassung und zwei Jahre nach dem Mord an Chris Hani. Damals wäre mir die Vorstellung, ich würde einmal den Sieg der *Springboks* feiern, als das Unwahrscheinlichste der Welt erschienen. Im Rückblick kann ich dennoch kaum glauben, wie gleichgültig ich am Morgen des Endspiels war, dass es mir egal war. Denn es gab nur ein Wort für meine Gefühle zu diesem Zeitpunkt: extreme Euphorie."

In Paballelo, in Soweto, in Sharpeville und Tausend weiteren *Townships* strömten Gruppen von Jugendlichen durch die baumlosen Straßen und führten einen Haka auf, den alten Kriegstanz *Toi Toi*. Aber sie waren nicht aggressiv. Sie waren von einem vielfarbigen Nationalstolz besessen und feierten den Sieg einer Mannschaft, die das schwarze Südafrika nun unterstützte, *AmaBokoBoko*.

Es verbreiteten sich Berichte aus den reichen Vororten von Kapstadt, Durban, Port Elizabeth und Johannesburg: Weiße Hausfrauen legten Generationen alte Vorurteile ab, umarmten ihre schwarzen Haushaltshilfen und tanzten mit ihnen auf den grünen Straßen von Nobelvierteln wie Houghton. Zum ersten Mal waren die beiden Parallelwelten der Apartheid verschmolzen. Zwei Hälften waren ein Ganzes geworden. Nirgendwo wurde das deutlicher als in Johannesburg, vor allem in der Umgebung von *Ellis Park*, wo sich alles zu einem grünen Trubel verband. Ein alter schwarzer Mann stand mitten auf der Straße vor dem Stadion und schwenkte eine südafrikanische Fahne und rief immer wieder: „Südafrika ist jetzt frei. Die *Boks* haben uns frei gemacht und stolz."

Auf der anderen Straßenseite von *Ellis Park* befanden sich die Büros der schwarzen Sonntagszeitung *City Press*. Khulu Sibiya, der Herausgeber der Zeitung, war von dem Spektakel gefesselt, das er von seinem Bürofenster aus verfolgte. „Ich habe nie zuvor so viele Schwarze auf der Straße feiern sehen. Niemals. Am nächsten Tag brachte unsere Zeitung sogar mehr über die Feiern der Schwarzen als über Pienaar und die Weltmeisterschaft. Es war erstaunlich."

Erzbischof Tutu stimmte zu. Die Feiern der Schwarzen waren die Story. „Was sich an diesem Tag ereignete, war eine Revolution", meinte Tutu. „Wenn man nur ein Jahr – nur wenige Monate – zuvor vorhergesagt hätte, dass Menschen in den Straßen von Soweto tanzen würden, um einen Sieg der *Springboks* zu feiern, hätten die meisten Leute gesagt: ‚Du hast zu lange in der südafrikanischen Sonne gesessen, das hat dein Gehirn geschädigt.'" Tutu hatte nach der Weltmeisterschaft selbst einen Teil dazu beigetragen, indem er eine Hauptverkehrsstraße in einem Trikot der *Springboks* entlanglief (er hatte Luyt um Nummer 22 gebeten – die *„Tu-tu"* ausgesprochen wird). „Das Spiel hat für uns etwas bewirkt, was keine Rede von Politikern und Erzbischöfen vermochte. Es hat uns zusammengeschweißt, es hat uns gezeigt, dass wir alle auf einer Seite stehen konnten. Es lehrte uns, dass wir wirklich eine Nation werden konnten."

Die patriotische Hysterie in den südafrikanischen Zeitungen am nächsten Morgen war unvermeidlich. Der Eindruck, dass sich das Land für immer gewandelt hatte, wurde in einer achtspaltigen Kolumne einer Zeitung zusammengefasst, die genau an diesem Tag zum ersten Mal erschien, des *Sunday Independent.* „Triumph der Regenbogenkrieger“, war die Schlagzeile der ersten Ausgabe der Zeitung. Auch die ausländische Presse schloss sich an. Sogar die Sportberichterstatter vergaßen fast, über das Spiel selbst zu schreiben, wie der Rugbyreporter des *Sydney Morning Herald*, der seine Geschichte mit den Worten begann: „Südafrika wurde gestern ‚ein Team, ein Land‘, als die Regenbogennation in Verzückung geriet.“ Er fügte unter Bezugnahme auf das Ende des Zweiten Weltkriegs hinzu: „Es war wie eine Wiederholung von V-Day, löste ähnliche Wellen der Leidenschaft aus und das Gefühl, dass sich etwas Bedeutendes und Unvergessliches ereignet hatte.“

Van Zyl Slabbert, ein sehr großer Mann und mit jedem Zoll ein Bure, war nach dem Spiel völlig von der überschäumenden Begeisterung gefangen. „Ich ging auf die Straße, die voller tanzender Schwarzer war. Ich musste irgendwie nach Hause kommen, also stieg ich in ein schwarzes Taxi.“ Ein „schwarzes Taxi“ ist eine Mischung aus Bus und Taxi, ein Kleinbus, der auf Zuruf hält, aber eine bestimmte Route abfährt und bis zu einem Dutzend Fahrgäste aufnehmen kann. Es ist „schwarz“, weil dieses Verkehrsmittel seit jeher von Schwarzen benutzt wurde, während Weiße ihre eigenen Autos hatten. Was Slabbert tat, indem er eines anhielt und einstieg, war fast undenkbar, vor allem für Einwohner des schicken Vororts im Norden, unweit von Houghton, wo er wohnte. „Ich stieg ein, und die Leute jubelten und schrien und feierten mit der gleichen Begeisterung wie die Buren in *Ellis Park*. Ich sagte, der Fahrer könnte mich am *Civic Center* in der Stadtmitte absetzen, aber er fragte mich, wo ich hinwollte. Ich sagte, ich wollte nach Hause in die nördlichen Vororte, aber das *Civic Center* wäre in Ordnung, weil ich meinte, das läge auf seiner

Strecke. Aber der Fahrer sagte, nein, er würde mich nach Hause fahren, was für ihn einen Umweg von einer halben Stunde bedeutete, an diesem Tag mit dem ganzen Verkehr und Chaos wahrscheinlich sogar noch mehr. Dann sagte ich, OK, aber wie war es mit den anderen Leuten im Taxi, das total voll war. Alle riefen, nein, es sei in Ordnung. Ihnen würde die Fahrt Spaß machen. Sie waren so glücklich, sagten sie, dass alles andere egal sei. Schließlich kamen wir bei mir zu Hause an, und als ich ausstieg, fragte ich den Fahrer nach dem Preis. Er lächelte mich an und sagte: ‚Nichts. Heute bezahlt niemand.'"

Slabbert meinte, dass keiner der Fahrgäste mehr als eine leise Ahnung von Rugby hatte, aber das schränkte die Feierlaune hier nicht mehr ein als im 800 Kilometer entfernten Paballelo. „In meiner *Township*, unter meinen Leuten, gab es keinen einzigen Rugbyfan", sagte Bekebeke, „aber an diesem Tag ... ging sogar meine Mutter voll in den Feiern auf. Wir feierten als Südafrikaner, als eine Nation. Und wir wussten, tief im Innern, dass die *Springboks* gewonnen hatten, weil wir wollten, dass sie gewinnen. Es war ein phänomenaler Tag! Die Demokratie war noch so jung und frisch, und da war das Symbol unserer Transformation, Mandela. Als er den Pokal hochhob, war das unser Sieg. Wir wussten, dass wir endlich eine Gewinnernation waren."

Arrie Rossouw, der Journalist, der Mandela am Tag nach seiner Freilassung in Soweto getroffen hatte, berührte ebenfalls diesen Punkt, aber mit noch mehr Leidenschaft, weil er sich als weißer Südafrikaner, als Verlierer, als Paria, gegenüber der Welt gefühlt hatte. „Wir waren nicht länger die Bösen", sagte Rossouw. „Wir haben nicht nur gewonnen, sondern die Welt hatte gewollt, dass wir gewinnen. Können Sie sich vorstellen, was das für uns bedeutet hat? Was für eine Freude? Welch eine enorme Erleichterung?"

Tokyo Sexwale sagte, dass er die Weißen von der Angst befreit hatte. Das traf zu, aber es reichte noch tiefer. Er befreite sie in einem umfassenderen Sinne. Er sprach sie frei, in ihren Augen und in den Augen der Welt.

Und dann machte er sie zu Weltmeistern. Kobus Wiese, François Pienaar, Hennie le Roux, Chester Williams, James Small – alle meinten, dass der Mandela-Faktor entscheidend gewesen sei. Sie hatten das Spiel für ihn und durch ihn gewonnen. „Die Spieler wussten, dass das Land ein Gesicht und einen Namen hatte", sagte Le Roux. „Wir spielten für Südafrika, aber wir spielten auch, um den alten Mann nicht zu enttäuschen, was letztlich dasselbe war."

„Es fügte sich alles perfekt zusammen: unsere Bereitschaft, das Team der Nation zu sein, und sein Wunsch, dieses Team zur Nationalmannschaft zu machen", sagte Morné du Plessis. „Es passierte genau zum richtigen Zeitpunkt. Und ich bin überzeugt, dass wir die Weltmeisterschaft aus diesem Grund gewonnen haben."

Sogar Louis Luyt stimmte zu. „Wir hätten nicht ohne Mandela gewinnen können! Als ich mit ihm vor dem Spiel zu den Spielern hinunter in die Kabine gegangen bin – da habe ich gesehen, dass er sie 100 Prozent stärker motiviert hat! Sie haben im selben Maße für ihn gewonnen wie aus jedem anderen Grund."

Morné du Plessis erkannte, dass es der Tag Südafrikas sein würde, als Mandela im *Springboks*-Trikot am Spielfeldrand von der Menge gefeiert wurde. „Ich sage das, ohne gegenüber einer wirklich denkwürdigen Mannschaft der *All Blacks* despektierlich zu sein, aber das enorme Gewicht dieses Mannes, der hinter uns stand, und die Kraft, die von ihm ausging, schien mir etwas unfair zu sein." Sean Fitzpatrick, der großartige Kapitän der *All Blacks,* gab später zu, dass du Plessis nicht ganz Unrecht hatte und dass es ihm einen gewaltigen Respekt einflößte, als der die Reaktion der Menge auf Mandela erlebte. „Wir hörten sie seinen Namen rufen", meinte Fitzpatrick, „und wir fragen uns: ‚Wie sollen wir diese Strolche schlagen?'"

Zu spät erkannte Fitzpatrick, dass seine Mannschaft zwar Jonah Lomu hatte, die andere aber mit einem Mann mehr spielte. Sie hatte eine Geheimwaffe, auf das die beste Rugby-Mannschaft der Geschichte keine Antwort wusste. Joel Stransky hätte sich den Erfolg zurechnen könnten, aber er schrieb ihn dem 16. Mann der *Springboks* zu. „Sein Einfluss auf die Spieler ist gar nicht zu ermessen. An diesem Tag ist ein Märchen wahr geworden, in dessen Zentrum Mandela stand. Er hat für uns gewonnen."

Und an diesem Tag sonnte Mandela sich im Sieg. Die Fahrt vom Stadion nach Hause dauerte dreimal so lange wie geplant, sagte Moonsamy, aber Mandela hätte auch dann nach mehr verlangt, wenn sie sechsmal so lange gedauert hätte. „Unsere sorgfältigen Pläne gingen den Bach hinunter. Unsere Route war vollständig verstopft. Die ganze Stadt feierte ein riesiges Straßenfest. Madiba genoss jede Minute."

Moonsamy blieb wachsam, aber die Vorstellung, dass jetzt jemand versuchen würde, Mandela zu ermorden, schien ihm unwahrscheinlich. Als sie schließlich in Houghton ankamen, stand eine kleine Menschenmenge vor seinem Haus und feierte. Als Mandela ausstieg, um sie zu begrüßen, kam eine alte Dame auf ihn zu. Sie sagte zu Mandela, dass sie bis zu jenem Nachmittag Mitglied des *AWB* gewesen sei, aber jetzt würde sie austreten.

Es war etwa 18.30 Uhr und begann zu dämmern. Mandela entließ seine Leibwächter. „Leute", sagte er, „geht und habt Spaß."

Sie nahmen ihn beim Wort. „Ich gelangte durch die tobenden Menschenmassen nach Hause und dann gingen mein Schwager mit seiner Familie und ich mit meiner Familie zur Randburg Waterfront, wo sich die Menschen versammelten, um zu feiern. Und hier sah ich, wie Südafrika eine Einheit wurde. Weiße und Schwarze umarmten einander und lachten und weinten bis spät in die Nacht."

Mandela verbrachte einen ruhigen Abend zu Hause. „Ich kam vom Rugby und blieb hier zu Hause, ich war glücklich und dachte nach." Er folgte seiner Routine, sah im Fernsehen die englischsprachigen Nachrichten um sieben und die Nachrichten auf Xhosa um halb acht an. Um zehn vor acht nahm er sein wie gewohnt leichtes Abendessen zu sich: Hühnerbein mit Knochen und Haut, eine Süßkartoffel und Karotten. Sonst nichts. Bevor er eine Stunde später zu Bett ging, setzte er sich allein ins Wohnzimmer und zog Bilanz, wie er es in seiner Gefängniszelle jeden Abend vor dem Einschlafen getan hatte. Ihn überraschte und erfreute gleichermaßen, dass er so sehr im Zentrum der Aufmerksamkeit gestanden hatte. Er erkannte, dass hinter den spontanen „Nelson! Nelson!"-Rufen im weißen *Ellis Park* der beredte und überzeugende Beweis lag, dass seine harte Arbeit Früchte trug. Indem sie ihn feierten, erwiesen sie dem hohen Wert des „Nicht-Rassismus" Ehre, für den er 27 Jahre im Gefängnis ertragen hatte. Sie riefen nach Vergebung und nahmen seine Großzügigkeit an und durch ihn auch die des schwarzen Südafrika. Es hatte mit Kobie Coetsee im Krankenhaus an jenem Novembertag 1985 begonnen, mit dem ersten Feind, dessen Herz und Geist er eroberte. Es waren Niël Barnard und dann P.W. Botha, danach die Afrikaans-Medien, De Klerk und seine Minister, das Oberkommando der *SADF*, Constand Viljoen und seine *Bit-*

ter-Enders-Generäle der Afrikaaner Volksfront, Eddie von Maltitz, John Reinders und die restliche Belegschaft der *Union Buildings*, Morné du Plessis, Kobus Wiese und François Pienaar. Er hatte alle in seine Umarmung eingeschlossen, bis er sie am Endspiel der Rugby-Weltmeisterschaft alle für sich gewonnen hatte.

John Reinders verstand es vollkommen. „Beim Endspiel der Rugby-Weltmeisterschaft war er in Hochform", sagte Reinders. „An diesem Tag sah das ganze Land den Mann, den wir privat gesehen hatten, in der Öffentlichkeit. An diesem Tag sah ihn jeder, insbesondere das weiße Südafrika, so, wie er wirklich war."

„Es war ein denkwürdiger Tag", meinte Mandela mit einem Lächeln, das sein Wohnzimmer erhellte, als er den Sieg jenes 24. Juni 1995 nochmals auskostete. „Ich hätte nie gedacht, dass der Gewinn einer Weltmeisterschaft sich derartig mit einem Individuum verbinden würde. Das hatte ich nicht erwartet. Alles, was ich tat, war, weiterhin die Südafrikaner zu mobilisieren, Rugby zu unterstützen, und vor allem die Afrikaaner für den Aufbau der Nation zu gewinnen."

Man konnte es als „gewinnen" bezeichnen. Die große Aufgabe seiner Präsidentschaft, die Fundamente der neuen Nation zu sichern, „Südafrikaner zu schaffen", wurde nicht in fünf Jahren bewältigt, sondern in einem Jahr. Auf einen Schlag hatte er die Bedrohung durch die Rechten beseitigt. Südafrika war jetzt politisch stabiler als je zuvor seit der Ankunft der ersten weißen Siedler 1652.

Die Burger hat es gut auf den Punkt gebracht. Die Zeitung meinte: „Der Sportboykott erhöhte den Druck für den politischen Wandel. Ist es nicht eine Ironie der Geschichte, dass Rugby eine derartig einigende Kraft sein sollte, nachdem es uns so lange von der Welt isoliert hatte? Denn es kann kein

Zweifel daran bestehen, dass die Mannschaft der *Springboks* das Land stärker vereinigt hat als irgendetwas anderes seit der Geburt des neuen Südafrikas."

John Robbie, in dessen Radiosendung jeden Tag militante Rechte anriefen, hat es einfacher ausgedrückt: „Von diesem Tag an wussten wir, dass alles gut würde."

Die Sorge, dass es falsch gewesen sein könnte, Wahlen einem Freiheitskrieg der Buren vorzuziehen, oder dass der Krieg ohne ihn beginnen könnte, war nun verflogen. „Das Rugby-Ereignis überzeugte mich, dass ich die richtige Entscheidung getroffen hatte", sagte General Viljoen zu mir. Seine Erleichterung entsprang einer tieferen Erkenntnis: In dem Moment, in dem die Rugbyfans „Nelson! Nelson!" riefen, war auch eine enorme Verantwortung von seinen Schultern genommen. Mit dieser Geste nahmen ihm die Afrikaaner die Verantwortung ab und machten sich seine Treue zu Mandela zu Eigen.

„Ihn, die Ikone der Schwarzen, in diesem *Springboks*-Trikot so jubeln zu sehen, hat mich sehr bestärkt. Diese Entscheidung war sehr schwer für mich gewesen und ich hätte mir nie vorstellen können, dass ich auf so spektakuläre Weise bestätigt würde."

Damit fand auch sein Bruder Braam, der „gute" Zwilling, endlich eine gemeinsame Basis mit Constand. „Ich war mein ganzes Leben lang dem Zorn der Afrikaaner-Politik ausgesetzt gewesen. Dass das passieren konnte, ist für mich ein Wunder", meinte er nachdenklich, und seine Augen füllten sich mit Tränen. „Das Charisma dieses Mannes! Die Führung Mandelas! Mandela nahm den Arm meines Bruders und ließ ihn nicht mehr los."

Was waren Mandelas Schwächen? Sisulu, der ihn besser als jeder andere kannte, meinte, dass sein alter Freund dazu tendiere, den Menschen zu sehr zu glauben, ihre guten Absichten zu schnell für bare Münze zu nehmen. „Er entwickelt manchmal ein zu starkes Vertrauen in eine Person", sagte er. „Wenn er einem Menschen vertraut, dann ganz und gar." Doch dann dachte Sisulu noch einen Moment darüber nach und fügte hinzu: „Aber vielleicht ist das gar keine Schwäche ... Denn die Wahrheit lautet, dass er uns wegen dieses Vertrauens, das er in Menschen hat, niemals im Stich ließ."

Mandelas Schwäche war seine größte Stärke. Er war erfolgreich, weil er selbst in den Menschen das Gute sah, die 99 Prozent der Menschen für unheilbar schlecht gehalten hätten. Die Vereinten Nationen hatten die Apartheid als Verbrechen gegen die Menschlichkeit verurteilt. Welche schlimmeren Kriminellen konnte es dann geben als den Justizminister, den Geheimdienstchef, den Führer der Streitkräfte und den Staatschef der Apartheid? Mandela jedoch konzentrierte sich auf den verborgenen Kern ihres Wesens und brachte in ihnen das Gute zum Vorschein, das in allen Menschen steckt. Nicht nur das Gute in Coetsee, Barnard, Viljoen und P.W. Botha, sondern auch in den ahnungslosen Erfüllungsgehilfen der Apartheid – den Gefängniswärtern, Badenhorst, Reinders – und ihren gedankenlosen Komplizen, Pienaar, Wiese, Luyt. Indem er ihre besten Seiten ansprach und zum Vorschein brachte, ebenso die besten Seiten in jedem weißen Südafrikaner, der an diesem Tag das Rugbyspiel anschaute, machte er ihnen ein unschätzbares Geschenk: dass sie sich als bessere Menschen fühlen konnten, einige von ihnen verwandelte er sogar in Helden.

Seine Geheimwaffe bestand darin, dass er nicht nur davon ausging, er würde die Menschen mögen, denen er begegnete. Er ging auch davon aus, dass die Menschen ihn mögen würden. Dieses überwältigende Selbstvertrauen, verbunden mit seinem offenen Vertrauen in andere, war zugleich unwiderstehlich und entwaffnend.

Diese Waffe war so mächtig, dass sie zu einer neuen Art der Revolution führte. Statt den Feind auszumerzen und bei Null zu beginnen, wurde der Feind in die neue Ordnung integriert, die bewusst auf den Fundamenten der alten Ordnung errichtet wurde. Mandela betrachtete seine Revolution nicht in erster Linie als Zerstörung der Apartheid, er hatte etwas Dauerhafteres im Sinn. Es ging ihm um die Vereinigung und Versöhnung aller Südafrikaner. Damit brach er mit alten historischen Mustern. Dennoch verblüffte er dabei sogar sich selbst, wie seine Reaktion auf seine Begrüßung durch die Menge in *Ellis Park* zeigte. Er hatte die Wirkung seiner Ausstrahlung unterschätzt.

An einem Sonntag wenige Wochen nach dem Sieg der *Springboks* besuchte Nelson Mandela eine Kirche in Pretoria. Die Kirche war holländisch-reformiert, also von jener Denomination, die eine biblische Rechtfertigung der Apartheid gesucht hatte und die Constand Viljoen überzeugen wollte, dass es zwei verschiedene Himmel für Weiße und Schwarze gab, und die seinen Bruder Braam ausschloss, weil er diese Lehre als Häresie bezeichnet hatte. „Bei dieser Gelegenheit“, meinte Mandela, „erkannte ich, dass die Auswirkungen des Rugbyspiels dauerhaft waren und dass sich die Haltung der Afrikaaner mir gegenüber vollständig gewandelt hatte.“ Er sprach auf Afrikaans zu den Gläubigen. Hinterher drängten sie sich vor der Kirche dicht um ihn. Das war ihm schon bei Hunderten von *ANC*-Kundgebungen in *Townships* überall im Land passiert. Wo er auch hinkam, begegneten ihm die Schwarzen, als sei er eine Mischung aus David Beckham, Evita Perón und Jesus Christus. Jetzt taten es die Weißen ihnen gleich. „Aus der Menge streckten sich Hände, die meine Hand schütteln wollten. Und die Frauen – sie wollten mich auf die Wange küssen. Sie waren so spontan und begeistert. Sie drängten sich an mich, und ich wurde hin- und hergeschoben. Und ich habe einen Schuh verloren. Glauben Sie das? Ich habe einen Schuh verloren!"

Mandela konnte sich vor Lachen kaum halten, als er die Geschichte erzählte. Er lachte, weil sie komisch war, aber auch weil er die Erfüllung seines Lebenstraums schilderte: den Augenblick, in dem er erkannte, dass Südafrika endlich *ein* Land war.

EPILOG

12 Jahre nach dem Endspiel der Rugby-Weltmeisterschaft wurde im August 2007 eine Bronzestatue Nelson Mandelas auf dem *Parliament Square* in London enthüllt, neben den Statuen von Abraham Lincoln und Winston Churchill. Eine britische Zeitung bezeichnete Mandela damals als „schwarzen Führer“. Das war vermutlich nicht böse gemeint. Aber wie würde es für unsere Ohren klingen, wenn man Lincoln oder Churchill als „weiße Führer“ bezeichnen würde?

Mandela über seine Hautfarbe zu definieren, verkleinert nicht nur seine Bedeutung, es ist schlicht falsch. Tony Benn, ein altgedientes Mitglied des britischen Parlaments, traf die Sache eher, als er Mandela anlässlich der Denkmalsenthüllung als „Präsident der Menschheit“ bezeichnete. Gordon Brown, der britische Premierminister nannte Mandela „den inspirierendsten, größten und mutigsten Führer unserer Generation“.

Den damals 89 Jahre alten Mandela als eine Abweichung von der normalen menschlichen Natur zu sehen, wäre auch nicht richtig. Als er bei der erwähnten Denkmalsenthüllung mit seiner Rede an der Reihe war, sagte er, mit schwacher Stimme, aber entschlossen: „Obwohl das die Statue eines einzigen Mannes ist, sollte sie eigentlich alle symbolisieren, die Widerstand gegen Unterdrückung geleistet haben, vor allem in meinem Land.“

Mandelas Bescheidenheit war manchmal unangemessen, aber bei dieser Gelegenheit war sie es nicht. Er war keine singuläre Erscheinung, sondern einer der Besten seines Landes. Neben ihm standen aber viele andere. Ich habe das in den Jahren zwischen 1989 und 1995, in denen ich in Südafrika lebte, immer wieder gesehen. Es war eine Zeit, in der mitten in der hoffnungsvollen Entwicklung immer wieder furchtbare Gewalt in den schwarzen *Townships* ausbrach, vor allem in der Umgebung von Johannesburg, wo ich wohnte. Das Beste an Südafrika war nicht Mandela, sondern dass das Land viele „kleine Mandelas" hatte, Leute wie Justice Bekebeke, seine Freundin Selina oder „Terror" Lekota, den Premierminster des Oranje-Freistaates, der Eddie von Maltitz zu seinem Geburtstag einlud.

Als ich Anfang 1993 Mandela zum ersten Mal interviewte, fragte ich ihn, wie es möglich war, dass das Motto des *ANC* – „Nicht-Rassismus" – sich gegen das rachsüchtige Motto des rivalisierenden *PAC* – „ein Siedler, eine Kugel" – hatte durchsetzen können. Er antwortete, dass sein Volk sich in der Geschichte immer als warmherzig, freundlich und großzügig erwiesen hatte, selbst seinen Feinden gegenüber. „Selbst als wir etwas bekämpften, das wir für falsch halten, waren wir nicht verbittert", sagte er. „Die Botschaft des *African National Congress* hat dieses geschichtliche Muster aufgenommen und bestärkt."

Diese Sätze entsprechen meiner Erfahrung. Aber sie sind nicht die ganze Wahrheit. Denn ein anderer Führer des *ANC* hätte die einfachere Variante wählen können, die Demütigung und Verletztheit des schwarzen Südafrikas ausnutzen und sie in gewaltsame Konfrontation lenken können. Die seltene Weisheit eines Mandela war erforderlich, damit der Führer zu seinem Volk sagen konnte: „Ich verstehe euren Zorn. Aber wenn ihr ein neues Südafrika aufbaut, müsst ihr bereit sein, mit Leuten zusammenzuarbeiten, die ihr nicht mögt."

Vor dem Hintergrund seiner Lebensgeschichte war Mandelas großzügiger Pragmatismus nicht vorhersehbar. Albert Camus hat in seinem Buch „Der Mensch in der Revolte" geschrieben: „27 Jahre im Gefängnis führen nicht zu einer besonders versöhnlichen Form von Intelligenz. Eine derartig lange Haft macht einen Menschen entweder zum Schwächling oder zum Mörder – oder manchmal zu beidem." Als Camus 1960 starb, war Mandela noch gar nicht im Gefängnis. Kaum jemand hätte damals Camus' Gedanken widersprochen. Mandela war der Erste und vielleicht auch der Letzte. Er war für Südafrika so unerlässlich wie George Washington es für die Vereinigten Staaten gewesen ist. Erzbischof Tutu sagte zu mir: „Ohne ihn hätten wir es nicht geschafft."

Das heißt nicht, dass Mandela Südafrika einen Zustand vollkommener Befriedung und Harmonie verschafft hätte. Das ist auch George Washington in den Vereinigten Staaten nicht gelungen. Nach der Apartheid war Südafrika nicht mehr einzigartig auf der Welt. Es war nicht länger der Inbegriff der Ungerechtigkeit und – zu Recht – der Sündenbock für die Unfähigkeit der Menschheit, ihre rassischen, ethnischen, nationalistischen, ideologischen und religiösen Gegensätze zu überwinden. Südafrika wurde ein Land, das Herausforderungen bewältigen musste wie jedes andere Land in ähnlichen wirtschaftlichen Verhältnissen: den Armen Wohnraum zu beschaffen, Gewalt zu bekämpfen, AIDS vorzubeugen. Es gab Korruption, unerfreuliche Beispiele für politische Vetternwirtschaft und es gab Zweifel an der Effizienz der *ANC*-Regierung. Und es blieb das ewige Gift der Menschheit: Das Problem der Hautfarbe verschwindet nicht auf magische Weise, wenngleich der Wandel zu Beginn des 21. Jahrhunderts so weit fortgeschritten war, dass in nur wenigen Ländern die schwarzen und die weißen Bürger so natürlich miteinander umgingen wie in Südafrika.

Schließlich blieben die politischen Fundamente so solide, wie sie Mandela am Ende seiner fünfjährigen Präsidentschaft hinterlassen hatte. Das Land war nach seinem Ausscheiden aus dem Amt zu einem Modell für demokratische Stabilität und Rechtsstaatlichkeit geworden.

Niemand weiß, ob das für immer so bleiben wird. Was aber für immer bleiben wird, ist das Beispiel Mandelas. Und es bleibt der Eindruck einer „Utopie", den sein Volk in der Hochstimmung erfuhr, zu der es Mandela am 24. Juni 1995 führte. Als ich Erzbischof Tutu nach dem bleibenden Wert jenes Tages fragte, erwiderte er: „Ich habe einen Freund in New York, der zu mir gesagt hat: ‚Weißt du was? Das Tolle an allem Guten, was passiert, ist, dass es wieder passieren kann.' So einfach ist das."

WAS MACHEN SIE HEUTE?

Niël Barnard: hatte eine Führungsposition in der *National Party* und in Mandelas Koalitionsregierung inne, bis er im August 1996 zurücktrat. Mandela veranstaltete zu seiner Verabschiedung ein Bankett in seinem Amtssitz in Pretoria, um seinen Beitrag zum friedlichen Wandel zu würdigen. Heute arbeitet er als Berater und nutzt seine „Erfahrung und sein Wissen", wie er sich mir gegenüber ausdrückte, um Führungskräfte aus ganz Afrika in Regierungsfragen zu beraten.

Justice Bekebeke: war führender Wahlbeamter für die südafrikanische Provinz Northern Cape und im Jahre 2004 Mitglied einer Gruppe unabhängiger internationaler Beobachter, die die Freiheit und Fairness der Wahlen in den Vereinigten Staaten überwachten.

P.W. Botha: starb 2006 im Alter von 90 Jahren an einem Herzinfarkt. Mandela schickte Bothas Familie ein Beileidsschreiben und sagte, „während Mr. Botha für viele ein Symbol der Apartheid bleiben wird, bleiben uns auch seine Schritte im Gedächtnis, die den Weg zur friedlichen Verhandlungslösung in unserem Land gebahnt hatten".

Christo Brand: leitet den offiziellen Souvenirshop auf Robben Island. Sein Sohn Riaan, den Mandela im Alter von acht Jahren im Gefängnis auf dem Arm hielt, kam 2005 bei einem Autounfall ums Leben. Mandela, dessen Sohn in einem ähnlichen Alter bei einem Autounfall gestorben war, als Mandela auf Robben Island war, flog nach Kapstadt, um seinen ehemaligen Gefängniswärter zu trösten.

Kobie Coetsee: starb 2000 im Alter von 69 Jahren an einem Herzinfarkt. Mandela sagte: „Wir werden die Erinnerung an Kobie Coetsee immer in Ehren halten, da er einer der wichtigsten Urheber der Transformation zu einem demokratischen Südafrika war. Es macht uns traurig, dass er verschied, bevor wir und das Land diesem ruhigen und bescheidenen Mann für seine Pionierleistungen, deren Früchte wir heute genießen, angemessen danken konnten."

Nicholas Haysom: arbeitete für die Vereinten Nationen in den Ländern Libanon, Nigeria, Indonesien, den Philippinen, Ost-Timor, Sudan, Somalia, Sri Lanka, Lesotho, Kolumbien, Kongo, Tansania, Simbabwe, Kenia, Nepal, Myanmar und Irak, wo er jeweils zu Konfliktlösung und zum Aufbau des Staates beitrug. Dann wurde er zum Direktor für politische Angelegenheiten im Büro des Generalsekretärs der Vereinten Nationen ernannt.

Nelson Mandela: Wenige Wochen vor seinem 86. Geburtstag berief er im Juni 2004 zur Verkündung seines Ruhestands eine Pressekonferenz ein. An deren Ende sagte er: „Ich danke Ihnen für Ihre Aufmerksamkeit und für Ihre Freundlichkeit gegenüber einem alten Mann – und dafür, dass sie ihm etwas Ruhe gönnen, auch wenn viele von Ihnen meinen mögen, dass die Ruhe nicht wirklich verdient ist, wenn man 27 Jahre auf einer Insel und anderswo gefaulenzt hat." Seither hat er sich mit unerschöpflicher Energie seinen drei wohltätigen Stiftungen gewidmet: der *Mandela Rhodes Foundation*, der *Nelson Mandela Foundation* und dem *Nelson Mandela Children's Fund*, die jeweils der Bildungsförderung, der Armutsbekämpfung und dem Kampf gegen HIV/AIDS dienen.

Linga Moonsamy: ist Leiter der Sicherheitsabteilung von *South African Airways*, blieb aber mit Mandela verbunden. Er ist mit einer Nichte von Mandelas Frau verheiratet, Graça Machel, und ist oft sonntags bei Mandela zum Mittagessen.

Eddie von Maltitz: lebt immer noch auf seiner Farm im Oranjefreistaat, trägt immer noch Tarnkleidung, hat immer noch eine Waffe bei sich und ruft immer noch bei südafrikanischen Radiostationen an, um mitzuteilen, dass er falsch verstanden worden sei.

Morné du Plessis: leitet das *Sport Science Institute of South Africa* und ist Mitglied der *World Sports Academy*, einem Komitee, das sich aus früheren Sportgrößen wie Jack Nicklaus, Dan Marino, Martina Navratilova und Sir Bobby Charlton zusammensetzt. Sie treffen sich jedes Jahr, um die Gewinner des *Laureus World Sports Award*, einer Art *Oscar* des Sports, zu küren.

Constand Viljoen: hat eine friedliche Farm in der heutigen Provinz Mpumalanga (die in seiner Jugend Eastern Transvaal hieß) und macht gelegentlich Urlaub in Kapstadt, wo er in „*el Alamein*", einem Haus an der Küste für Soldaten im Ruhestand, wohnt.

Braam Viljoen: widmet sich der Arbeit auf seiner Farm in Norden Pretorias. Er und sein Bruder sind sich so nahe gekommen wie nie zuvor seit ihrer Kindheit. Sie reden gerne über Politik.

François Pienaar: arbeitet als leitender Manager in der *First National Bank* in Kapstadt. Mandela, der Pate seines ältesten Sohnes, Jean, ist, hat ihn, seine Frau Nerine und seine Kinder mehrmals nach Hause eingeladen. Mandelas Spitzname für Pienaars jüngsten Sohn Stephane lautet „*Gora*", was auf Xhosa „der Tapfere" heißt.

Tokyo Sexwale: Er ist Philanthrop und ein viele Millionen schwerer Geschäftsmann in der Diamanten- und Platinbranche. Er gehört nach dem verfassungsmäßigen Rücktritt von Thabo Mbeki 2009 zu den möglichen Kandidaten des *ANC* für die Präsidentschaft.

Eugene Terreblanche: Der Führer des rechtsextremen Widerstandsbewegung (*AWB*) kam 1997 wegen schwerer Körperverletzung und versuchten Mordes ins Gefängnis, in beiden Fällen hatte er unbewaffnete Schwarze attackiert. 2004 wurde er auf freien Fuß gesetzt. Seither predigt er die Freuden der Reue und Vergebung.

AWB: Afrikaaner Widerstandsbewegung. In einem Leitartikel des Blattes der Organisation, Storm, hieß es 2002: „Seit den Wahlen 1994 wurden die patriotischen Afrikaaner-Organisationen durch die Unsicherheit ihrer Anhänger geschwächt, ob sie wählen sollten oder nicht. Die Einigkeit, die vor den Wahlen von 1994 bestanden hatte, wurde zerstört. Unser Volk ist enttäuscht, dass der *ANC* die Macht ergriffen hat, und ein Gefühl der Machtlosigkeit hat Besitz von uns ergriffen. Seither ist die Haltung ‚Jeder für sich', und das Interesse an Politik ist verschwunden."

Die *Springboks*: gewannen im Jahr 2007 erneut die Rugbyweltmeisterschaft, siegten im Endspiel über England und tragen immer noch ihre grün-goldenen Trikots. Erneut brach das ganze Land in Jubel aus, Schwarze und Weiße und alle dazwischenliegenden Schattierungen

DANK

Zunächst einmal möchte ich den vielen Beteiligten im südafrikanischen Drama danken, die sich die Mühe gemacht haben, wegen dieses Buches mit mir zu sprechen. Ohne sie wäre nichts von alledem hier möglich gewesen.

Mein Dank gilt Stephen Glover und Andreas Whittam Smith, dass sie mich zum Büroleiter des Londoner *Independent* in Südafrika berufen haben. Wenn sie damals im Jahre 1989 nicht so viel Vertrauen in mich gehabt hätten, wäre dieses Buch sogar noch weniger realisierbar gewesen.

Danke, Pearlie Joubert, dafür dass Sie die Interviews für mich arrangiert haben und dass Sie so großartig sind.

Dank an Javier Moreno, meinen derzeitigen Chef bei *El País*, dass Sie mir die notwendige Zeit es zum Schreiben gegeben haben.

Einen warmen Dank spreche ich meiner Lektorin in Barcelona aus, Elena Ramírez, deren Mischung aus Sorgfalt, Intelligenz und Unterstützung einen unermesslichen Beitrag geleistet hat.

Zelda la Grange (zusammen mit Pearlie eine der stärksten Anwärterinnen auf den Titel größte lebende südafrikanische Frau) war sehr freundlich. Ebenso Moegsien Williams und Kathy Macfarlane vom Johannesburger *Star*, und Amanda Oosthuizen vom *Die Burger*.

Indra Delanerolle, David Fanning, Sara Blecher, Sharon Cort, Cliff Bestall, Lindy Wilson und der Rest der Gruppen der TV-Dokumentation, die wir für *PBS*, *SABC* und andere über Mandela machten: vielen Dank an alle.

Zu den Freunden und Bekannten, die Hinweise gaben, Vorschläge machten und mich ermutigten und denen ich viel Dank schulde (die, die ich vergessen habe, mögen mir verzeihen), zählen Daniel Tanzer, James Lemoyne, Peter Ettedgui, Mark Phillips, Wim Trengrove, Stephen Robinson, Jorge Valdano, Jeremy Thompson, Tony O'Reilly, Teresa Rioné, Morgan Freeman, Sebastian Spear und Jayendra Naidoo.

Besonderer Dank gilt Lauren Jacobson und Keith Coleman, Michael Shipster, Joaquín Villalobos und Kobus Jordaan, gute Freunde und so großzügig mit ihrer Zeit und ihrem Wissen und ihrem Scharfsinn.

Sue Edelsteins Rat und ihre Sensibilität und ihre Ermutigung und Freundlichkeit waren die ganze Zeit über ein großer Ansporn.

Anne Edelstein (nicht verwandt), meine Agentin in Barcelona und New York, war entscheidend. Die Idee zu diesem Buch habe ich jahrelang mir herumgetragen. Ohne den enthusiastischen Impuls, den sie mir gab, wäre vielleicht niemals etwas daraus geworden – und es wäre ganz sicher nicht jetzt realisiert worden. Ihre Hingabe an das Unterfangen, sowohl an das Buch wie auch an die Sache, war unschätzbar und inspirierend.

Dank Anne habe ich meinen Verleger, Eamon Dolan, gefunden. Er (und Anne) waren eine Bestätigung für eine seit Langem bestehende Ansicht, dass die besten Amerikaner die feinsten Menschen sind. Wenn dieses Buch den geringsten Wert hat, kommt Eamon ein Teil des Verdienstes zu – einem brillanten, gründlichen, leidenschaftlichen Schriftsteller. Ich kann mein Glück immer noch nicht fassen.

Schlussendlich danke dir, Südafrika, dass du mir deine Geheimnisse und dein Genie offenbart hast. Dank an Nelson Mandela und an die vielen Tausend weniger berühmten Mandelas. Ich hatte enormes Glück, sie während meines Aufenthalts kennenzulernen. Ihre Großzügigkeit inspiriert die besten Passagen des Buches. Ich denke da an Justice Bekebeke und Ahmed Kathrada, ich denke an meinen alten Kumpel Mandla Mthembu (der mir mindestens einmal das Leben gerettet hat), ich denke an Kader Asmal, Terror Lekota, John Battersby, Dudu Chili, Cyril Ramaphosa, Shaun Johnson, Ronnie Kasrils, Jacques Pauw, Gill Marcus, Debora Patta, Carl Niehaus, Max du Preez, Henrietta Mqokomiso, Halton Cheadle, Aziz Pahad, Ali Bacher, Anton Lubowski, Andy Durbach, Brian Currin, Desmond Tutu, Tim Smith, John Allen, Helen Suzman und ich denke an den verstorbenen großartigen Bheki Mkhize, den gütigsten, mutigsten und edelsten Mann mit dem größten Herzen, den ich je irgendwo getroffen habe. Für mich hat er Südafrika erleuchtet wie die Sonne.

EINE BEMERKUNG ZU DEN QUELLEN

Praktisch das ganze Material für dieses Buch basiert auf den Interviews, die ich entweder speziell für das Buch zwischen 2000 und 2007 oder im Verlauf meiner journalistischen Tätigkeit geführt habe, nachdem ich 1989 nach Südafrika ging, um dort zu leben. Ein Projekt, an dem ich beteiligt war, eine Fernsehdokumentation über Mandela, die auf *PBS* und andereswo übertagen wurde (*The Long Walk of Nelson Mandela*), war besonders hilfreich. Auch einige Bücher erwiesen sich als äußerst hilfreich, dazu zählen unter anderm: Nelson Mandelas Autobiografie, *Der lange Weg zur Freiheit*; Anthony Sampsons *Nelson Mandela*; François Pienaars *Rainbow Warrier*; *Days of the Generals* von Hilton Hamann; *One Team One Country* von Edward Griffiths; Anatom*y of a Miracle* von Patti Waldmeir; *One Step Behind Mandela* von Rory Steyn und Debora Patta; *Apartheid: The Lighter Side* von Ben Maclennan; *The Other Side of History* von Frederik von Zyl Slabbert; und *A Common Purpose: The Story of the Upington 25* von Andrea Durbach.